ZETA

1.ª edición: febrero 2010

© Bárbara Pastor, 2008
© Ediciones B, S. A., 2010
  para el sello Zeta Bolsillo
  Bailén, 84 - 08009 Barcelona (España)
  www.edicionesb.com

Printed in Spain
ISBN: 978-84-9872-238-3
Depósito legal: B. 873-2010

Impreso por LIBERDÚPLEX, S.L.U.
Ctra. BV 2249 Km 7,4 Polígono Torrentfondo
08791 - Sant Llorenç d'Hortons (Barcelona)

Todos los derechos reservados. Bajo las sanciones establecidas en el ordenamiento jurídico, queda rigurosamente prohibida, sin autorización escrita de los titulares del *copyright*, la reproducción total o parcial de esta obra por cualquier medio o procedimiento, comprendidos la reprografía y el tratamiento informático, así como la distribución de ejemplares mediante alquiler o préstamo públicos.

El secreto del Mediterráneo

BÁRBARA PASTOR

ZETA

Anoche, un mendigo me hizo pensar
que el hombre es un gusano...
Ahora sé que somos para los dioses
como las moscas para los niños:
mos matan por diversión.

SHAKESPEARE, *El Rey Lear*

0

El cadáver flotaba sobre las aguas del mar en calma. Dos víboras negras flanqueaban el cuerpo al ritmo del balanceo del agua, en una escena insólita en aquel rincón del Mediterráneo.

Cuando lo encontraron en la Costa de la Calma parecía reír en sueños. Al arrancarle la lengua le habían roto los dientes. Las cuencas de los ojos, ahora vacías, le otorgaban un aspecto pensativo, ensimismado tal vez en la ironía del nombre del lugar al que había ido a parar.

El mar, como el asesino, no suele avisar a sus víctimas.

Lo encerraron vivo en un saco, con dos víboras y un can rabioso. Y luego arrojaron el saco al mar, sin lastre, para que volviera a salir a la superficie. El cadáver desnudo, los restos viscosos del perro y las serpientes, mustias y ásperas como sogas mojadas... todo aquello había ido a la deriva bajo los primeros rayos de un nuevo día.

La Costa de la Calma, una playa entre pinares muy cerca de Peguera, no había visto nada parecido desde hacía siglos. En 1343, el rey Pedro IV surcó sus aguas antes de arrebatar el trono a Jaime III. Desde entonces, nada había alterado la actividad de sus habitantes, cuyo trabajo giraba en torno al horno de brea de la que toma su nombre esta población. Nadie podía sospechar que un sacerdote aparecería muerto, tras haber sido confinado en un saco hecho con esa tela basta de esparto que era utilizada para cubrir fardos de ropa.

Muchos recordaban aún la muerte del obispo, seis meses antes en el suelo de la catedral. Ahora, el mar era escenario de un nuevo crimen horrendo. Con él, alguien quiso identificar la inmensidad del mar con la hostilidad de Dios.

1

Palma de Mallorca, julio de 2006

Contemplé la ciudad de alma adormecida. La imagen del puerto, silencioso y solemne, era un embrujo al que resultaba difícil renunciar. Las embarcaciones apenas cabeceaban y conferían al puerto un halo de magia. Tuve un escalofrío al ver la silueta de un pelícano dibujada en un mástil. En lo alto, una bandera roja y blanca con el número 1314 grabado en el interior de una cruz. Miré hacia otro lado. A la derecha, el imponente castillo de Bellver, cuyos muros centenarios acallaron tantas voces de hombres y mujeres. A mi izquierda, la enigmática silueta de la catedral irradiaba una luz especial sobre la ciudad que despertaba a un nuevo día. Situada cerca del templo gótico, mi casa en el Paseo Marítimo era razón suficiente para seguir pensando que aún merecía la pena vivir en Palma.

—¿Qué te hace pensar lo contrario? —me preguntó Lluís en una ocasión.

—Cuando estoy aquí, siento la necesidad de irme a otro lugar...

—¿Y eso te inquieta?

—Mucho.
—Entonces haz lo mismo que yo.
—Tú puedes, pero yo no.
—¿Por qué no?
—Porque mi trabajo me exige andar de un lado a otro.
—¿Y qué te hace pensar que lo que buscas está en otro lugar, y no aquí?
—¿A qué te refieres?
—Tu trabajo es descubrir lo que otros ocultan, ¿no es así?
—No se me había ocurrido verlo de ese modo.
—¿Acaso no tengo razón?
—¿Por qué lo llaman la Mirada del Cíclope?
—Ariadna, no has contestado a mi pregunta.
—Dime, ¿por qué el Cíclope?
—Porque en medio de esa roca hay un inmenso agujero, ¿no lo ves? Como el ojo enorme del Cíclope.
—¿Por qué escogiste Deià, y no cualquier otro lugar de la isla?
—Intentas escabullirte.
—¿Qué?
—Que contestes a mi pregunta, Ariadna.
—Que si busco lo que otros ocultan... eso lo hacen los detectives, los espías. No soy ni lo uno ni lo otro.
—Pues es una pena. Aquí tendrías trabajo de sobra sin necesidad de viajar tanto.
—¿Sobre eso va tu novela? ¿Sobre secretos ocultos?
—No.
—¿Entonces?
—No sé de qué va mi novela. Y algo me dice que no la acabaré nunca.
—¿No echas de menos salir de aquí alguna vez?
—Ya tuve bastante con las juergas de Raixa. ¿Tú no?

—Sí, ya agoté mis ansias de...
—Déjalo.
—Lo siento, Lluís.

Apoyé mi cabeza sobre su hombro. Nos quedamos mirando el mar. La noche cubría con su silencio la superficie más bella del universo.

—Mira esta isla, Ariadna. Dime si no hubo un tiempo en el que existió verdadero amor a la tierra y al mar... Por cierto, ¿adónde vas esta vez?
—A Berlín.
—¿Berlín? ¿A quién vas a perseguir allí?
—No voy a perseguir a nadie. Voy a ver... un espectáculo excepcional.
—Ya.
—Que sí, de verdad.
—¿Uno de esos disparates que tanto te gustan?
—No sé qué sorpresa me espera esta vez.
—¿De quién se trata?
—Te lo diré cuando vuelva. No quiero dejarme influir por tus comentarios.
—¿Lo conozco?
—Igual que yo. Dime... ¿en qué estás metido ahora, Lluís?
—Ya te lo he dicho, en la novela.
—Me refiero a tu trabajo.
—El cuarto volumen de una guía insólita.
—¿Y se titula así, «insólita»?
—Claro. Mis guías no son turísticas, ya lo sabes.
—Creía que relatabas historias de lugares raros...
—Cuento historias de lugares que nadie conoce. Enseñan a ver sin necesidad de abrir los ojos.

Aquella mañana de julio tenía mi segunda cita con el canónigo. Pablo Fuster había accedido a enseñarme el mural de barro, que fue interrumpido a causa de una polémica en el seno de la Iglesia.

Ahora, volvía a la catedral para estudiar detalles del trabajo de Bonnín, el artista que realizaba sus obras solamente en templos góticos. Aunque la Iglesia había prohibido mostrar el mural hasta su completa ejecución, el canónigo haría una excepción. Su amistad con mi abuelo era razón suficiente para desobedecer al cabildo. Sin embargo, lo que en realidad me interesaba no estaba en las paredes, sino enterrado en una tumba.

Pero éste era un secreto que no podía revelar a nadie.

Abrí el periódico, mientras desayunaba en la terraza frente al mar. Las páginas centrales anunciaban actos para conmemorar los setenta años del estallido de la Guerra Civil. La reivindicación de la memoria histórica se proponía despertar del letargo a quienes parecían haber olvidado a las víctimas de una guerra atroz. En Mallorca los actos coincidían con el séptimo centenario de la catedral. Ambos acontecimientos tuvieron a las autoridades muy ocupadas durante todo el mes. Bombardeos en Israel. Un corte de luz. Entonces lo vi: «EL CUERPO SIN VIDA DE PABLO FUSTER, TEÓLOGO DE RECONOCIDO PRESTIGIO, HA SIDO ENCONTRADO EN EL MAR...» No terminé de leer. Mis ojos buscaron el libro que había dejado abierto la noche anterior. Las hazañas de Jaime I el Conquistador me habían ayudado a conciliar el sueño:

Hemos vencido a los sarracenos.
Medina Mayurqa es nuestra.

Entonces nada hacía sospechar que el amanecer traería tan espantosa noticia. Sentí un cansancio repentino, y me dejé caer en el respaldo de la silla. La quietud de las aguas parecía imperturbable. A lo lejos, los muros de la catedral me cerraban sus puertas.

En las páginas de Cultura, el periódico coronaba a Marquet Bonnín como nuevo rey para el arte del nuevo siglo. Y recordaba la apoteosis que vivió en París, con un público rendido. Bonnín fascinó a cuantos asistieron a la *performance* en el interior de la iglesia gótica parisina. Además, acababa de ser nombrado director de KABIAR, futura Feria de Arte mallorquina que sería una alternativa a ARCO, a la *Bienale*, a la *Documenta* de Kassel. La única información que Bonnín había filtrado a la prensa fue que KABIAR tendría lugar en un escenario insólito. Un cementerio. Durante semanas, periodistas de todo el mundo recorrieron Mallorca en busca de cementerios abandonados, tratando de averiguar en cuál de ellos sería posible construir un palacio de cristal de seis mil metros cuadrados donde exponer lo mejor del arte contemporáneo.

El chocolate se enfrió en la taza y de la ensaimada quedó algo más que el habitual rastro de azúcar en polvo. Mis planes para aquella mañana de julio cambiaron repentinamente. Lo primero que se me ocurrió fue visitar a mi amigo Lluís, pero ello suponía no asistir al evento que tendría lugar esa misma tarde. Y mirar de frente a Bonnín, después de tantos años, era algo que llevaba esperando mucho tiempo.

Apoyada en el respaldo, cerré los ojos. La brisa olía a mar. Acaricié la estrella de seis puntas alrededor de mi cuello...

—Aquí estarán a salvo de cualquier tempestad... —El día que cumplí ocho años, mi abuelo me regaló un colgante de oro con dos triángulos entrelazados.

Como impulsada por un resorte, me incorporé rápidamente. Aparté la silla, y apoyando una mano en la barandilla contemplé los vidrios multicolores de la estrella que mi abuelo ayudó a reconstruir hacía setenta años. Víctima de los embates del tiempo y también de las pasiones humanas, el rosetón de la catedral cayó hecho añicos entre rayos y truenos la primera vez. Treinta años más tarde, la metralla destruía de nuevo la fulgurante estrella de David.

Ocurrió el 30 de julio de 1936.

Permanecí de pie, como petrificada por la Gorgona que tantas veces había observado, agarrada a mi abuelo ante la monstruosa imagen. Mis ojos regresaron al periódico. Qué actos iban a conmemorar los setenta años de la Guerra Civil...

Una ducha helada me ayudó a iniciar el día que prometía ser caluroso. A las siete, en el Hotel Palas Atenea, iba a asistir a una rueda de prensa con el genio del nuevo siglo. Para recuperar la memoria histórica, nada más adecuado que el arte.

La extraña muerte de Pablo Fuster, que siempre defendió a Bonnín como director de KABIAR, despertaría sospechas en una ciudad acostumbrada a callar ante asuntos sombríos. Y un cementerio era, sin duda, un asunto sombrío. La noticia de la tragedia, ocurrida el día anterior a la aparición pública del artista, no dejó indiferente a nadie.

—¿No hay otro que pueda pintar moscas? —se preguntaban algunos, dejando pocas dudas sobre la opinión que les merecía. Bonnín era apellido chueta, y muchos no aprobaban su elección por razones que jamás se atreverían a exponer en público. Los mallorquines son gente discreta, aunque su discreción sea debida más al miedo que a la prudencia. Desde tiempos de la Inquisición, los chuetas —descendientes de judíos conversos— eran la huella de una herida que todavía seguía abierta para muchos isleños, y una mancha social que algunos pretendían borrar a cualquier precio. Entre ellos, los butifarras, nobles descendientes del rey Jaime I, y convertidos hoy en reducto de nobleza rancia que tan hábilmente se mueve en un mundo que apenas se ve.

El pintor de moscas muertas, como lo llamaban algunos con no disimulada sorna, apenas hablaba en público. Casi nunca concedía entrevistas. Y jamás sonreía. El pintor más triste y misterioso de la isla no permitía preguntas personales. Esto generó antipatía entre la gente, acostumbrada a considerar derecho natural entrometerse en los asuntos de quien se mueve en la vida pública. Todos sabían que existía una estrecha amistad entre Pablo Fuster y el pintor. Gracias al canónigo, Bonnín había conseguido trabajar en la catedral. Antes lo había hecho en Chartres, Reims, Colonia y Notre-Dame. La catedral de Palma se le había resistido durante años, pero por fin le abrió sus puertas.

El día 19 de julio, Pablo Fuster fue encontrado sin vida en la Costa de la Calma. Sin embargo, el mar no borró del todo una señal en la frente del sacerdote. Antes de encerrarlo en el saco, su torturador marcó dos líneas de una cruz gamada en la frente. En la arena quedó otra cruz, ésta de plata, que le arrancaron del pecho: Jesucristo abandonado en la arena. Una imagen inquietante de la extraña simbiosis que une violencia y religión.

En la Antigüedad, la pena del saco arrojado al mar castigaba los delitos más graves. Qué delito había cometido Pablo Fuster... eso solamente Poseidón lo sabría.

Y, quizá, también el ojo del Cíclope.

2

Palma de Mallorca, enero de 2006

Las gárgolas despreciaban al mundo desde la puerta del Mirador. El vendaval silbaba con furia, entre las torres que, impávidas, resistían su embate. Frente a la lonja, el obispo se detuvo a contemplar la silueta de la catedral de la luz. Cerradas ya las puertas, se sumía en su habitual quietud. Las agujas latían nerviosas, reflejándose en las aguas del Mediterráneo. Ambos, la catedral y el mar, guardan infinitos secretos.

—Las piedras cargan con el peso de la historia... —murmuró, con los ojos clavados en los muros del templo gótico. A pesar de que en la fría noche las calles desiertas no invitaban a pasear, el obispo acudía a su cita en el interior del templo. Debía enfrentarse a una labor difícil: convencer al artista de que su proyecto no podría llevarse a cabo tal como lo había previsto.

Aquel 6 de enero, Bonnín iba a cerrar el trato más importante de su vida. Tras muchas conversaciones con el cabildo, estaba a punto de conseguir hacer realidad su sueño. Su proyecto se había impuesto sobre los de doce competidores.

Al cruzar la plaza de España, el pintor de moscas muertas, también llamado pintor de calaveras, en alusión al macabro material empleado en un cuadro que lo lanzó al éxito, echó un vistazo a la estatua ecuestre del rey Jaime I. Momentos después entraba por la calle Reina Esclaramunda. Y se detuvo junto al palacio de los Molferrut, conocidos mecenas de la ciudad. A su mente acudieron historias que su padre le había contado en su infancia: «Nunca ofendas a un Molferrut, hijo mío, y mucho menos a un butifarra...» Entonces, Marquet no comprendía el significado de esa advertencia.

Los muros del palacio se alzaban ante él. En su niñez, pasó muchas horas en un patio con columnas de mármol. Algo le trajo a la memoria los ojos de su madre, que parecían ojos de agua de lo mucho que lloraban. Apartó la mirada de los barrotes de hierro que protegían los ventanales.

Estaba en la plaza de su niñez.

—Un tren cargado de carbón se dirigía al puerto —había recordado tantas veces el abuelo, mientras lo llevaba de la mano por aquella plaza, testigo de tanta impiedad—. Hombres, mujeres y niños se lanzaron enfurecidos para atrapar lo que les pertenecía. Barcos repletos de carbón, listos para zarpar clandestinamente, estaban dando paso a una leyenda que convirtió a Mallorca en un paraíso del contrabando a principios del siglo XX. Harina, arroz, legumbres, todo ello bien oculto en un doble fondo de cajas fabricadas expresamente para la exportación de productos que jamás debieron salir de la isla. Eran el único alimento de quienes trabajaban de sol a sol para mantener a sus familias...

Marquet conocía aquella historia de memoria.

Ara...! Su tío Miquel Cabotà había dado la señal, y todos a un tiempo lanzaron trozos de carbón a los vigilantes que impedían su acceso al muelle. Ni siquiera los disparos de diez guardias frenaron a la masa enloquecida, cuyas únicas armas eran el terror al hambre y el odio a la injusticia. Pero el grito de su tío fue seguido inmediatamente de otro, el que da paso a la muerte, cuando ésta llega por traición. Una bala le atravesó el costado, y su tío Miquel cayó herido de muerte...

Marquet sintió el calor de una lágrima que le serpeó por la mejilla, y continuó su camino. Al dirigirse hacia la cuesta de la Seu vio una escultura en mitad de la acera, una especie de huevo gigante, obra de Joan Miró. El ayuntamiento la había colocado en el centro de la capital para mostrar al mundo que Mallorca tiene, además de sol y hermosas playas, artistas de reconocida fama. Los turistas no ven las sombras que oculta el brillo de tanto bronce.

—Y para eso has gastado quinientos kilos de bronce, Juanet... —se dijo.

Entonces decidió que cambiaría los vidrios del rosetón mayor, que Miró no consiguió a pesar de sus intentos. Atrás dejaba un inmenso solar, propiedad de los dominicos, que había sido cedido a la familia Molferrut. Nadie se atrevió jamás a preguntar por qué.

—Nunca ofendas a un Molferrut ni olvides la humillación que sufrió tu familia... —le dijo muchas veces su padre, a quien Marquet admiraba más que a nadie en el mundo. Recordaba paseos por las calles del barrio gótico, historias de judíos que fueron perseguidos en los oscuros tiempos de la Inquisición.

—La muerte es preferible a la deshonra... —repetía su padre, sin poder quitarse de la cabeza a Miriam y a su primer hijo recién nacido, que le fue arrebatado por no someterse a las exigencias de su amo. Miriam. El amo le arrancó la virginidad y también la vida. Miriam tenía diecisiete años. Fue la primera mujer a quien su padre amó con toda el alma.

Absorto en sus pensamientos, Marquet se dirigió hacia la puerta de la Almoina, cuyo nombre rinde memoria a la limosna que recibía todo aquel que acudiera en busca de pan a la puerta del templo cristiano. Después caminó hasta la fachada meridional y contempló el mar nocturno, silencioso, y los ojos de las gárgolas. Sus bocas abiertas escupían desprecio al mundo desde lo alto de un templo, cuyos muros cargaban con setecientos años de historia. Sintió frío. Y, sin embargo, corrió por sus manos un sudor repentino.

Apenas había apartado su mirada de las gárgolas, cuando divisó la silueta del obispo que se acercaba con paso firme.

—*Com estàs, Marquet?*

A pesar de su irreverente actitud con las instituciones, el artista sabía que de aquel encuentro dependía su inmortalidad. Al afectuoso saludo del obispo, Marquet respondió con una rotunda inclinación de cabeza que más bien parecía un saludo militar. No estaba seguro de haber acertado con el gesto, pero fue lo primero que se le ocurrió.

—*Has pensat bé lo que et vaig dir?* —preguntó el obispo.

—*No fa falta pensar-hi més. Ho tenc ben clar.*

Su respuesta indicaba que la conversación sería breve. El saludo se convirtió, de repente, en frialdad. Envueltos en silencio, los solitarios visitantes avanzaban como sombras por la inmensa nave central del templo. Solos ellos dos, se asemejaban a un par de muertos vivientes que regresaran a sus nichos tras un garbeo por la ciudad desierta.

Aquella noche, el obispo debía comunicar al artista que el tema que la Iglesia quería para el retablo del altar mayor era la Última Cena. Pero Bonnín se empeñaba en representar la Adoración de los Reyes Magos; todos los genios habían pintado a los Magos de Oriente, y él no iba a ser la excepción.

—Son exactamente lo mismo... —El pintor trataba de convencer al obispo de que ambos transmiten el mismo mensaje de Cristo.

Aunque el obispo insistió en que la consagración del pan era el tema adecuado para el muro central, no logró imponer su voluntad. Las razones episcopales no consiguieron apagar la sed de venganza de un joven que, desde niño, vio en el rostro de su padre el miedo que inspira la sombra de la muerte.

Aquella fría noche de invierno, el pintor no sólo arrancó la firma al obispo. Trazó, con sangre recién vertida, la primera línea de un fatal laberinto.

—*Aquí...* —El artista señaló con sus brazos abiertos el espacio en el cual iba a realizar su obra, a pesar de la oposición del cabildo. Nadie lograba entender la debilidad del obispo.

—*Aquí, S'Estrella...* —Señaló con el dedo índice el lugar donde pintaría la estrella que guiaría a los Magos en su viaje por el desierto.

—*Però...* —El obispo se enfrentó a la mirada gélida de Marquet, quien actuaba con la seguridad del gigante que sabe que ha vencido. En cuestión de segundos sintió caer el látigo de la historia. Al ver los ojos de Marquet brillando en la oscuridad, supo que el secreto dejaría pronto de estar oculto.

A las objeciones del obispo, el artista respondió extendiendo sus brazos hacia el muro central. Ya era suyo.

—*Christus natus est...*

El Mesías recién nacido.

—*Bait Lahm...*

El obispo no había oído nunca aquella palabra.

—Ιχθυς...

Pez... la imagen que evoca a Jesucristo, Hijo del Salvador.

El artista dio un paso atrás para imaginar cómo sería su gran obra terminada.

Bait Lahm, dos palabras que en hebreo significan «La Casa del Pan». He aquí el significado de Belén, un lugar sagrado al sur de Jerusalén, en el camino de Hebrón, donde yacen enterrados los patriarcas.

Se dio la vuelta, y contempló el rosetón situado en lo alto de la fachada sur. A continuación, señaló ambos extremos de la catedral. El enorme rosetón de la fachada norte, con su estrella de David en el centro, aguarda el gran día para reflejarse en el rosetón opuesto. Cada día 2 de febrero, el rosetón más grande del mundo se refleja en el rosetón menor y dibuja en su seno la medida del pez.

—*Vesica piscis...* —pronunció en latín, dibujando en el aire la silueta de una figura imaginaria. A continuación, recitó unos versos mirando hacia el altar mayor.

Mientras estaban en camino
parió Raquel, y fue su parto muy difícil.
Entre las angustias del parto,
le dijo la comadrona:
«Ánimo, que es tu hijo.»
Y al dar el alma, pues estaba ya moribunda,
lo llamó Benoni, pero su padre lo llamó Benjamín.
Murió Raquel, y fue sepultada en el camino de Efrata,
que es Belén, la Casa del Pan.
Sobre la tumba de Raquel alzó Jacob un monumento
que hoy todavía subsiste.

Marquet recordó el triste episodio del Génesis, y se acordó de su padre. También de Miriam, la primera mujer a quien su padre amó. Y se acordó del hijo que fue apartado de la madre en el momento de nacer.

Miró fijamente el muro central.

—Todo serán ofrendas. —Con las manos abarcaba el espacio que la Iglesia cedía al artista. «*Timeo Danaos dona ferentes*... No me fío de vosotros, perros inmundos, ni de vuestros regalos envenenados.» Desconfió del trato que le ofrecía el obispo. «También le ocurrió a Miguel Ángel...», pensó. ¿Acaso ha habido un solo artista que no haya provocado la ira de la Iglesia? Bonnín estaba decidido a realizar en la casa de Dios algo más que una obra de arte.

Un acto de justicia.

Había acudido a su cita para cerrar el mejor trato de su vida.

No había tiempo que perder.

El obispo le sostuvo la mirada. En sus ojos vio ira, incredulidad y, por fin, capitulación. Luego abrió la boca y emitió un ruido sordo. Un instante después, de su boca brotaba un hilo de vida y un esputo de sangre cristiana.

La misma sangre que salpicó el altar. Cristo crucificado fue el único testigo de aquella muerte horrenda. O... quizá no fuese el único. La llama trémula de dos cirios dibujó la sombra de un ángel que rodeaba el altar mayor con sus alas desplegadas. No era la primera vez que una discusión entre Iglesia y artista acababa en asesinato. Dos siglos antes, el artífice de los candelabros de plata tuvo un dramático final. Y de Gaudí, cómo olvidar el suceso que provocó el abandono del extraño baldaquino. El escultor catalán sintió cerca el peligro, y dejó su obra sin acabar.

En el frío suelo de piedra quedó tendido el obispo con

las piernas juntas, un pie encima del otro, y los brazos extendidos. Tres clavos atravesaban manos y pies.

Antes de abandonar el templo, el artista contempló en silencio el cadáver del obispo y selló su boca con arcilla napolitana como la que utilizó el emperador Augusto para silenciar a la Sibila que cantaba eternamente.

Miró por última vez al obispo, y en su pecho dejó escrito un verso de Virgilio:

El hombre de oro heredará el mundo.

Rodeó la palabra oro, y la marcó con una cruz.

Se dirigió hacia la salida, tras poner punto final a un capítulo de la historia que nunca debería haberse escrito.

«Éste es el único lugar del mundo en el que pervive la tradición de la Sibila...», pensó. Y se acordó de la voz angelical que oyó tantas veces de niño, sentado en un gélido banco del templo. La voz de la Sibila anunciaba el Juicio Final. Antes de salir, se detuvo junto a la puerta. Con sus ojos bien abiertos recorrió la nave central del templo. No vio a nadie.

Sin embargo... supo que no estaba solo aquella noche.

—*Finis gloriae mundi*—susurró, mirando el rosetón mayor cuyos vidrios operaron un extraño milagro. Como por efecto de la hipnosis, Bonnín observó la corona de Gaudí. En ella vio la sombra de cables y poleas que convertían al templo en una embarcación, orientada hacia la luz procedente de la estrella de David.

Y entonces lo vio. Manchas con sangre en las paredes del coro, de las que nacían jardines rebosantes de flores y plantas. Comprendió por qué Gaudí dejó inacabada su obra.

Bonnín salió a la calle, dispuesto a realizar su propio sueño. Al cerrar la puerta de la Almoina, observó a un lado el arcón de roble que antiguamente conservaba el pan como tesoro de inestimable valor. El trigo no abundaba entonces en Mallorca, tierra de almendros y de algarrobos; el pan era el tesoro al que aspiraba el pueblo. Y entre el crujir de sedas de grana, recibía fruta y burdo paño, urdido en primitivos telares artesanos que ahora afloraban en un renovado milagro del viejo arcón oloroso del pan. Al otro lado, vio el cofre arábigo persa del siglo XII, con una inscripción memorable: «La gloria, la fortuna y la felicidad no se separan jamás de su poseedor.»

Se dio la vuelta. La puerta ya estaba cerrada.

Pudo, sin embargo, ver la imagen de un caballo montado por dos jinetes. No recordaba aquella figura que ahora, como una visión fugaz, ya había desaparecido de su vista. Se acordó de las palabras de Platón en boca de Sócrates. El hombre es como un auriga, que debe sujetar dos caballos. Uno blanco, el de la inteligencia. Otro negro, el de las bajas pasiones. Marquet Bonnín acababa de matar al segundo. Y sujetándose a las riendas del primero, salió a la calle.

La ciudad dormía. Las gárgolas mantenían los ojos abiertos. Reflejadas sobre la superficie de las aguas, las agujas de la catedral latían nerviosas. Bajo esas aguas palpitaba el corazón de la isla más silenciosa del Mediterráneo.

3

Palma de Mallorca, julio de 2006

El Paseo Marítimo estaba colapsado. Entre las personalidades que acudían al evento, no faltaba nadie de las instituciones insulares. Representantes de la prensa local, nacional e internacional aguardaron durante horas a que se produjera lo que esperaban desde hacía meses, la aparición del artista más polémico. Por fin, se iba a celebrar la rueda de prensa en el Hotel Palas Atenea, diosa de las artes y de la guerra. Muchos deseaban saber cuál fue su reacción ante la trágica noticia del día. Era de todos conocida la amistad entre el artista y el canónigo fallecido, cuyo enfrentamiento con el obispo suscitó en su día todo tipo de comentarios. «UN INFARTO ACABÓ CON SU VIDA», fue el escueto comunicado de prensa. Sobre cómo murió el obispo, lo único que trascendió fue que había sido encontrado en el suelo frente al altar mayor.

A todos interesaba saber en qué benefició al artista la desaparición del obispo. Y, sobre todo, en qué le perjudicaría ahora la repentina muerte de su aliado.

El personal de seguridad conducía a los invitados preferentes hacia las primeras filas. Una fotografía del artista presidía el salón. Dos únicas letras ocupaban la parte superior de una inmensa pantalla.

Me situé junto a una columna, lugar perfecto para ver sin ser vista.

—Pero ¿no se llamaba Marquet? —preguntó un periodista con acento francés, al ver que las letras estaban en orden inverso.

—Sí... pero esas letras no corresponden a su nombre —contesté, sin desviar la mirada de la puerta por donde entraría el genio.

—¿Y qué significan? —insistió el francés.

—¿De dónde has salido tú?

¿Acaso podía alguien desconocer qué gigante financiero se escondía tras dos letras de tanto peso en Mallorca? De todos eran conocidas las letras BM dentro de una corona blanca con fondo verde. Pocos actos se celebraban sin dinero del mecenas. En Mallorca, todos sabían de qué banco se trataba.

—No soy de aquí —contestó.

Iba a explicarle qué significaban, pero algo me lo impidió. Yo sabía muy bien que Marquet era su nombre. Demasiado bien.

El bullicio era ensordecedor. El francés olvidó su pregunta, y centró su atención en lo que ocurría en la sala. Había estudiantes de Bellas Artes, profesores universitarios, empresarios... También muchos periodistas extranjeros. Miré a los jóvenes aspirantes a genios. Por su entusiasmo uno podía adivinar que estaban convencidos de que ser un genio es algo que también se aprende. Cada uno de ellos soñaba con parecerse a él, con tener éxito y dirigir la Feria de Arte que superaría a las de Madrid, Venecia, Praga, Kassel y São Paulo. A todas había asistido como artista invitado, quedando por encima del resto en la superación de lo imaginable. En su última exposición en Brasil rellenó esculturas de bronce con más de cien tarántulas vivas. Utilizó esos bichos para superar a otros artistas que también usaron animales para sorprender al ojo incauto. *El buey desollado* de Rembrandt lo superó Bonnín con un viejo chimpancé al que descuartizó y pintó en un cuadro de cinco metros. Beuys era otro de los genios que el pintor mallorquín se propuso desbancar en la lista de genios. El día que vio su cuadro titulado *Cómo explicar los cuadros a una liebre muerta*, en el cual aparece el artista alemán con la cabeza embadurnada con miel y pan de oro, Bonnín se aventuró a dar un paso más. Las tarántulas le parecieron víctimas propicias en una escala iniciada por moscas, gatos y perros.

De repente, cargados con sus enormes cámaras, los periodistas corrieron de un sitio a otro, sin respetar la posición. Las personalidades locales aguardaban solemnes.

A través de los ventanales se divisaba el puerto abarrotado de barcos tras una jornada de ocio. La multitud se agolpaba en la calle. El aclamado artista acababa de llegar.

Vestido con vaqueros y una camiseta negra y ajustada que le realzaba la musculatura, Bonnín entró por la puerta central que se abrió de par en par. La vertiginosa luz de los flashes parecía devorarlo. A su paso, resplandeció el escudo de Atenea. Y el casco daba la sensación de proteger la cabeza del artista. Avanzó con parsimonia, flanqueado por dos gorilas. Subió los tres peldaños del estrado, hasta llegar a una gran mesa cubierta con una tela roja. Al sentarse, la rubia cabellera, sujeta en una coleta, bailó como un pez inquieto. Llevaba el calzado de siempre: unas alpargatas de color negro de suela desgastada.

Una azafata le acercó el micrófono. No fue necesaria su presentación.

—Ésta es mi tierra, éste es mi mar... —Hizo una pausa, mirando perezosamente a su auditorio. Y continuó, sin que un músculo de su cara cediera a la sonrisa—. Éstos son los olores de mi tierra, los colores del mar Mediterráneo...

Acompañaba estas palabras con miradas fugaces al vídeo que se proyectaba tras él. Pronunciaba con dificultad, ya que por respeto al público traducía del mallorquín al castellano. Rara vez hablaba en otra lengua que no fuera la suya propia, la única fiel a sus sentimientos.

Todos prestaban atención a las imágenes del vídeo, que ilustraba detalles de su obra que nadie había podido ver aún.

Nadie, excepto yo.

Aquella mañana de julio, alguien quiso impedir que yo viera más detalles.

—La tierra, el mar, el cielo... Vida, muerte, resurrección.

Algunos no entendían nada, pero escuchaban con gesto atento.

—La búsqueda, el conocimiento, la sabiduría... El viaje a lo largo de nuestra vida.

Esperaban ansiosos la respuesta a dos preguntas clave: por qué quiso pintar la Adoración de los Magos en lugar de la Última Cena. Y qué se ocultaba tras el nombre de KABIAR. Estaban seguros de que, antes o después, se referiría a la muerte del sacerdote.

—Más allá de toda representación sólo existe la luz... —añadió. El movimiento ágil de sus manos contrastaba con la lentitud del discurso. Tan pronto cruzaba las manos como juntaba las yemas de los dedos, formando una especie de triángulo sostenido en lo alto por dos brazos robustos como pilares.

En la pantalla apareció la imagen de dos círculos entrelazados. Y en su punto de intersección, la figura de un pez.

—¿Es verdad que se enfrentó usted a la Iglesia por pintar a los Magos en lugar del pan sagrado? —preguntó un periodista.

Se hizo un silencio. Muchos se acordaron del obispo muerto, quien había criticado ante los medios de comunicación la soberbia del artista. Recordaban, sobre todo, la polémica que provocó Fuster acusando al obispo de ocultar la verdad a los fieles.

—Nada es verdad... excepto la luz. —Bonnín tenía los ojos fijos en sus manos inquietas—. La luz vence sobre las tinieblas y sobre la oscuridad... παυτα εις ποταμου αιματς αγει.

El silencio pedía a gritos una explicación a estas palabras que pronunció con exquisita cadencia helénica.

—«Todo conduce al río de sangre...»

—¿De dónde procede su gusto por lo siniestro? —preguntó un joven periodista.

—La carne humana es siniestra... —Arrastró las sibilantes—. Y cuando deja de ser humana se convierte en materia en descomposición.

La respuesta estremeció a más de uno.

—¿Cómo es posible que en sus cuadros pinte la fuerza telúrica del paisaje, y al mismo tiempo... —el periodista se dio cuenta de que formulaba mal la pregunta. Pero ya no podía borrar lo dicho— incluye calaveras y... —El artista lo interrumpió.

—Me gusta que la espuma del mar sea blanca.

Siguió un silencio a tan extraña frase.

—De dos capas de pintura sobre un grano de arroz... —se sacó un moco de la nariz y lo depositó sobre la mesa— nace una montaña. —Señaló el moco, que representaba el grano de arroz. Todas las miradas se concentraron en el mismo punto.

—¿Qué cualidad debe tener un buen pintor? —Tal vez la pregunta no fuera adecuada al momento ni al lugar.

Bonnín inspiró hondo. El aire que expulsó parecía no acabarse nunca. Puso las manos con las palmas hacia abajo sobre la mesa cubierta con tela roja. Y por fin respondió.

—Capacidad de asesinar. —Clavó sus ojos negros en los del joven que había hecho la pregunta.

—¿Un pintor debe matar? —remató el aspirante a genio.

—No he dicho matar. He dicho... asesinar.

Nunca me había dado cuenta de lo fácil que puede ser convertir la vida en simple juego dialéctico.

Entonces me atreví:

—¿Es cierto que antes de empezar una obra necesita ejecutar un asesinato? —Mi voz alcanzó un tono grave que incluso a mí me sorprendió.

Se hizo un silencio denso como la sangre. Sentí en aquel instante el peso abrumador de todas las miradas, pero sólo una me alcanzó. Marquet me traspasó, como paralizado ante una espantosa visión. Sostuve su mirada, que aun durando pocos segundos despertó la herida de un dolor intenso.

—Cualquier forma de crimen se ajusta al intelecto de su autor... —Levantó la cabeza, en busca de los paisajes de África.

Había una intensidad inquietante en sus ojos. El corazón me latía con fuerza. El hombre sentado a su derecha sacó un pañuelo del bolsillo de su chaqueta y se enjugó la cara y el cuello.

—Hablamos de arte, no de inteligencia. —Estaba decidida a no dejarme vencer por quien un día me pisoteó como a una cucaracha. Me apoyé en la columna. Esta vez no iba a desfallecer.

»*Finis gloriae mundi...*

Mi voz sonó como de ultratumba. Marquet Bonnín hizo una mueca, que yo conocía bien: se debatía entre la soberbia y la ira. Posó la mirada en mi colgante de oro; los dos triángulos con el sello de Salomón se reflejaban en sus enormes ojos. Cruzó las manos. Del silencio brotó un murmullo, suave como el de las olas que convierten en arena la roca que tantas veces golpean.

Se dio cuenta de que le estaba mirando las manos. Nadie podía sospechar qué ocultaban y qué imagen revivían en nuestra memoria. Recité, en voz alta, un verso que quedó grabado para siempre en mi memoria:

—«*El hombre de oro heredará el mundo.*»

Ambos conocíamos el hexámetro de Virgilio; formaba parte de la profecía. Regresará la edad de oro, nuevos tiempos de Saturno en los que el amo sirva a sus esclavos y el hombre se alimente de los frutos de la tierra. He aquí el auténtico oro. El que procede de la tierra y no alimenta la codicia...

Juntando lentamente las diez yemas de sus dedos, alzó las manos. De nuevo clavó en mí sus ojos llenos de ira. Tal vez recordó que, aquella noche de enero, no estaba solo cuando abatió al obispo en el frío suelo de la catedral.

—*Finis gloriae mundi...* —repetí alzando la voz. Marquet agitó sus manos inquietas. Pero lady Macbeth no estaba a su alcance. Con el movimiento brusco derramó el vaso sobre la mesa, y el agua dibujó en la tela roja una voraz mancha de sangre. Se levantó, y se marchó.

El público contempló atónito la escena, convencido de que formaba parte del espectáculo. Quienes lo habían visto en otras ocasiones sabían que la provocación era habitual en él. Lo miraban embelesados, como quien sigue a un profeta. Después de todo, era el gran pintor de la isla. Era un genio.

Yo sabía lo que eso significaba.

PRIMERA PARTE

4

Barcelona, octubre de 2005

—Toda la discusión gira en torno a una letra... —Así empezó Gaetano Ubriachi las Jornadas de Pedralbes, en Barcelona. Yo participé en su organización. Asistieron expertos de toda Europa. Mi nombre estaba ligado a la restauración de una *Adoración* en el Museo del Prado. Y los elogios por mi trabajo tuvieron repercusión en la prensa internacional.

«Por fin alguien se atreve con el dedo de Gaspar... —escribió en su reseña un crítico de arte—. La Iglesia debería aceptar que existe otra verdad... —decía el autor, furibundo con la religión capaz de hacer de un simple mito una verdad infalible.»

La conferencia había sido brillante, apasionada, contundente y muy polémica. Versó sobre un cuadro que presidía el centro de la sala, la *Adoración* de Tommè. Intervine en su restauración a las órdenes de Ubriachi. «Sadomón», así lo llamaban sus alumnos por haber escrito un escandaloso libro inspirado en la *Psicopathia sexualis* de Krafft-Ebing, a quien consideraba excelente conocedor de las pasiones humanas. Según Ubriachi, no hay más arte que aquel que explora las perversiones ocultas. Y no hay arte más verdadero que el que tiene como fin el asesinato entre iguales.

Su interpretación del cuadro escandalizó a los estudiantes que escuchaban por vez primera al italiano. Ningún profesor les había enseñado a ver en la cabellera rubia de la Virgen un fetiche sexual, ni en los Magos unos esclavos entregados a los caprichos de la divina feminidad.

—Cristo es el Salvador de la Humanidad... —añadió, tras asociar a los Magos con modernos iconos sexuales—. ¡Pero no fue Cristo... sino Prometeo quien salvó a los humanos de la ignorancia, al darles el fuego y abrir el camino del conocimiento!

Aguardó la reacción del público. El silencio imperaba en la sala. La figura del maestro, imponente por su altura y su perímetro, no invitaba a la discusión. Y continuó:

—El hombre es superior a las estrellas si alcanza el poder de la sabiduría. Quien consiga dominar el cielo y la tierra por medio de la voluntad es un mago. Y la magia no es brujería, sino sabiduría... —Ubriachi interrumpió su cita de Paracelso para observar cientos de rostros paralizados por la fascinación.

»El poder de la religión se esconde tras una letra —repitió. Dedicó poco tiempo a la cuestión pictórica. En su lugar, se centró en reflexiones acerca de Jesús. Alguien entre el público protestó, pues no quería oír hablar de Jesús sino de los Reyes Magos. Esperaban oír hablar de colores y pigmentos y de la santidad de los Magos. No sabían que la mente de Ubriachi estaba ocupada por otra clase de fantasías.

—Estamos aquí para aprender su técnica de restauración —se quejó alguien—, yo no he venido a escuchar sus opiniones sobre religión.

—Está usted en lo cierto, caballero. Pero ¿cómo cree que voy a restaurar los ojos del rey Baltasar si no sé primero a quién observan? —Nadie más intervino.

Yo estaba obsesionada con los ojos de Baltasar en el cuadro de Tommè, que se llevaron de Pedralbes de forma precipitada.

—Nunca antes tres líneas de la Biblia ocuparon tantos lienzos. —Sus palabras provocaron la risa en unos; el desconcierto, en otros, y el malestar en quienes ya percibían el tono escéptico con el que se abordaba la historia de los Reyes Magos.

De repente, el profesor mostró la *Adoración* de Leonardo da Vinci.

«Léeme, lector, si mi discurso te deleita, pues raro es que vuelva yo a nacer en este mundo. Pocos tienen la perseverancia de proseguir esta profesión inventando cosas nuevas. Venid, todos, a ver los milagros que a través del arte se pueden descubrir en la naturaleza.»*

—Leonardo da Vinci consideraba la pintura como una verdadera ciencia, una ciencia tan exacta como la matemática. En tiempos en los que la ambigüedad del discurso era la nota común de clérigos, obispos y cortesanos, Leonardo recurrió al lenguaje pictórico para dar a conocer la verdad que, de otra manera, resultaba imposible manifestar. «Las palabras pueden tener múltiples interpretaciones —decía el maestro Da Vinci—, pero el trazo de una línea sobre el lienzo es preciso, único, inequívoco.»

A continuación señaló los ojos del caballo situado a la izquierda del cuadro.

---

* Codex Madrid II. *(N. de la E.)*

—Este cuadro quedó inconcluso. Y el caballo vio frustrado su sueño de adquirir vida propia.

Bebió un sorbo de agua, y continuó.

—Leonardo dejó sin acabar su *Adoración* porque el monje que había hecho el encargo murió de infarto al ver doce calaveras bajo la figura de Cristo. La congregación de San Donato expulsó al pintor inmediatamente. Y los monjes, todos sin excepción, se lanzaron sobre el cuadro para borrar la imagen de las calaveras y así ahuyentar su maldición. Pero ya era tarde. El monje había muerto. Y después del primero murió un segundo, y a continuación un tercero. Y así hasta llegar a los doce que formaban la pequeña congregación de San Donato.

Cinco siglos más tarde, un pintor nacido en Mallorca recogió el mensaje de Leonardo da Vinci, y se propuso averiguar qué misterios podría descubrir a través del arte. Quiso averiguar lo que se esconde tras el mito de los Reyes Magos. Encontró la respuesta en el trazo de unas líneas sobre un mural de barro. Del contacto de sus manos con la arcilla surgió la creación de un lenguaje que no precisa palabras.

El pintor inició un ambicioso proyecto en la catedral de Palma, un extenso mural de terracota a modo de retablo, que vendría a completar la obra que Gaudí dejó inconclusa. El mural de la muerte —así empezó a ser llamada la obra de Bonnín porque durante su ejecución ocurrieron dos muertes— fue el comienzo de una historia que tuvo como protagonistas la venganza y la sed de justicia.

Cinco siglos separan a Da Vinci de Bonnín; sin embargo, existe entre ellos una conexión que no es mera casualidad: fascinación por la capacidad que tiene el agua de transmitir mensajes desde sus profundidades. Y ambos tienen una obra inacabada. Después de muchos meses de trabajo, Leonardo abandonó el cuadro y lo dejó en simple boceto, que otra persona recubrió con pintura para ocultar el dibujo original. Nadie explicó por qué Leonardo dejó esta obra a medias. La muerte de los monjes se mantuvo en secreto durante más de un siglo.

—Pero la piedra carga con el peso de la historia... —dijo el profesor, quizá sin saber que estaba repitiendo las palabras del obispo en su fatídica noche. Buscó la mirada de unos jóvenes que ignoraban aún el poder que oculta un simple trazo—. En cuanto al mural de la catedral, se trata de un fresco de barro a modo de segunda piel. —El profesor acariciaba la pared con sus enormes manos—. Un fresco realizado con técnica excepcional, única en el mundo. En medio de una gran polémica, de repente la obra fue interrumpida...

—¿Por qué? —preguntó una chica, cuyos ojos brillaban de curiosidad.

—La luz era imprescindible para apreciar la escena. Por los vitrales y el rosetón debería entrar la luz del Mediterráneo; sin ella, carece de grandeza el estilo gótico al que pertenece dicha catedral.

—¿Y por qué no ha terminado los vitrales? —volvió a preguntar.

—Alguien dijo que... no era la Adoración lo que reflejarían sus vidrios, sino otra cosa muy distinta. Y la Iglesia quiso impedirlo.

Se produjo un silencio. Trataban de imaginar qué otra escena podían representar unos Reyes Magos que acuden a Belén a adorar al Niño Jesús.

—¿No es verdad que interrumpió su obra porque no le pagaban los millones que pedía? —preguntó alguien. Con esta pregunta el profesor entendió por qué el arte de hoy está tocado de muerte.

—Ésta es la excusa fácil —respondió Ubriachi— de quienes se niegan a creer que hay un lenguaje oculto en las piedras. Las de una catedral esconden la ciencia acumulada durante siglos.

—Si no es una cuestión de dinero, ¿qué razón puede explicar la interrupción de la obra?

—Sin los vitrales, el artista no permite que se vea su obra —sentenció el profesor—. Y quedará inconclusa, a menos que la Iglesia conceda al artista lo que pide.

—Sí, sí, mucho arte... pero lo único que le preocupa es el dinero —murmuraron algunos, que seguramente eran isleños ofendidos por el abandono en que había sido dejada su espléndida catedral.

—¿Qué relación hay entre este cuadro y un fresco hecho de arcilla? ¿Por qué lo llaman fresco si en realidad... no lo es?

—En cuanto al material utilizado, quizá tengan poco en común. Pero no crean ustedes que en el fondo difieren tanto.

—Ambos relatan un episodio del Nuevo Testamento —añadió una joven sentada en la primera fila. El profesor tragó saliva, y carraspeó.

—Nuestro interés, señorita... —la inspeccionó de arriba abajo—, no está en averiguar en qué parte de la Biblia se narran estos hechos, sino más bien en entender su mensaje. ¿Qué significa exactamente el viaje de los Reyes Magos? —preguntó Ubriachi, poniendo especial énfasis en la palabra viaje y omitiendo la Adoración.

—El reconocimiento del nuevo rey —respondió con seguridad un joven levantando la mano.

—¿Eso cree usted?

—Sí —respondió con la mano en alto.

—¿Y qué tenía ese nuevo rey que no tuvieran otros reyes? —Su pregunta no estaba exenta de ironía.

—Que era el Mesías Salvador —dijo tan convencido como quien afirma que los rayos del sol calientan.

—¿Salvador? ¿Salvador de qué? —El profesor miró por encima de unas diminutas gafas.

Un murmullo se apoderó de la sala. Nadie más se atrevió a intervenir.

—Bueno, ya que nadie responde a mi pregunta, vamos a hablar de las técnicas de restauración. No vaya a ser que el museo no me pague...

Con un gesto me indicó que abriera una carpeta. Mientras seleccionaba imágenes, se oían comentarios.

—La renovación de los tiempos...

—¿Cómo ha dicho? —El profesor se dio la vuelta.

—El viaje de los Magos simboliza la regeneración.

Ubriachi no pudo disimular un gesto de satisfacción, pues quería seguir hablando del significado de los cuadros antes de explicar su técnica de restauración. Respiró con alivio al comprobar que se había precipitado prejuzgando a su auditorio.

—¿Qué significa, entonces, el mito de los Reyes Magos? —preguntó alguien.

—La riqueza, el poder. Eso es lo que significa la palabra *mogu* en persa antiguo.

—¿Los Magos simbolizan el poder?

—Sí. El poder al que se debe enfrentar el ser humano a lo largo del camino...

—No entiendo nada —protestó uno.

—Yo no estoy de acuerdo —añadió otro.

Se estaba produciendo en la sala exactamente lo que el profesor andaba buscando. Incredulidad, escepticismo. Los dos ingredientes básicos para atrapar al público.

—¿Conocéis la *Adoración* que pintó Rubens?
Un murmullo indicaba que unos sí, y otros no.
—Sí, conozco el cuadro —respondió alguien.
—¿Y cuántos Magos hay en él?
—Pues...
—No te molestes. Para Rubens lo importante no eran los Magos, sino la escena en su conjunto. ¿Verdad, Ariadna?
Se hizo un silencio.
—¿Ariadna?
Yo no estaba en aquella sala. Me había ido muy lejos. Estaba en África.
Al ver que todos me miraban, me ruboricé.
—¿Le pasa algo, señorita Ariadna?
—No... —contesté moviendo las manos, que buscaban algo a que aferrarse.
—Estábamos hablando del número de los Reyes Magos.
—Ah.
Pero yo seguía en África. Y el número que veía no era una cifra. Era un signo. Un signo de color rojo.
—Cuando haya regresado, avíseme... Necesitamos su pericia —dijo el italiano.
Recuerdo que en el cuadro de Rubens me impresionó la mirada de Baltasar, con sus ojos hacia el espectador. A la derecha, y a lo lejos, Rubens contemplaba lo que estaba ocurriendo en una escena que adquiriría vida propia.

A continuación, el profesor retiró la tela del cuadro. Ante nosotros apareció una explosión de colores que contrastaba con las sombras del lienzo de Leonardo da Vinci.
—¿Por qué el rey Melchor introduce la mano derecha en el cofre? —preguntó señalando el cofre con un puntero de madera.

No hubo respuesta.

—¿Por qué algunos personajes miran al espectador, y otros se miran entre sí? ¿Qué hecho histórico se celebraba cuando Rubens pintó el cuadro?

—¿La tregua de los Doce Años...?

—Exacto. Y quienes componen la escena son dignatarios que han viajado lejos para rendir tributo al Cristoniño como Príncipe de la Paz... el archiduque de Brabante, encargado de cumplir los deseos del rey de España. El centro de Amberes, ciudad a la que habían sido enviados los diplomáticos para firmar la paz, está en la dirección de la luz. Y por eso fue colocado allí el cuadro de la Adoración, porque el Niño recién nacido representa la luz.

—¿Quiere decir que Rubens pintó el cuadro para que siempre estuviese en el ayuntamiento de Amberes?

—Naturalmente. Jamás pudo imaginar que cuatro siglos más tarde su *Adoración* estaría en otra ciudad, con otra luz... Tienen ante ustedes la explosión de luz más extraordinaria de toda la historia de la pintura...

Todos miraron fijamente el cuadro. Era realmente hermoso. Yo notaba sobre mí los ojos del profesor.

—¿Cómo iba a imaginar Rubens que su obra colgaría de una pared en el Museo del Prado, expuesto a millones de ojos que no entienden por qué Baltasar mira al espectador...?

—¿Está insinuando que las ofrendas de los Reyes Magos tienen un significado material? —preguntó alguien.

—Las ofrendas representan los deseos de Amberes de que se vuelva a abrir al tráfico el río Escalda, crucial para las futuras negociaciones. La historia de los Magos se hizo popular en Amberes desde el siglo XVI por la importancia del comercio para la economía de la ciudad, en particular para la importación de objetos de lujo desde el extranjero.

—Y los regalos que ofrecen a Cristo, ¿qué representan?

—El libre comercio con las Indias occidentales, muy importante para Amberes en las negociaciones para la tregua. Este cuadro es un canto al esplendor y a la riqueza de Amberes. ¿Conocen ustedes Amberes? —preguntó.

—No —fue la respuesta unánime.

—¿Y usted, señorita Ariadna? —La pregunta me sorprendió. Asentí con la cabeza. ¿Acaso él sabía que yo había estado en Amberes?

—¿Verdad que cuando uno ha estado allí... —hizo una pausa— observa esta escena con otros ojos?

Observé a los estudiantes. Por mucho que quisieran, no podían estar viendo lo mismo que yo.

—Rubens introdujo un cambio importantísimo después de muchos años.

—¿Cuál?

—En un viaje que hizo a Madrid, contempló su obra en el palacio del Alcázar. Añadió, bajo la mirada atenta del rey que lo observaba con fascinación, dos detalles que cambiaron por completo su significado.

—¿A qué se refiere?

—Añadió una araña, símbolo del diablo y de la herejía. Y una columna, símbolo del poder de la Iglesia. —Al pronunciar esta última palabra, el profesor de ancho perímetro me lanzó una mirada inquisitiva—. Al añadir la columna como soporte de la Iglesia y arma contra el demonio, el pintor de Flandes satisfacía a todos. Pero añadió un detalle que nadie percibió.

Todos trataban de adivinar a qué detalle se refería.

—Añadió un halo brillante en torno a la cabeza de Cristo.

—¿Y qué significado tiene?

—Es la zona más importante del cuadro, y su luz recorre el lienzo hasta reflejarse en el otro extremo de la composición. —Señaló la zona circular con el puntero de madera.

—¿Cristo representa la luz...? Esto no es nada nuevo —comentó una chica con gafas de montura pesada.

—No es Cristo la palabra que aparece junto a esa luz, sino...

Desde nuestra posición no podíamos ver la palabra completa. El profesor mostró una ampliación de letras griegas que aparecían en la parte inferior de la figura de Cristo.

—Χριοος... Falta una letra para el nombre de Cristo en griego —explicó Ubriachi.

—*Chrysos...* —Se oyó un murmullo.

—¿Entonces esa palabra no es el nombre de Cristo?

—No. Le falta la letra tau para que signifique Cristo. Sin esa letra, la palabra denota algo muy distinto.

Todos callaron. Deseaban que el profesor diera más pistas.

—*Chrysos...* es uno de los epítetos de Apolo, dios del sol.

—¿Y nadie se dio cuenta de que se trataba de otra palabra?

—Como veis, las letras aparecen separadas y a distinta altura. Resulta fácil confundir en griego una I con una Y mayúscula, que es la única licencia que se ha permitido el pintor para ocultar su mensaje.

—Entonces en este cuadro Cristo no significa El Ungido...

—Es el dios de la luz, y no el nombre de Cristo como ha querido hacer creer la Iglesia. —Pronunció estas palabras lentamente, seguro del impacto que producirían en su auditorio.

—¿Jesús dios de la luz?

—No, simplemente Χριοος el de la luz, epíteto de todas las divinidades anteriores al cristianismo. Dios, etimológicamente, significa luz.

—Y entonces ¿qué significan las dos letras XP que aparecen en los altares cristianos?

—La Iglesia las adoptó como abreviación para el nombre de Jesucristo. Pero en realidad pertenecen a una palabra que nada tiene que ver con Jesucristo.

—¿A qué palabra?

—A una palabra griega que se utilizaba en los papiros paganos para indicar los pasajes proféticos. Y la Iglesia empezó a interpretar XP como abreviatura de Cristo, por ser las dos iniciales de su nombre en griego.

—¿Nadie se percató del uso que hizo Rubens de esta palabra?

—Los reyes, al ver que el pintor se había pintado a sí mismo dentro del cuadro, sabían que podían confiar en él. La presencia del autorretrato de Rubens en un cuadro propiedad del rey era una declaración de su compromiso personal con los principios expuestos en él: la causa de la Contrarreforma, en beneficio de la cual trabajaba como diplomático al servicio del monarca español.

—Es decir..., ¿Rubens engañó a Felipe IV?

—Con un simple trazo... —El profesor acompañó su respuesta con un balanceo de cabeza.

—¿Y qué significa la columna, si no simboliza la Iglesia?

—Observad bien la columna.

El profesor recorrió con el puntero la columna de abajo arriba. Y se detuvo un instante. Luego continuó, señalando el capitel...

Sabía que estaba creando expectación.

—¿A qué letra os recuerda esto? —Recorrió varias veces la extensión de la columna y su capitel.

—Parece una letra griega...

—¿Una tau? —preguntaron varios a la vez, observando con atención la figura formada por la columna y su capitel.

—Exacto. La tau que, precisamente, añadió la Iglesia para que la palabra significara Cristo definitivamente. Y Felipe IV creyó que su pintor ensalzaba a la Iglesia. Cuando en realidad... desvelaba una manipulación.

Me llevé la mano al cuello, como solía hacer cuando estaba inquieta. Ubriachi no apartaba los ojos de mí. Acaricié el colgante. Noté entre mis dedos la cruz en medio de dos triángulos.

O tal vez no fuera una cruz.

A continuación, el profesor delimitó la zona que ocupaba la Virgen en el cuadro y marcó especialmente las líneas de su regazo. Apareció la figura del pez, nacida de la intersección de dos círculos.

—¿Un pez? —preguntaron varios al mismo tiempo.

—No —contestó el profesor.

Cambió la posición del pez de horizontal en vertical.

—Una vagina, la maternidad. La Virgen. La diosa.

Tras un silencio, Ubriachi cogió sus papeles para empezar a explicar procesos de restauración. Éste era el motivo de las Jornadas que llevaban por título «Restauración de frescos y lienzos del Renacimiento».

En un panel colocado en el centro de la sala, dibujó a gran tamaño la letra tau del alfabeto griego. A su lado, la misma letra del alefato hebreo, llamada tet, y cuyo dibujo corresponde a la figura de una corona.

Al verla, recordé cómo había llegado hasta allí.

5

—¿Por qué no se limpia para ver lo que hay debajo? —Mi pregunta era el resultado de muchas visitas acompañando a un veterano restaurador del patrimonio de la Iglesia.

—No es tan fácil, Ariadna...

—¿Qué es lo que no es fácil, abuelo? —A la edad de ocho años, pocas cosas resultan más fáciles que borrar sombras de un dibujo.

Mi abuelo seguía tomando notas en su cuaderno. Yo caminaba a su lado, fascinada por los monstruos ocultos en los rincones de la catedral.

—No son monstruos, Ariadna. Se llaman... sátiros.

—¿Sátiros? —Nunca había oído aquella palabra.

—Sí, fíjate bien..., estos ángeles sostienen siete brazos del candelabro. Y están arriba, simbolizan la pureza. Mientras que abajo, en la unión del pie con el nudo, dos sátiros muy feos soportan el peso de trescientos kilos.

—¿Los sátiros son malos, abuelo? —Tenía los ojos del monstruo a la altura de los míos. El candelabro de plata medía dos metros y medio. Yo, poco más de la mitad.

»¿Son malos? —repetí la pregunta.

—Son... más humanos que divinos. Pero no, no son malos.

Frente al altar mayor, mi abuelo se detuvo. Con un gesto me indicó que no quería oír más preguntas. Necesitaba silencio.

Mientras él tomaba notas, me alejé unos metros para contemplar la pared. Parecía ocultar algo distinto a la Virgen y a un coro de ángeles. Sin que mi abuelo me viera, rocé con mis pequeños dedos una figura medio borrosa.

—Son testarudos... —respondió a la pregunta de por qué no se limpiaba el dibujo—. Nunca termina uno de conocer los secretos de un templo. —Cogiéndome de la mano, me llevó hacia la nave central. Señaló el inmenso rosetón, que se alzaba imponente ante nuestros ojos; sus diminutos vidrios me parecían entonces nidos de avispas multicolores—. Y ésta —continuó mi abuelo— alberga secretos que se perderán en el mar.

Extasiada ante los vidrios que refulgían con el sol de una mañana dominical, trataba de adivinar qué secreto podían ocultar.

—Busca en el corazón de la piedra... —dijo sin dejar de mirar la estrella de David. En mi mano sentí la presión de la suya. Una mano fuerte, cálida.

Años más tarde, estudié Arte en Barcelona. Perseguía un sueño: regresar a mi ciudad para restaurar un fresco del siglo XIV medio oculto en la catedral de Palma.

—¡Por fin, abuelo, por fin lo he conseguido!

—¿Qué es lo que has conseguido, Ariadna?

—¡El obispo me ha dicho que sí!

—¿Por fin te ha dado permiso ese testarudo?

—¡Sí, abuelo, me dejará ver el fresco! —Lo abracé entusiasmada. Estaba segura de que él tenía algo que ver con la decisión del obispo. Sin embargo, meses más tarde, cambió de opinión. Había muerto mi abuelo. El obispo ya no se sintió obligado a hacer concesiones a una nieta que hacía demasiadas preguntas.

Decepcionada, pasaba horas sentada en el Paseo Sagrera, esperando a que la noche estrenara su andadura. Entonces, la catedral iluminada reflejaba sus picos trémulos en el Mediterráneo. «¿Dónde estará el secreto?», me preguntaba una y otra vez, mientras las agujas seguían el movimiento del balanceo del agua. Cuando ya era de noche, regresaba a casa sin respuesta. Me detenía frente a la estatua de Rubén Darío. Junto al Consolat de Mar, cuatro versos recordaban la estancia del poeta en Mallorca. Fue aquél el último trabajo que hizo mi abuelo, ya enfermo. Limpió sus letras de bronce, que alguien había difamado con insultos e improperios.

—¿Por qué lo han hecho? —pregunté con tristeza, mirando sus envejecidas manos.

—Porque saben que los ojos se quedan en la superficie.

Transcurrieron varios meses, hasta que me llamaron de Pedralbes para participar en la restauración de un cuadro.

Acepté, influida por el entusiasmo de Xavier, quien me animaba a volver a Barcelona más por sus ganas de volver a verme que por ayudarme a vencer el desánimo. Con Xavier había mantenido una turbulenta relación amorosa en la universidad, que al terminar los estudios y regresar a Palma quedó concluida. Esta invitación me ofrecía una oportunidad que no podía desaprovechar; durante cuatro meses trabajé con el equipo del profesor Ubriachi. Mi labor fue recompensada con una invitación de la Universidad de Florencia.

—Lo que leas al iniciar un viaje puede cambiar tu destino... —me había dicho Xavier en nuestra despedida, que tuvo lugar el día anterior en la Casa Milà.

En la segunda planta, Xavier estrenaba despacho, en cuya puerta lucía una placa con apellido «rebosando aristocracia», había dicho.

—Querrás decir burguesía.

—No lo entiendes, Ariadna. Mi nombre tiene siglos de historia —replicaba Xavier, convencido de que pertenecía a la flor y nata de la sociedad barcelonesa. Debajo del nombre añadía *Lawyer*, en inglés y en una sola palabra como contraste a un larguísimo apellido coronado con una diminuta flor de lis.

—¿Por qué en inglés y no en francés o en alemán...? Después de todo, tú has sido *Schüler* del colegio alemán y tienes alma franco-germanófila.

—Porque en francés es casi igual al catalán, y en alemán no me gusta cómo suena.

—*Strafverteidiger*... —Pronuncié las diez consonantes.

—Yo no soy criminalista, Ariadna.

—¿Qué?

—Que yo no soy abogado criminalista.

—Ah, vaya, me equivoqué de vocablo.

—Mi padre tiene amigos que sí lo son. Pero mis clientes son diferentes.

Traté de imaginar cómo eran esos clientes.

—Antes de irte, princesa, estrenarás mi nueva mesa. Así me acordaré de ti a todas horas... —Deslizó la mano en mi camisa desabrochada y acarició los pezones, que despertaron a unas manos sabias.

»¿Por qué te vas, princesa? —Me penetró con la misma sensualidad con que besaba mis pechos. Yo jadeaba inmóvil, sobre la mesa de acacia importada de París por su madre, doña Violeta Despuig-Zaforteza—. Este viaje cambiará tu vida, princesa, estoy seguro.

—¡Sí...! —contesté, gimiendo de placer.

Cuando acabamos me quedé tumbada junto a él, sobre la mesa, con el sexo bañado por el sol que entraba por la ventana.

—¿Por qué tres, y no cuatro? —Yo observaba la estrella de cuatro puntas dibujada en el techo.

—¿A qué te refieres?

—¿Por qué se acordó que fueran tres las personas divinas... y no cuatro, o cinco?

—La palabra ya lo dice. Trinidad: tres. Es muy sencillo.

Respondió con la misma naturalidad con que al día siguiente pasaría la minuta a sus clientes.

—No es eso lo que te pregunto, Xavi. Yo no creo que...

—¿Qué es lo que no crees?

—Que la Trinidad...

—¡Por Dios, Ariadna! Acabamos de hacer el amor sobre una mesa del siglo XVIII, apenas faltan doce horas para que te alejes de mí y sólo se te ocurre hablar del Espíritu Santo. ¿Es que te has vuelto loca?

Me quedé mirando la estrella pintada en el techo.

—Cada punta representa uno de los cuatro puntos cardinales...

—¿Te refieres a la estrella?

Por fin caía en la cuenta de que yo observaba el techo.

—Sí. ¿Por qué lo has decorado con este símbolo?

—Y yo qué sé... No he tenido nada que ver en todo esto. Mi padre me ha regalado el despacho, mi madre lo ha decorado y ahora me corresponde amortizar los doscientos metros de mármol travertino. —Señaló el suelo de color oscuro.

—Esto no es mármol, Xavi.

No hacía falta ser un experto para distinguir entre mármol y cerámica.

—¿Ah, no? ¿Entonces, qué es? —Se puso de lado. Le vi una calva incipiente, que su hábil peinado pretendía ocultar.

—Es cerámica, y además una muy especial que fabrican en Nápoles. Como siempre, tu madre buscando el toque sofisticado para su niño.

Se quedó mirando el suelo, habría jurado que era mármol.

—Que no, Xavi, que no es mármol. Pero está elaborado con una técnica especial que le da ese brillo espectacular.

—Y yo que creía que sólo entendías de parches y colorines.

—¿Tampoco te has dado cuenta de que sobre tu cabeza tienes los cuatro puntos cardinales?

—No, la verdad es que para firmar contratos no suelo mirar al techo. Pero, ahora que lo dices... Tal vez estas letras tengan algo que ver con tu abandono.

—Yo no te abandono, Xavi.

—¿Ah, no? ¿Entonces por qué te vas? —Se incorporó para mirarme a los ojos.

—Apártate, que no me dejas ver las letras.

—Las letras, las letras... Tú siempre con tus letras. Una vez, en un libro de filosofía oriental —hizo la pausa para darse importancia—, aprendí que lo que leas antes de iniciar un viaje puede cambiar tu destino.

—¿Tú, leyendo filosofía?

—Sí, Oriente nos enseña cómo alcanzar la felicidad.

—¿Lo crees así, o se lo has escuchado a tu mamá?

—¡Yo no asisto a sus reuniones!

—Pues deberías. Estoy segura de que merecen la pena.

—Por lo menos se basan en conocimientos científicos. No como tu religión...

—¡Serás ingenuo! A veces me da la impresión de que sigues siendo un crío.

—¿También cuando te hago esto...? —Me brindó una caricia en el pubis, cuyo efecto inmediato conocía muy bien.

—Déjame, Xavi, no confundas las cosas.

—¿Qué cosas, marisabidilla?

—Ni siquiera sabes distinguir entre el cemento y la piedra.

—Para eso están los albañiles. Yo me ocupo de empresas más nobles.

—Si Gaudí viera a qué dedicas este rincón de La Pedrera, quedaría avergonzado de su propia obra.

—Gaudí... ¡buah!, otro que también vivía obsesionado por los simbolitos religiosos.

—En el fondo te burlas de lo que hago, crees que estoy perdiendo el tiempo restaurando cuadros, ¿verdad?

No contestó. Siempre tuvo muy claro que cualquier actividad que no tuviese remuneración inmediata equivalía a perder el tiempo. Estudió Derecho, con el único fin de ganar dinero. Su abuelo, cuya afición por la arquitectura lo llevó a hacer negocios con promotores urbanísticos de principios del siglo XX, se casó con Amparo Segifón, la rica viuda de Ángel Guardiola, y fue socio de un joven ambicioso llamado Pere Milà. El abuelo de Xavier y el empresario compartían aficiones, especialmente las relacionadas con los coches de lujo y las mujeres. ¿Te gusta la *guardiola*, eh...?, el joven Milà tuvo que soportar bromas a cuenta del apellido de su acaudalada esposa. En catalán, «guardiola» significa hucha. Una hucha repleta de dinero, algo que no pasó desapercibido al astuto burgués ávido de hacer negocios. En poco tiempo se adueñó de la mitad del edificio más emblemático del Paseo de Gracia, esencia del urbanismo burgués al estilo parisién. Su arquitectura modernista le confería un sello inconfundible en la ciudad mediterránea más próspera de la época. En pocos años, don Oriol se hizo con grandes terrenos del Ensanche, cuna del modernismo por excelencia y lugar de expansión de la ciudad condal.

—¿Qué crees que tenemos en común tú y yo? —pregunté.

Xavier miraba el techo.

No contestó. Se quedó observando la estrella de cuatro puntas, y leyó despacio las iniciales de norte, sur, este, oeste.

—¿Por qué crees que son cuatro los puntos cardinales, Ariadna?

—¡Por fin una pregunta inteligente! Serán los efectos de la filosofía oriental.

—Deja de tomarme el pelo.

—¿Y la Trinidad? ¿Por qué no podrían ser cuatro las personas divinas...? —pregunté.

—¿Acaso no hay bastante con tres? ¡Menuda tontería!

—No son tonterías.

—Me da igual. —Xavier me rodeó con sus enormes brazos—. Lo que yo quiero es estar contigo y acariciarte el último día que podré verte en... yo qué sé cuánto tiempo.

—Pero ¿y si fueran cuatro? Cuatro son los puntos cardinales, cuatro las estaciones del año, cuatro los evangelios...

—¡Ariadna!, ¿acaso has perdido el juicio en ese monasterio?

—No sé qué contestar a esta pregunta.

—¿Qué es lo que quieren de ti, que pintes al negro de blanco?

—No seas irreverente, Xavi.

—¿Irreverente? Hace falta ser ingenuo para creer en los Reyes Magos. Y por si algo faltaba, uno de los tres es negro. ¡Pero si en aquellos tiempos no había negros en Nazaret!

—Qué bruto eres. El negro representa el continente africano.

—Ya... como si a alguien le preocupara lo que pasa en África.

—Déjalo, no se puede hablar contigo.

—Siempre sucede lo mismo, cuando no tenéis razón optáis por descalificar al contrario.

—¿Qué quieres decir?

—Que evitáis el diálogo, porque no tenéis argumentos.

—No, no me refiero a eso. ¿Por qué usas el plural para hablar conmigo?

—Hablo de vosotros, los creyentes. Tenéis una habilidad especial para lograr que nos sintamos culpables por no creer en vuestras majaderías.

—¿Majaderías?

—Eso he dicho. ¿Acaso alguien en sus cabales puede creer que unos magos recorrieran medio planeta para ir a ver a un judío?

—Estás delirando.

—Todo lo contrario, princesa.

—¡No me llames princesa!

—¡Pero si te llamo así desde que te conozco!

Me puso la pierna encima para evitar que me apartase.

—Quiero un cigarrillo. —Salté de la mesa y cogí el paquete de Marlboro del bolsillo de su pantalón, un Armani—. Por cierto, tengo que irme.

—¿Tan pronto?

No encontré la ropa interior. Me puse el vaquero y la blusa a toda prisa.

—¿Qué vas a hacer?

—¿Tú qué crees?

—No te entiendo, chica. Ahora que estaba tan relajado...

—¿Por qué has esperado tantos años para soltarme todo esto?

Me abrochaba los botones a toda velocidad, con los ojos puestos en la mesa de acacia. Aún tenía los pezones erectos. Fui al cuarto de baño para atusarme el pelo.

—No comprendo tus prisas.

No contesté.

—Te echaré de menos, princesa.

—¡Vete al cuerno!

—Ariadna, por favor, perdóname...

—¿Perdonar? Eso es cosa de los cristianos.

—Buen golpe. Me lo he ganado.

Tenía la melena enredada, así que usé el coletero. Mientras tanto, oí cómo Xavier seguía hablando, tumbado sobre la mesa. Repasé mentalmente qué cosas tenía aún por meter en la maleta.

—¿No te parece un poco anticuado? —Levanté el frasco con etiqueta de plata.

—¡Deja mi colonia!

—Christian Dior es para ejecutivos...

—Es la mejor.

—*Eau Sauvage*... tú siempre tan francés.

—Deja de criticarme, Ariadna... Ariadna, ¿qué significa tu nombre?

—Indómita.

—¿Qué?

No lo repetí.

—¿Y el mío?

—Casa nueva.

—¿«Casa nueva»?

«Qué sabia es la etimología», pensé.

—¿De verdad Xavier significa casa nueva?

Nunca imaginó que de una palabra salieran dos.

—Es vasco. Tu nombre es vasco.

—Casa nueva... —Contempló los objetos que lo rodeaban, como si el nombre de Xavier hubiera sido inventado para él. Miraba el sofá de piel color burdeos, los sillones con patas de formas barrocas, la mesita de mármol con base de acero, y las grandes litografías con imágenes de Barcelona de principios de siglo en las paredes.

Al salir del baño vi el sujetador, enrollado en una pata de la mesa, y a unos metros mi diminuto tanga negro. Recogí ambas piezas y las guardé en el bolso.

—*Nessuna cosa si può amare né odiare se prima non si ha cognizione di quella...*

—Si crees que voy a hacer el menor esfuerzo por entender lo que has dicho, te equivocas, nena.

—Quiere decir que no debemos amar ni odiar algo sin antes conocerlo.

—¿Quién dijo esa tontería?

—Leonardo da Vinci. Un genio.

—Un genio, sí... un genio que no comía carne, porque consideraba un crimen matar animales, pero que aun así acompañó al criminal César Borgia a sus campañas, porque disfrutaba contemplando cómo se retorcían de dolor los ajusticiados en el momento de su muerte. Ése era el genio...

—No tergiverses las cosas, Xavi. Leonardo da Vinci tenía curiosidad científica por la anatomía humana.

—También la Inquisición tenía obsesión por quemar brujas.

—Eso no viene a cuento.

—¿Ah, no? ¿Acaso no eran religiosos los monstruos de la Inquisición? ¿No rezaban todos los días los dominicos antes de encender una hoguera humana...?

—No tengo el menor interés en discutir contigo asuntos de religión.

—Claro que no. Sólo quieres dialogar con alguien que piense como tú.

—¡Qué estúpida he sido creyendo que eras un hombre inteligente! A ti sólo te importan las paredes de este templo, que pronto cambiarás por otro más grande y más caro. He aquí tu religión... cubrir con oro esta mesa de acacia.

—Cuidadito, princesa.

—¿Cuándo te va a dejar tu papá que le acompañes al templo...?

—¿A qué templo? —Xavier no captó mi maldad. No sabía aún de las visitas que hacía su padre al Templo del cuero, una sofisticada mazmorra del vicio en la calle del Ángel.

—Olvídalo.

—Y ahora dirás que me odias.

—Ni siquiera te daré el gusto de que disfrutes con mi desprecio. Ahí te pudras, en tu mesa carísima y viendo cómo engorda tu cuenta corriente.

—Si es lo de siempre... Cuando discutimos vuestras majaderías atacáis con golpes bajos. Yo no quería decir que las religiones sean falsedades, sólo que son verdades inseguras.

—¿Quién ha hablado de verdades o mentiras?

—Ariadna, ¿te parece poca mentira una leyenda de reyes magos que se apoya en tres líneas de la Biblia? —Xavier cogió un cigarrillo. No pude renunciar al que me ofrecía.

—¿Y en qué te apoyas tú para defender a esos clientes que acuden a ti aun sabiendo que la mierda les llega al cuello?

De pronto, al encender el mechero, la imagen de la Medusa me petrificó con sus ojos negros que brillaban en la plantilla de cuero.

—¿Y esta Medusa? —Me agaché para coger el zapato.

—Deja mis zapatos, Ariadna. —Se incorporó rápidamente.

—Bugarri. ¿Qué es, una nueva marca? —Jamás la había oído.

—¡Te he dicho que dejes mis zapatos! —No entendía por qué le molestó tanto que hubiera descubierto su marca de zapatos.

—¿Son italianos? —Me pareció justo disfrutar de la situación. Después de todo, él se había burlado de mí.

—Qué más te da si son italianos o no... —Me quitó el zapato de un manotazo y lo tiró lejos. Al caer al suelo, comprendí la razón de su enfado. «Bugarri, zapatos que ayudan al hombre a triunfar.» Un hombre alto triunfa más que un hombre bajo... ¡Qué milagros puede hacer una plantilla camuflada! Y qué poder ejerce un anuncio bien hecho.

—Bueno, ya veo que no quieres contestar a mis preguntas.

—No mezcles la religión con los negocios —contestó mirando al techo.

—¿Qué diferencia hay? —Yo mantenía los ojos en la Medusa.

—Los negocios son el motor del mundo, mientras que la religión... provoca guerras que lo desestabilizan. —Parecía una frase de libro.

—¿Por eso has elegido ser abogado? —Me puse frente a él, mirándolo fijamente. Vi que el pelo le clareaba en más sitios. Se estaba quedando calvo.

—Ser abogado es un negocio en sí mismo. —Se recostó en la mesa. Entonces caí en la cuenta de que nunca había visto a Xavier descalzo y de pie. Siempre que estaba descalzo nos encontrábamos en posición horizontal.

—Qué pena me da que no creas en nada, Xavier.

—¿Creer? ¿A tragarse cuentos lo llamas tú creer?

—Eso es la fe, ni más ni menos.

—Ariadna, por favor, ¿dónde está esa inteligencia que te ha distinguido siempre de las mujeres tontas que conocí?

—Me aburres, Xavi. Y que uses conmigo frases enlatadas es algo que no puedo soportar.

—Qué rara eres, chica...

—¿Rara? Pues cásate con una pija estúpida de la Bonanova, y después de tener seis hijos vete de putas por las Ramblas. *Au revoir, monsieur advocat!*

Se quedó callado, y entonces me asaltó una duda. ¿Quién de los dos se enfrentaba a un mayor reto en la vida? ¿Él, con su flamante despacho en pleno centro de la ciudad, o yo con mis pinceles en busca de un imposible? ¿Quién estaba en posesión de la cordura? ¿Él, por dedicar su vida a defender pleitos en los que no creía, o yo, por creer en lo que no veía? Después de todo, ¿sabemos quiénes fueron los Magos de Oriente...?

Caminé con tal aplomo que Xavi no intentó detenerme.

—Por cierto...

Yo estaba a punto de abrir la puerta.

—¿Qué? —pregunté sin mirarlo.

—¿Qué ha sido de tu genio de África?

Me quedé de piedra. No supe qué contestar. Entonces me fijé en el pomo de la puerta. Una serpiente, o un dragón, o una mezcla de ambos. Recordé lo que dijo Russinyol acerca de La Pedrera: es una cueva por la que circulan serpientes y dragones. Tanto peso tiene en los barceloneses la leyenda de san Jorge, que los más fieles construyen casas para dragones... Comprendí por qué Russinyol duró poco tiempo en Barcelona.

Di tal portazo que retumbaron las paredes. Cerré aquella puerta por última vez, nuestra relación había sido un error.

Al día siguiente, emprendí sola mi viaje a Italia, con destino a Florencia.

Sentada junto a la ventana, abrí mis apuntes para distraer la atención de la altura que estaba alcanzando el avión. Mosaico de Rávena, Durero, El Bosco, Rubens, todas las imágenes tenían algo en común, el número tres. Pero había una diferencia. En el mosaico de Rávena los tres Magos eran de raza blanca. ¿Por qué siempre nos han hecho creer que uno de los tres era negro?

Busqué en el bolso un lápiz para anotar las ideas que me suscitaban aquellas imágenes que por vez primera contemplaba juntas. Algo me llamó la atención en la escena de El Bosco, algo turbador. De Rubens admiré el colorido de los mantos reales, igual que en las figuras de Durero. En el mosaico de Rávena, sin embargo, nada indicaba que se tratara de reyes. No encontraba el lápiz entre los papeles y tantas otras cosas que se acumulan en el fondo de un bolso grande. Al introducir mi mano hasta el fondo, me topé con algo que no había visto antes. Un sobre rectangular estaba junto al bolsillo lateral. Herméticamente cerrado, sin nombre ni dirección. Lo levanté para observarlo al trasluz, pero fue en vano. No conseguía adivinar cuál era su contenido, ni mucho menos su procedencia. La desconfianza me impidió abrirlo inmediatamente, así que intenté recordar lo que me había entregado el director del museo, por si fuera algún documento que me hubiese dado a última hora... No lo era. Su grosor excluía la posibilidad de que se tratase de un simple papel.

Lo abrí, pensando que tal vez fuera un catálogo.

Era una copia de un pergamino doblado por la mitad, con una magnífica ilustración de los tres Reyes Magos cabalgando entre montañas. En la parte superior derecha, había unos signos que fui incapaz de identificar; luego comprendí que no eran signos, sino un texto con escritura gótica imposible de leer. Debajo, una pregunta que alguien había escrito con un tipo de letra muy diferente a la del escrito original:

¿A quién pertenece la cuarta corona?

El corazón me dio un vuelco cuando leí la siguiente línea.

¿Fueron de verdad tres los Reyes Magos?

Miré en el reverso, y entonces supe quién había escrito dos preguntas: «Lo que leas al iniciar un viaje puede cambiar tu destino, mi querida princesa... y recuerda que la religión no es una falsedad, sino una verdad insegura.»

Xavier me engañó. No fue a París para acompañar a su madre a comprar una mesa del siglo XVIII. La compró, ciertamente. Pero no fue ésa la razón del viaje que lo mantuvo alejado de mí durante varios días. Xavier viajó a París para traerme este regalo. Ahora sentía vergüenza por lo brusca que había sido con él la tarde anterior. Su ironía no era tal, ni su intención herir mis sentimientos. Tal vez su actitud fue una estrategia para disimular su tristeza por nuestra separación. Sabía de mi pasión por el arte. Esta invitación a Florencia era mi gran oportunidad, y suponía que mi ausencia sería prolongada.

—En el fondo te envidio tanto... —me dijo una vez, cuando le hablé de mis progresos.

Absorta en mis pensamientos, casi olvidé la importancia de lo que acababa de encontrar en mi bolso. La copia de uno de los seis pergaminos que componen el atlas catalán viajaba conmigo hacia Florencia. Tal vez Xavier estuviera en lo cierto y esa antigua carta marina cambiaría mi destino.

La miré como quien observa una de esas obras de arte que en los museos sólo nos permiten ver a través de un grueso cristal. Era tal el esplendor de los rojos, verdes, azules y dorados que me quedé atónita ante tanta belleza, y por un instante no existió otra cosa en el mundo que las tres figuras regias montadas a caballo mirando al frente.

Debajo de los tres Reyes Magos, debidamente engalanados con trajes reales y corona, había una cuarta corona, que parecía estar medio caída de una cabeza que no se veía en la imagen. ¿A quién pertenecía? ¿Quién era ese cuarto rey, del que hablan algunas fuentes y cuyo nombre tan en secreto se guarda?

Xavier había puesto en el sobre solamente el folio número cinco de los seis que completan el conjunto del mapamundi. Pero ¿dónde estaba el resto? ¡Cuánto faltaba todavía para llegar a Florencia...! Dios mío, ¡cómo deseaba llamar a Xavier y agradecerle tan espléndido regalo!

6

Florencia, febrero de 2006

—*C'è un piacere averla con noi a Firenze.*
—Hola, yo también estoy encantada de haber venido.
—Nos dimos la mano.

Naturalmente no esperaba que el profesor Ubriachi fuera a recogerme al aeropuerto. Pero en cuanto vi al sustituto quedé ampliamente satisfecha. Alto, moreno, de complexión fuerte y aspecto saludable, Fabrizio me causó excelente impresión desde el primer momento. En lugar del profesor huraño, me recibió un joven apuesto y amable. Fabrizio trabajaba como ayudante de Gaetano Ubriachi en la universidad y, por lo que pude deducir de su conversación, aspiraba a ocupar la cátedra de su maestro en cuanto quedara libre.

—¿Has tenido buen viaje? —me preguntó en español. Su amplia sonrisa era una cordial invitación a tierra toscana. Pronto desapareció la inquietud de llegar sola a un país extranjero.

—Sí, más o menos...
—El profesor no almorzará con nosotros; su tren no llega de Siena hasta las cuatro de la tarde.

—¿Siena?

—Imparte allí un curso de iconografía.

—La catedral de Siena... cómo me gustaría verla.

—Ya te llevaré, no te preocupes. Ahora te acompaño al hotel. Y luego vamos a comer. Estarás hambrienta... —Se puso gafas oscuras.

Lucía un sol radiante. A mi lado, iba un italiano cuyos encantos saltaban a la vista. Además de atractivo, inteligente, como indicaba su frente marcada por ese tipo de arrugas que se instalan en la frente de las personas que piensan.

Durante el recorrido desde el aeropuerto, evitó silencios incómodos hablando con intervalos precisos. Me ayudó a no sentirme extraña.

—¿Conoces mucho al profesor? —pregunté.

—Bastante.

—¿Desde hace muchos años?

—De toda la vida. —Acompañó con un guiño su bonita sonrisa.

Lo que yo quería saber, en el fondo, era si compartía aficiones con el maestro.

—El profesor es famoso aquí, ¿verdad? —La pregunta no estuvo acertada.

—Toda Italia sabe quién es Gaetano Ubriachi.

—Me refiero a que...

—El maestro Ubriachi es una personalidad —me ayudó a acabar la frase—. Tanto en la universidad como fuera de ella.

—Ya. —No me refería a su actividad académica.

—Te puedes considerar afortunada, Ariadna. Has sido elegida por el mayor experto en frescos del Renacimiento.

—No soy nada del otro mundo.

—No te ha invitado por ser excepcional.
—¿Ah, no?
—Habrá intuido algún mérito que ni tú misma conoces.
Asentí con la cabeza, mirando al frente. Trataba de averiguar qué podría haber visto en mí un personaje experto en literatura erótica.
—Ubriachi es imprevisible. Es excepcional. Único.
—Parece que lo conoces bien.
—Ya te lo he dicho, de toda la vida.
—¿Dónde has aprendido a hablar español? —Un español mezclado con delicioso acento florentino.
—Viajando por el mundo. —Agitó la mano en el aire.
—¿Has estado en España?
—Claro.
De repente, la cúpula del Duomo apareció en la inmensidad de un cielo azul que otorgaba a la ciudad un fulgor deslumbrante.
Fabrizio conducía despacio. En su mirada, en su expresión y en la seguridad de sus movimientos asomaba el carácter que imprimen seiscientos años de belleza.
—Cómo te envidio, Fabrizio. Envidio el aire que respiras todos los días, rodeado de tanto esplendor... —Observé las calles llenas de vida. Pensé en Maquiavelo, en los Médicis...
—Vamos, Ariadna —me acarició la rodilla—, ni es todo esplendor ni todo bondad lo que ves. Italia es enigmática porque el monstruo acecha a todas horas...
—¿A qué te refieres?
Enarcó una ceja ante mi pregunta.
—¿Al Vaticano...? —Quise saber en qué influiría en nuestra tarea.
—No estropeemos la magia de tu llegada. —Guiñó un ojo, esta vez sin sonrisa.

Se dirigió hacia Porta Romana, y de ahí a Via Maggio. Giró a la derecha, y entró en Borgo San Jacopo. Al final de la calle, paró el coche.

—¿Es aquí? —Me impresionó la belleza del lugar. Hotel Pitti Palace.

—Hemos decidido —no se me escapó el plural— que estés cerca de donde vamos a trabajar.

Yo seguía contemplando la fachada, apenas podía creer que fuera a hospedarme allí.

—Pero...

—Como no sabemos cuánto tiempo vas a quedarte, es mejor que estés cerca... hasta que veamos cómo se desarrolla todo. —Subió conmigo a la habitación, a la sexta planta. Estaba iluminada por un sol espléndido.

—¡Qué maravilla! —Me asomé a la terraza.

—Torre dei Rossi, *fiume* Arno, Ponte Vecchio... —Extendió los brazos ceremoniosamente.

—Fabrizio, tengo que llamar a España.

—¿Ahora mismo? ¿No puedes hacerlo después de almorzar?

—De acuerdo, después de almorzar. —Xavier podía esperar.

Fuimos dando un paseo hasta un restaurante cercano.

—*Trattoria di Teseo!* —exclamé, ante el guiño que me acababa de hacer.

—¿Qué mejor que la casa de Teseo para celebrar tu primer día en Italia?

—Gracias, Fabrizio... ¿o tal vez debería llamarte Teseo?

—Eso dependerá de si me persigue el monstruo, en cuyo caso necesitaré que me tiendas el hilo para la huida.

—¿Estás comparando al profesor con el Minotauro?

—No, ni mucho menos. Pero sospecho que tu presencia aquí obedece a que empiezan a complicarse los caminos del laberinto.

—¿Puedes hablar más claro, por favor?

—Estás en la ciudad que más demonios tiene de Italia.

Miró al cielo.

—¿Ángeles y demonios? ¿A eso te refieres?

Consultó el reloj.

—Son casi las dos. El profesor llega a las cuatro.

Me convenía estar preparada para lidiar con el hombre de inquietante mirada.

—¿Qué te apetece comer, Ariadna? —Me acercó sus ojos negros.

—Prefiero que tú me aconsejes.

—Palazzo Pitti, siglo XIV... —Vio que yo observaba el grabado de la pared.

—Vaya, el mismo nombre que el hotel.

—¿Quieres pasta con pescado o la prefieres con carne? —Su pregunta no dejaba lugar a dudas: comeríamos pasta.

—Con pescado. —Dejé la carta a un lado. No añadió nada a mi comentario.

—*Allora, calamari in zimino...*

Mientras Fabrizio elegía, observé su frente marcada por tres arrugas. En aquel instante comprendí que fuera en Italia donde nacieron los genios.

—¿Qué pasó con el cuadro? —preguntó, cerrando la carta.

—¿Con qué cuadro? —No pude disimular mi sorpresa.

—Vamos, Ariadna, es mi deber estar informado de todo.

—Ah, el cuadro de Tommè...

—¿Se ha sabido quién se lo llevó? —Ya había decidido qué comeríamos. Calamares rellenos, raviolis...

—¿De qué hablas? —Tomé el primer sorbo de *chianti*.

—Me has oído.

—Si tenemos que trabajar juntos, no te andes por las ramas.

—No pudiste dar tu última pincelada porque el cuadro desapareció. ¿No es así?

—Nos dijeron que fue un error de la organización, y no dieron más explicaciones.

—Ya.

—¿Qué es esto?

—Se llama *pinzimonio*. Es una vinagreta, está riquísima.

—¿Sabes algo que yo debería saber, Fabrizio? —El *chianti* estaba espléndido.

—No, pero me extraña que ésa fuera la razón de la desaparición del cuadro.

—No desapareció, fue devuelto al Thyssen por un problema burocrático que no es de mi incumbencia. Había otros cinco por restaurar.

Me sirvió más vino.

—¿Y todos... con el tema de los Reyes Magos?

7

Desde lejos, la catedral de Palma parecía una isla emergiendo del corazón de otra isla. Frente a ella, imaginaba al rey Jaime I, de pie en la popa de su galera, prometiendo a la Virgen la construcción de un templo, en el proceloso trance de una borrasca que devastaba las naves conquistadas. Su fachada, levantada entre higueras, mirtos y olivos, plantó cara a la muralla sarracena. Construida con piedra de Santany, por efecto del tiempo se iluminó en sepia y oro. «*Enigmático relicario de antifonarios y misales*»..., así la describió Rubén Darío al contemplarla desde la bahía. A la vista de las palmeras, del templo y de la ciudad llena de luz y de paz mediterránea, el poeta sintió un frémito de conmoción desde el barco que lo transportaba a la isla con un solo fin: recuperar su maltrecha salud.

La mole gótica ocupó el barrio más recoleto de la ciudad. Desde la puerta del Mirador, la vista se detenía sólo en los límites del horizonte. Frente a la fachada principal, se alzaron los muros de la Almudaina, fortaleza que albergó las postreras horas de Jaime II.

—Aún nos faltan doce... —decía mi abuelo, animándome a subir ciento treinta y ocho peldaños de una escalera de caracol, alumbrada por angostas aberturas de aspilleras—. ¡Ánimo, Ariadna..., que la reina te espera!

La primera vez que contemplé *N'Eloy*, reina de las campanas con cuatro mil kilos de peso, quedé hechizada. Por su esplendor y por las historias que le daban vida. En una terrible tormenta, a principios de los años treinta, se volvió loca y quedó fuera de control. Como de una inmensa caracola, salían de su interior todos los rumores del mar: de brisas, de olas, de cantos de sirenas, de gritos desgarrados, de votos e improperios, de naves agitadas por el temporal...

—¿Tienes fuerzas para seguir subiendo? —El día que cumplí ocho años, conseguí llegar hasta la cima del campanario. Como premio, mi abuelo me regaló un colgante de oro.

»Ésta es tu tierra, Ariadna..., debes amarla por encima de todo.

Era la hora fulgurante del crepúsculo. Montañas de un lado, y del otro, el mar. Junto a mi abuelo, contemplaba las aguas cristalinas del mismo mar que oteó Carlos V desde los miradores del palacio real. Allí estaban juntas las naves de la conquista: las del príncipe de Salerno, las del poder papal, las venecianas, las aparejadas en Génova, en Sicilia y en Nápoles... Mis ojos admiraban la belleza de un mar en calma, el mismo mar que había sufrido los vientos y tempestades conjurados con la luna del islam. Allí quedaron entonces, estrelladas en las rocas, las galeras de España.

Absorta en mis pensamientos, trataba de averiguar por qué el obispo cambió de opinión. No comprendía por qué, conociéndome de tantos años, me impidió limpiar el fresco. De regreso a casa, solía pasar por la Biblioteca de

Cort, mi refugio en las tardes lluviosas del invierno palmesano. Por casualidad, en un libro hallé la respuesta que buscaba desde hacía tiempo. Al contemplar unos dibujos de Leonardo da Vinci, comprendí el sentido de lo que dijo antes de morir: «El arte no sólo es necesario, sino que es la única cosa necesaria para el ser humano después del pan.»

El maestro tenía razón cuando afirmó que en la pintura uno revela su verdad con auténtica libertad. Leonardo dejó inacabada su *Adoración*, pero en los trazos con que dio vida a los Magos reveló su secreto.

> Nacido Jesús en Belén de Judá
> en los días del rey Herodes, llegaron
> del Oriente a Jerusalén unos magos
> diciendo: «¿Dónde está el rey de los
> judíos que acaba de nacer?»
>
> (Mat. 2, 1-2)
>
> Y al entrar en la casa, vieron al niño
> con su madre María, y postrándose,
> lo adoraron; y abriendo sus tesoros,
> le ofrecieron presentes: oro, incienso y mirra.
>
> (Mat. 2, 11)

Después de dos mil años, el evangelio de Mateo sigue siendo la única fuente de información sobre los Magos. Ningún otro autor menciona a estos personajes que forman parte de los recuerdos de infancia de medio mundo.

—¿Estás segura de que quieres vivir entre pigmentos malolientes...? —me preguntó una vez el padre de Xavier. Durante meses no había pensado en él. Ahora, su recuerdo regresaba.

Don Miquel Puigdorfila era hijo y nieto de bibliófilos muy respetados en los círculos selectos de Barcelona. Su padre, nacido en Mallorca, perteneció a la nobleza de los butifarras, y Xavi quiso honrar la memoria de su antepasado grabando la flor de lis en la puerta de su despacho. Lo que no sabía el nieto era que su abuelo huyó de la isla para evitar la acción de la justicia. Implicado en un escándalo financiero tras la Segunda Guerra Mundial, don Oriol había tenido que abandonar la ciudad condal, por el escándalo que provocó la sentencia de un tribunal de Reus relacionado con la compra de Barcelona Traction, una compañía eléctrica valorada en diez millones de libras esterlinas, y que el empresario mallorquín Joan March adquirió por la ridícula cantidad de medio millón. El escándalo que esta sentencia provocó despertó temor en aquellas personas que habían participado en gestiones que favorecían a March. Don Oriol, que como buen mallorquín era poco amigo de riesgos innecesarios, abandonó la ciudad y nunca más volvió a Cataluña. Desde entonces, en las universidades de todo el mundo se sigue estudiando el caso de Barcelona Traction como tema de discusión para abordar los derechos de los inversores internacionales.

—¿Esperas que yo lo resuelva, papá?

—Una cosa es saber leyes, y otra muy distinta resolver conflictos jurídicos, hijo mío... —Don Miquel trataba de olvidar la infamia provocada por la huida de un Puigdorfila. Mientras tanto, el mayor museo al aire libre de Barcelona, así se llamó a las concurridas calles del Ensanche, ofrecía pingües beneficios a sus descendientes directos. Gran parte de los edificios de la Gran Vía, Ramblas y Paseo de Gracia eran propiedad de la familia con más solera de las tierras catalanas.

—Seré un buen abogado, papá. —La frase me recordó a Tannhäuser.

—¿Buen abogado? —El padre miraba a su hijo por encima de sus gafas.

—El mejor experto en leyes de esta ciudad. —Definitivamente, pensé en Tannhäuser.

—Leyes... —don Miquel observó sus uñas impecables—, las leyes son el principal obstáculo para alcanzar el éxito.

—No te entiendo, papá. Tú siempre me has dicho que... —Tuve la sensación de que sobraba en aquel escenario.

—Te faltan muchos años todavía... —hizo una pausa— para conocer los recovecos de la justicia.

Me acordé de Russinyol. Tal vez él pensara en la justicia cuando describió los rincones de La Pedrera; en tal caso, don Miquel sabía lo que hacía cuando instaló en ella el despacho de su ambicioso hijo.

Escritores, pintores y políticos de lo más variado se reunían en casa de don Miquel todos los jueves para celebrar sus tertulias, que se prolongaban hasta altas horas de la madrugada. Hablaban de todo lo divino y lo humano, pero sin duda eran los asuntos humanos los que provocaban enfrentamientos que resultaba imposible ignorar a quienes estábamos en la habitación contigua al salón. Yo pasaba muchas tardes con Xavier; la biblioteca familiar que ocupaba doscientos metros de un palacete en la Vía Augusta era un placer al que no podía renunciar fácilmente. Si algo añoro del sexo con Xavier, son los gloriosos polvos entre libros centenarios.

Un mapa inmenso de Eratóstenes ocupaba toda una pared de la biblioteca.

—El secreto está en el número… —Don Miquel se acercó al ver que estaba observando el gráfico.

—¿A qué número se refiere? —Ya casi sentía el contacto de su cuerpo. Me veía pequeña junto a aquel hombre de alta estatura y cuerpo imponente.

—Eratóstenes calculó la circunferencia de la tierra averiguando los ángulos de las sombras que se proyectan en Asuán y Alejandría al mediodía…

—¿Lee usted griego, don Miquel?

—¡Naturalmente! —exclamó—. ¿Cómo se puede apreciar la sabiduría si no es conociendo la lengua en que escribieron los sabios? —Mientras hablaba, movía las manos cual orador ateniense.

—¿No fue Euclides quien escribió un tratado de los números?

—Aquí no se trata de aritmética sino de geometría. —Levantó la mano derecha. Mano robusta, fuerte—. Si ha sido posible medir la circunferencia de la tierra es gracias a la ciencia de la geometría, que es lo que significa, medición de la tierra. Sin la geometría no existirían muchas otras ciencias.

—Según esta teoría, ¿los números precedieron a las letras? —Permanecía inmóvil a su lado. Él llenaba todo el espacio entre el escritorio y la pared.

—Sin ninguna duda —respondió—. El secreto del universo está en los números; las letras fueron añadidas como un simple adorno.

«Es una opinión…», pensé, pero no lo dije. Quise preguntarle por la fragancia que invadía la estancia. No lo hice.

—Algún día comprobarás que tu trabajo con la pintura se basa en un cálculo numérico. Creerás que observas la combinación de colores, pero en realidad buscarás el número que descifre su mensaje.

—¿Ah, sí? —Lo miré directamente a los ojos. Captó el desafío de mi pregunta.

—De hecho, no hay malos pintores sino incautos matemáticos. —Se alejó hacia la ventana. Pude apreciar la caída impecable de su traje gris.

—Permítame que lo dude... —Aprovechando la distancia me senté en el borde de la mesa. Desde ahí podía ver toda la pared frontal ocupada por cientos de libros encuadernados en piel.

Llenaba otra pared una inmensa estantería con volúmenes de cartografía. No sé cuántos mapas pude ver en aquellos estantes repletos de códices, enciclopedias y documentos. Recuerdo cómo se divertía Xavier contándome el periplo de aquellos «papeles arrugados», como él llamaba a los pergaminos con total indiferencia por su historia centenaria.

—Ojalá estuviera aquí mi padre... Le habría hecho feliz conocer a una historiadora del arte tan atractiva. —Don Miquel se acercó de nuevo—. ¡Cuánto sabía de arte, de letras, de ciencias! Su gran pasión era la cartografía medieval.

Contempló el retrato que ocupaba la pared central. Hombre corpulento y de mirada severa, don Oriol inspiraba respeto incluso en la superficie de un óleo. Sentado en un gran sillón, sus manos cruzadas parecían hablar tanto como su mirada. No pude evitar observar con curiosidad al abuelo de Xavier, y tratar de imaginar qué tendrían en común aquellos dos seres cuyos ojos me recordaban la existencia de las serpientes.

Sí, decididamente escogí vivir entre pigmentos y pinceles. Quería dedicar mi vida a estudiar el lenguaje más solitario que existe, el de la pintura. Y la catedral era mi principal objetivo. La catedral de Palma es un monumento a la soledad. Generalmente, siempre vacío. Su gran tamaño se ve aumentado por la oscuridad, ya que parte de ella permanece siempre en penumbra. Sus muros son como las montañas, que siempre están lejos de nuestro alcance...

Ordené el escritorio, abarrotado de papeles y carpetas. Al abrir el cajón inferior, un cuaderno me llamó la atención. Su cubierta tenía una textura similar al tronco de un olivo. Rugoso, de color oscuro cercano al negro. No recordaba haberlo puesto allí. Y lo abrí. Me sorprendió la fecha: 1949. No contenía apuntes sobre trabajos de restauración. Eran notas sobre artículos de periódico: *La Nación*, de Buenos Aires. Jamás lo había visto antes. «Creen que un monumento acallará su voz...» Seguí pasando páginas, sin comprender el sentido de la frase. El recorte de prensa hacía referencia a una estatua erigida en Palma al poeta Rubén Darío, a petición de A. Vidal, cónsul de Nicaragua. Debajo, mi abuelo había escrito aquella frase.

A qué se refería con acallar la voz...

Más adelante, seguía un relato extenso.

Valencia, septiembre de 1916

El día en que Ricard cumplía veintitrés años dos sicarios le asestaron dieciséis puñaladas.

—*Mals amics... Així em pagau els favors.*

Ricard Moll Gaspí llevaba años trabajando a las órdenes de Cristòfol Molferrut.

Había llegado el 27 de septiembre de 1916 al puerto de Valencia en el *Jaime I*, procedente de Mallorca. Al desembarcar, se encontró con su amigo Bernabé, que había ido al puerto a recoger una maleta procedente de Palma y facturada a su nombre. Bernabé lo acompañó al hotel en el que se hospedaría. Estuvieron dos días juntos. En la noche del 29, Ricard acudió a los muelles dispuesto a ejecutar el plan convenido con los guardias del puerto, un gran desembarco de tabaco de contrabando. Ya era tarde cuando supo que aquella sería la última noche de su vida.

El asesinato no sorprendió a nadie, pues nadie ignoraba que Ricard había montado una red de distribución paralela a espaldas de su jefe. Asimismo, nadie dudó de que el magnate estaba involucrado en el asesinato: quienes conocían a Molferrut sabían que quien le hacía la competencia tenía los días contados.

Pero no sabían que, la noche antes de emprender el viaje a Valencia, Ricard se había reunido con Margarita Cerver, la esposa de Molferrut, para poner fin al idilio que mantenían desde hacía tiempo. Margarita le amenazó con suicidarse y le entregó numerosas cartas. Más que cartas, se trataba de poemas de amor. Por azar, Cristòfol Molferrut, rey Midas del Mediterráneo, llegó a conocer su existencia en el transcurso del juicio por asesinato, gracias a las preguntas del fiscal.

—¿Amaba usted a su esposa?

Tuvo que repetir la pregunta.

—Señor Molferrut, ¿amaba usted a su esposa? —Su tono fue amable, como suele ser el de quien cree ganada la batalla.

Pero Molferrut era astuto como Ulises y poderoso como Creso.

—Depende de qué entendamos por amor.

El fiscal creía conocer las pasiones humanas. Pensaba en afectos desinteresados, caricias espontáneas, gestos generosos y miradas tiernas. Molferrut, sin embargo, recordaba la sangre que manó de su nariz cuando su padre le dio la primera paliza. No tenía más de diez años y había intentado robar cien pesetas de la caja familiar.

—La próxima vez, ni siquiera te daré tiempo a sangrar.

Fue la primera amenaza que oyó de sus labios.

—Herodes amó a su esposa —afirmó entonces Molferrut— y Constantino a la suya. Las amaban locamente. Y, fíjese qué curioso, ambos las asesinaron...

Sólo el rasgueo de las plumas sobre el papel manchaba el silencio de la sala. Los periodistas tomaban buena nota.

—Yo no. No he matado a mi esposa —añadió, satisfecho por haber desconcertado a aquel engreído plantado ante él con las piernas abiertas—. Soy como el rey Salomón, y es mi obligación instruir a mi prole para el recto cumplimiento del deber.

Molferrut aún ignoraba que era un cornudo. Suponía que el interrogatorio era debido a la muerte de Ricard. No alcanzaba a comprender qué se proponía el fiscal, ni entendía por qué razón le preguntaba por su esposa.

—¿Le suena el nombre de un joven apodado *el Carboner*? —preguntó ahora el fiscal.

—Tengo cientos de hombres trabajando para mí. No conozco a todos mis empleados —contestó Molferrut.

—Yo no he dicho que *el Carboner* trabajara para usted.

—En cualquier caso, no sé de quién me habla.

—Su nombre era Antonio Martín... —Hizo una pausa—. Lo encontraron muerto en su domicilio, dos días después del asesinato de Ricard Moll Gaspí. —El juez pronunció con claridad el nombre completo del joven asesinado.

Molferrut miró al fiscal, luego al juez y a continuación a las personas de la sala. En su rostro había satisfacción. La de quien se sabe libre de toda sospecha.

—Apareció con la lengua cortada.

Ambos sabían que ese detalle le resultaría familiar al empresario.

—Señor Molferrut... ¿con quién se veía normalmente el joven Ricard cuando éste viajaba a Valencia?

—No lo sé. En Valencia no conozco a nadie.

—¿A nadie, señor Molferrut? Haga memoria, por favor. Es importante para este tribunal.

—He viajado muy pocas veces a Valencia. No tengo amigos en esa ciudad.

—No le estoy preguntando si tiene amigos. Le estoy preguntando si sabe quién recibía a su empleado Ricard Moll Gaspí cuando éste viajaba a Valencia por motivos de trabajo. Le recuerdo que el difunto Ricard era hijo del socio que trabajó con usted durante diez años...

—Sí. Pero yo apenas lo veía.

—Señor Molferrut, ¿cayó usted enfermo en el transcurso de alguno de sus viajes a Valencia?

—¿A qué se refiere?

Pocas veces Molferrut mostraba sorpresa por nada, pero esa vez el dardo del fiscal lo pilló desprevenido. El dardo iba impregnado de la cantidad justa de veneno para hacerle perder los reflejos.

—Todos hemos tenido que tomar una aspirina o algún sedante cuando estamos de viaje.

—Sí, tengo jaquecas de vez en cuando.

—Y, en tal caso, ¿a qué farmacia acude?

—A la que hay junto al mercado de especias. Pero no entiendo qué...

—Relájese, señor Molferrut, no se ponga nervioso. Podría sufrir jaqueca, y eso sería un contratiempo para todos.

El acusado se llevó la mano derecha a la sien, parecía

que las preguntas del fiscal estuvieran produciendo su efecto.

—Y, dígame, ¿se llama Antonio Montirol su boticario?

El tono con que el fiscal pronunció esta última palabra dio a entender que no se trataba de una simple aspirina.

—Sí.

—¿Y es su boticario tío de Bernabé Montirol, la persona con quien se entrevistó el difunto Ricard cuando llegó a Valencia?

—Sí, en efecto, era su tío.

El fiscal no pasó por alto que el acusado acababa de utilizar el tiempo pasado en su respuesta.

—¿Ve usted, señor Molferrut, cómo sí conocía a alguien en Valencia...? Déjeme que ahora le refresque la memoria un poco más. Bernabé apareció muerto, poco después de ser encontrado el cadáver del *Carboner*. Envenenado. —Pronunció bien todas las consonantes—. Y su lengua... cortada.

El fiscal se llevó la mano a la boca en un gesto premeditado. Quería que todos los presentes en el juicio se imaginaran por un momento qué aspecto puede tener un cadáver con la lengua cortada.

—Señor Molferrut, ¿le debía a usted dinero el boticario Antonio Montirol?

Esta pregunta pilló a todos por sorpresa.

—Me debía algún dinero, sí.

—¿Algún dinero? ¿A qué llama usted algún dinero, señor Molferrut?

—Le presté unos fondos para una inversión que él quería hacer.

—¿Una inversión? ¿No será que confunde usted inversión con... contrabando?

Se produjo un murmullo en la sala.

—¿No vio usted en el arsénico —y pronunció la esdrújula con todo el énfasis del que fue capaz— la mejor solución para cobrarse la deuda que Antonio Montirol había contraído con usted en la operación de contrabando que realizaron dos meses antes en el puerto de Valencia? Una deuda que jamás podría haberle pagado con dinero, pero sí con algún tipo de favor que el veneno convertía en tarea fácil.

El rey Midas se llevó ambas manos a la frente. El fiscal se dispuso a rematar la faena:

—¿Le proporcionó Antonio Montirol el arsénico necesario para envenenar los caracoles que Bernabé y *el Carboner* tomaron en su última cena del miércoles?

8

Florencia, febrero de 2006

—Fabrizio, recuerda que antes de ir a la estación necesito llamar por teléfono.

—Nada se puede interponer entre este derroche de aromas...

—¿Qué?

—Albaricoque, almendra, vainilla, cereza..., hasta diecisiete sabores. ¿Crees que algo así puede beberse con prisas, Ariadna? Deberías probarlo. —Levantó la copa completamente helada.

—No, gracias. No quiero más alcohol, con el vino ya tengo bastante.

—¿Alcohol? ¿Quién ha dicho que esto sea alcohol? —Saboreó su Amaretto—¿No puedes llamar desde el coche?

—No, prefiero hablar desde el hotel.

—¿Qué te han parecido los *cenci*? —Dejé un buñuelo en el plato. Había comido demasiado.

—Fantásticos. Me han recordado los buñuelos que comía cuando era niña.

—Mi postre preferido es la *Schiacciata*. —Me dio a probar el último bocado de una tortita rellena de nata.

—Vamos. Tomaremos el café en el hotel.

Mientras caminaba por la calle, me di cuenta de lo muchísimo que había ingerido. Y observé que tenía a mi lado a un hombre terriblemente atractivo. Sus vaqueros de color negro y jersey de cuello alto realzaban la figura del italiano que andaba a buen paso. Treinta y muchos, o quizá cuarenta..., no tenía más de cuarenta años. Alto, seguro, elegante. Florentino.

—Te esperaré aquí.

—No tardaré.

Cuando iba a entrar en el ascensor me di la vuelta para despedirme de Fabrizio.

—¿Xavier?

—¡Hola, princesa! ¿Ya me echas de menos, verdad?

Me esforcé por imaginar una cara distinta a la de Fabrizio, que tenía más cerca.

—No me digas que estás triste, princesa. El tiempo pasa deprisa y nos veremos muy pronto. —Él parecía haber olvidado nuestra última conversación.

—No es eso, Xavier. Me gustaría...

—Yo no puedo ir a verte, Ariadna. Ya sabes que tengo muchísimo trabajo en el despacho.

—No, no quiero que vengas a verme.

—¿Ah, no?

—Me refiero...

—¿Ya has encontrado a un príncipe italiano que te haga más caso que yo? Por cierto, ¿en qué hotel estás?

—En el Hotel Pitti.

—Vaya. Cerca de la aristocracia. ¿Quién te ha buscado ese hotel?

—La universidad se ha encargado de todo. He llegado hace un par de horas, y me han traído directamente aquí.

—Vaya, vaya.

—¿Qué tiene eso de extraño? He sido invitada.

—Ya.

—¿Tienes envidia, Xavi?

—Por cierto, ¿quién es ese... Ubriachi? —preguntó.

—Un profesor de la universidad. Es él quien me ha invitado.

—No te fíes de él...

—Xavier, escúchame. ¿Por qué no me dijiste nada del pergamino?

—¿Qué dices, princesa?

—El pergamino.

—No sé de qué hablas, Ariadna.

—La carta marina de Cresques, ¿por qué no me dijiste...?

—Llevas poco tiempo en Florencia para que el olor a pintura te haya enturbiado el cerebro. Te juro que no sé de qué me estás hablando.

—¿Tú no pusiste en mi bolso un sobre?

—No.

Me quedé un rato callada. Quería estar segura de hacer la pregunta correcta.

—¿Tu padre te habló alguna vez del *Atlas Catalán*?

—*Atlas Catalán*..., sí, creo haberlo oído alguna vez. ¿Para qué quieres tú un atlas catalán en Florencia?

—¿Qué fue lo que oíste?

—¡Yo qué sé, Ariadna! ¿Me has llamado desde Italia para saber si asistía a las tertulias de mi padre y sus amigos excéntricos?

—Xavier, me preocupa saber quién ha puesto un sobre en mi bolso, ¿lo entiendes?

—Habrá sido algún pintor amigo tuyo, como todos los pintores estáis un poco locos..., alguien habrá querido hacerte un regalo de despedida.

—Necesito pedirte un favor, Xavier.

—Dime, princesa un poco loca.

—Pregunta a tu padre si conoce el manuscrito catalán de Abraham Cresques.

—Mi padre tiene cientos de pergaminos, Ariadna.

—Sí, pero con ese nombre solamente hay uno. Y está en la Biblioteca Nacional de París.

—Si está en París, no lo puedes tener tú, aclárate...

Me irritaba profundamente el desinterés con que Xavier se tomaba las cosas relacionadas con libros antiguos o con obras de arte. Para él solamente existían dos cosas fuera del despacho: los libros de autoayuda y el art-pop. *La mujer en el baño* ocupaba toda una pared del inmenso cuarto de baño. Él interpretaba al pie de la letra los títulos de los cuadros. *La mujer en el baño*, ¿dónde tenía que estar si no colgado en una pared del baño?

—Xavier, te llamaré mañana. Pregúntale a tu padre si conoce el *Atlas Catalán* de Cresques. No menciones las palabras Cartas Marinas, sólo Atlas. ¿Lo has entendido?

—¿Y qué diferencia hay?

—¡Xavi!

—De acuerdo, de acuerdo. No te enfades.

—Otra cosa...

—Dime, princesa ardiente.

—¿Tú padre conoce al director del Museo de Pedralbes?

—¿A ese tal marqués, cómo se llama...?

—No importa cómo se llame. ¿Lo conoce?

—Alguna vez ha estado en casa, sí..., parece una foca.

—¿Una foca?

—Escurridizo...

—Adiós, te llamaré mañana por la noche. —Colgué el teléfono precipitadamente. Ya no pensé en Xavier, sino en su padre. Recordé su mirada profunda, sus gestos con la mano derecha mientras me hablaba de la importancia de los números. Y me acordé de su perfume. Ya era tarde cuando me di cuenta de que en la despedida telefónica no tuve una palabra amable con Xavier. ¿Tan poco queda de una relación cuando ha llegado a su fin?

Fui a reunirme de nuevo con Fabrizio. Pero al salir del ascensor comprendí que el día me tenía reservada alguna sorpresa más.

Fabrizio no estaba. El conserje del hotel me entregó una nota al ver que me dirigía hacia el rincón del vestíbulo donde se había sentado mi amigo.

—*Il professore ha lasciato questa lettera per lei, signorina.*

Era un sobre de color gris oscuro, de tamaño parecido al que había encontrado en mi bolso. Al abrirlo, cayó al suelo una tarjeta.

Fabrizio Ubriachi
Università di Firenze

—*Vuol prendere qualcosa?* —me preguntó muy solícito el camarero mientras retiraba la taza del *cappuccino* que había tomado el fantasma.

—No, gracias... Bueno, sí. ¡Grappa!

Necesitaba algo fuerte para afrontar el resto del día. Tanto me impactó ver el nombre de Ubriachi en la tarjeta, que casi olvidé que en la otra mano sostenía el sobre. Lo abrí, y en su interior había un papel del mismo tamaño que el descubierto antes en mi bolso. Era un pergamino cuidadosamente doblado, que abrí con la reverencia que imponen seiscientos años de Historia. Al abrirlo apareció ante mí el esplendor del universo y de los signos del Zodíaco. Era una copia de la tabla número 1 del mapamundi de Cresques, conocido como *Atlas Catalán* a pesar de que su autor era mallorquín. El título «catalán» añadido al Atlas era debido a que fue encargado por el infante Juan para su padre, con objeto de ser utilizado en la corte de Barcelona.

—Es fantástico... —murmuré. Entonces caí en la cuenta de la extraña sucesión de acontecimientos que se habían producido en pocas horas. Cogí la tarjeta para leer de nuevo el nombre inscrito en ella y asegurarme de que no estaba en un error. Le di la vuelta, tratando de encontrar alguna señal que diera más información; en la parte superior izquierda había una letras griegas que no sabía si formaban una palabra o eran letras independientes:

ΤΕΣΣΑΡΕΣ

Sólo alguien que me conociera muy bien podía haberme hecho llegar aquel documento. Mi proyecto de fin de carrera consistió en el cálculo matemático de la tabla número 6 del *Atlas Catalán*. Como consecuencia de su complejidad numérica, aborrecí las matemáticas.

¿Por qué llegaban hasta mí precisamente los pergaminos número 5 y 1? ¿Por qué en ese orden? Dudé unos instantes entre si buscar respuesta a estas preguntas o si era mejor averiguar por qué me había dado plantón el italiano seductor.

Tamborileé sobre mi pierna derecha, miré varias veces el reloj; eran las tres y media. Seguramente, Fabrizio vio que se hacía tarde y fue hacia la estación a recoger a su padre, o quien fuera aquel hombre de agrio carácter que tanto alabó mi trabajo en España y a quien debía la invitación de la Universidad de Florencia. Pero ¿qué debería hacer, llamar al número indicado en la tarjeta, quedarme en el hotel esperando o...?

ΤΕΣΣΑΡΕΣ

¿Qué sentido tenían aquellas letras escritas a mano en el reverso de la tarjeta?

Subí a la habitación y, sin preocuparme de si Fabrizio volvería o no, conecté el portátil dispuesta a averiguar por qué estaba sola en aquel momento, cuando apenas media hora antes un italiano encantador me había dispensado todo tipo de atenciones. Entré en Google y busqué el nombre de Miquel Puigdorfila y Cervora. Aparecieron inmediatamente dos nombres con este apellido; uno de ellos lo conocía bien, del otro ignoraba qué relación tendría con el anterior.

> Karl August Puigdorfila, *Bibliophilia Orbis*
> Miquel Augusto Puigdorfila y Cervora,
> *La Rosa de los Vientos, Cartographia Mundi.*
> *Simbología del Mapamundi de Abraham Cresques.*

Contemplé la pantalla sin pestañear. Me eché hacia atrás, y me llevé la mano a la boca. Acababa de averiguar quién había depositado en mi bolso el pergamino número 5.

—¿Estás segura de que quieres vivir entre pigmentos malolientes y llevar las uñas con mugre de libros viejos...?
—Don Miquel me habló siempre con total franqueza, pero lo hizo muy especialmente la última vez que estuve en su casa y charlé con él y con doña Violeta acerca de mi viaje a Italia. Doña Violeta me quería como novia de su

hijo, pero en el fondo deseaba que yo fuese de otra manera, tal vez más pija, más alta y más rica. Y, por supuesto, hubiera deseado que mi casa estuviera en la avenida Pearson de Barcelona y no en una ciudad donde hubo tantos judíos. Algunas hijas de sus amigas habían sido novias de Xavier; sin embargo, su relación apenas duraba un mes o dos. Las discusiones entre madre e hijo eran inevitables por el hecho de que —según lamentaba la madre— por su casa circulaban chicas distintas cada dos o tres semanas.

—Si no les gusta el sexo no me interesan —contestaba Xavier para provocar a su madre.

—¿Cómo lo aguantas, Ariadna? —Tal vez deseaba averiguar con qué saber oculto conseguía mantener a su hijo a mi lado.

Doña Violeta pasaba su vida entre lujos y tinieblas. Los lujos eran posibles gracias a la fortuna que heredó de sus antepasados. Y las tinieblas trataba de combatirlas con reuniones esotéricas en el club privado que presidía desde el año 2000. Fin de milenio, anuncio del Apocalipsis. El catastrofismo había invadido la mente de doña Violeta de tal manera que el día 1 de enero del año 2000 fundó, junto con tres amigas, una sociedad llamada Blavástica.

—¿Blavástica? —El nombre me impactó.

—La teósofa rusa, Helena... no sé cuántos —respondió Xavier—. Sienten admiración por la esvástica, la cruz...

—Ya sé lo que es la esvástica. Pero no sé qué tiene que ver tu madre con ese símbolo.

Cual jinetes del Apocalipsis, las cuatro mujeres se reunían cada viernes con la seriedad que requiere una sociedad esotérica. El lugar de reunión, siempre su casa. A modo de gineceo, el palacete disponía de un ala privada de uso exclusivo de las féminas. Allí se reunían en secreto, elucubrando en torno a por qué el mundo está a punto de sucumbir. Interpretaban el profético libro del Nuevo Testamento, hablaban de símbolos y de colores, y de muchas cosas más. Doña Violeta llevaba siempre alguna prenda de color fucsia, porque alguien le dijo una vez que el fucsia propicia la felicidad. Y que, llamándose Violeta, estaba predestinada a alcanzar la dicha eterna. Recuerdo que sentí un escalofrío la primera vez que entré por equivocación en la sala oscura, como llamaba Xavier a la habitación donde se reunían los espíritus.

En la pared frontal colgaba un cuadro que me impresionó. *San Miguel combatiendo al Dragón*.

—Milenaristas...

—¿Qué?

—Pertenecen a la escuela milenarista —me explicó Xavier cuando le conté que había puesto el pie en la tétrica habitación.

—¿Y eso qué es?

—Están convencidas de que Cristo regresará a la tierra y gobernará mil años...

—Vaya.

—Y recitan poemas, para combatir el mal.

—Xavi, tu madre está peor de lo que yo pensaba.

—Cada uno es libre de creer en lo que quiere.

—Por supuesto que sí. Pero nunca había oído que la poesía nos librara del mal. Tendré que leer versos. ¿Algún poeta en especial...?

—Déjate de burlas.

—Lo digo en serio, Xavi. ¿Qué poeta me recomiendas contra las fuerzas maléficas?

—Mi madre lee a Rubén Darío. —Nunca imaginé que contestara a mi pregunta—. Dice que el poeta superó una depresión leyendo a Blavatsky... —Estos datos me ayudaron a conocer mejor la familia de Xavier.

El día que fui a despedirme, doña Violeta comprendió que mi afición por el arte no era un capricho. Don Miquel lo entendió bastante mejor que su esposa, y así lo demostró regalándome un libro sobre técnicas de restauración de frescos. *Tras la huella de mosaicos y frescos* fue la joya que me regaló aquel hombre de mirada libidinosa.

—Te lo mereces, Ariadna. Llevas trabajando mucho tiempo en tareas poco reconocidas. Qué ingrata es tu labor...

—¡Y qué sucia! —añadió doña Violeta mirando sus uñas pintadas de color gris perla. Gris, del mismo color en que ella veía el mundo.

—Con que haya una sola persona que aprecie el resultado de mi esfuerzo, habrá merecido la pena tanto sudor.

—Hija mía, ¿piensas dedicar tu vida a sudar reparando cuadros viejos? —preguntó, mientras luchaba contra una arruga del pliegue de la falda. Era del mismo color que la orquídea malva de un rincón del salón.

—Entonces, ¿te vas mañana? —Don Miquel se levantó a por un habano.

—No. Me iré pasado mañana.

—Vaya, vaya. Entonces... no te veremos en mucho tiempo.

—No sé cuánto tiempo estaré en Florencia. Supongo que no depende de mí...

—He sabido que al final te hiciste cargo tú sola del cuadro de Tommè en Pedralbes, ¿no es así?

—No lo acabé. Se llevaron el cuadro, no sé muy bien por qué.

—Tengo entendido que en Florencia te requieren para restaurar también otros Reyes Magos. —Don Miquel parecía estar al corriente de mis actividades.

—Sí, es cierto. Aunque en realidad voy a restaurar un...

—¿Por qué tu predilección por la Epifanía? —me interrumpió bruscamente. Su Cohiba aromaba todo el salón.

—Es una Trinidad —me refería a del Sarto—, *Disputa de la Trinidad*...

—¿En la Galería Uffizi?

—No. Está en el Palazzo Pitti.

Xavier interrumpió la conversación con su repentina llegada. Eran casi las once.

—¿Tú aquí, princesa? —preguntó con naturalidad, como si fuese normal que yo estuviera cenando con sus padres dos días antes de marcharme a Italia, y sin que él estuviera en casa.

—Mira qué regalo me ha hecho tu padre. —Señalé el libro que había dejado sobre el sofá.

—A mi padre le encanta hacer regalos.

—¿No te parece precioso? —Me decepcionó el poco entusiasmo de un hijo tan insensible.

—Sí, supongo que sí. ¿Cómo llenarás el hueco que ha dejado este libro en tu biblioteca, papá? ¿Otro viaje por lugares exóticos? —Lanzó una mirada a su padre, que apuraba el Rioja.

—No le hagas caso, Ariadna. —La madre trataba de ocultar aspectos innobles de su único hijo.

—Si no le hiciera caso, no estaría con él...

Don Miquel me miró de reojo, y en sus ojos adiviné un aplauso a mi respuesta.

Nos levantamos de la mesa.

—Me quedaría encantada con ustedes, pero se está haciendo tarde...

—¿No tomarás café? —preguntó don Miquel, muy afectuoso.

Consulté el reloj, pero al instante comprendí que era

de mala educación abandonar una casa inmediatamente después de cenar. Así que me senté al lado de doña Violeta.

La sirvienta, que vestía uniforme azul y cofia blanca, depositó una bandeja sobre la mesa frente a la chimenea.

—Gracias, Magali —dijo doña Violeta. Con una leve inclinación de cabeza, la joven se retiró cual *prima donna*. Sin dar la espalda ni un solo instante, fue retrocediendo a pasitos cortos hasta abandonar el escenario al cual ella no pertenecía.

—Se nos va la única joya que ha pasado por esta casa en mucho tiempo. —Con una pierna cruzada sobre la otra, don Miquel dejaba ver la suela de un zapato tan reluciente que parecía reflejarse en él toda la luz de la araña parisina. Parecían recién estrenados. No pude distinguir si padre e hijo usaban la misma marca de calzado. Sin embargo, el padre no necesitaba plantillas que aumentaran su estatura.

—Es usted muy generoso. —Me sudaban las manos.

—No me gustan los convencionalismos, Ariadna. Por eso admiro tu valentía.

—¿Es valiente irse a Italia y abandonar a su novio? —Xavier buscaba un cigarrillo en el bolsillo de su chaqueta de Loewe.

—¿De verdad crees que Ariadna podría ser tu novia, insensato? —Me levanté y le di mi cajetilla de Marlboro.

—¿A qué valentía se refiere? —intervine en el diálogo, convencida de que no rompía nada de gran valor.

—¿Cuántos se han acercado antes que tú a ese cuadro de Tommè... y nadie se ha atrevido a dar una interpretación distinta a la tradicional?

Madre e hijo se quedaron callados. Doña Violeta, porque no sabía de qué estaba hablando su marido; Xavier, porque andaba ocupado encendiendo su cigarrillo y eligiendo una botella de whisky.

Me impresionó el comentario, solamente podía hacerlo un buen conocedor del arte.

—¿Se refiere a...?

Mi pregunta quedó interrumpida por la llegada de Magali, que depositó en la mesa una bandeja con coronas negras.

—¡Godiva! ¿Has ido a Bélgica últimamente, papá?

El padre no contestó. Se encogió de hombros, sin dar importancia a un viaje más de los muchos que hacía.

—Toma, querida. —La madre me acercó la bandeja—. Son fresas bañadas en chocolate con aroma de menta.

En aquel instante mi cabeza pesaba como si hubiera caído sobre mí una tonelada de cemento.

—Por favor, Magali... —Doña Violeta pidió más café.

—Deberías casarla con un viudo millonario. —Xavier no le importó que Magali oyera el comentario.

—Eres incorregible. —La madre hablaba al hijo, pero miraba al padre.

—¡Estás loco! —Don Miquel se levantó tan bruscamente que derramó lo que quedaba del Rioja.

—¡Qué pasa! —Xavier se quedó inmóvil.

—¡Este whisky es el más añejo del mundo! ¿Y crees que lo vas a abrir tú, insensato? —Le arrebató la botella.

—¿Qué tiene de especial, papá?

—¡No entiendes nada! ¡Zoquete!

—Pero...

—¡Un 1938! ¿Recuerdas quién me lo regaló, querida?

—Ah, sí..., el conde Vögelfrei. —Pronunció las consonantes con fonética germánica. Vögelfrei. ¿Era posible que el apellido del conde significara pájaro fuera de la ley?

—¡Tiene setenta años! —Su rostro se puso del color de

la grana—. Cuesta veinte mil dólares esta botella. —Protegía el tesoro con ambas manos, ajeno a mis reflexiones semánticas. Calculé que si Xavi se hubiera servido un trago habría ingerido quinientos dólares.

—Hija mía, es tarde, y se te ve cansada. No quiero que por nuestra culpa... —dijo la madre.

—Sí, tengo que irme. Muchísimas gracias por la cena, y muchas gracias por su regalo... —Me acerqué a don Miquel y le di un abrazo.

—No me gustan las despedidas... —dijo doña Violeta.

—Querida, las despedidas son lo único que vale la pena entre los seres humanos.

—¿Por eso tus viajes son cada vez más largos, papá? —Xavi no tenía suficiente con lo que había provocado.

—Ya sabes que tu padre adora las antigüedades...

—Echaré de menos esta biblioteca. —Me pareció que era necesario desviar la conversación. La mirada que Xavier lanzó a su padre me inquietó. Al fondo, los ojos de don Oriol dominaban la escena.

—Ven cuando quieras, Ariadna, mi hijo no ha abierto un libro desde que guardó el título en un cajón.

—¿Para qué..., si tú me dices cómo hacerlo todo? —Xavier buscaba otra botella de whisky.

—Prometo volver muy pronto —dije con la amabilidad de quien promete algo que no cumplirá. Don Miquel intercambió una mirada conmigo, que no supe cómo interpretar. Fue una mirada inquietante.

—Vamos, te acompaño. —Xavi interrumpió la búsqueda en el mueble bar y se adelantó hacia la puerta. Al salir, tuve la sensación de que en aquella casa había algo muy valioso. Y muy siniestro.

—Ariadna... —Don Miquel me dio su libro, que estaba

a punto de dejar olvidado en el sofá. Al dármelo, sentí un estremecimiento. Sus ojos se encontraron con los míos.

—Gracias, casi lo olvidaba. —Me invadió un brusco flujo sanguíneo.

Ahora, lejos de aquel lugar, estaba convencida de que la copia del pergamino significaba algo importante. Pocas dudas me quedaban ya de quién lo había depositado en mi bolso; las razones, sin embargo, se me escapaban por completo.

9

—¿Ariadna? —Sin moverme, traté de disimular que me encontraba cerca de la puerta.

»Ariadna, sé que estás ahí.

Permanecí en silencio.

Me asaltó una duda. ¿Cómo podía estar tan seguro de que me encontraría esperándolo?

—¿Vas a abrir, o no?

Ya sin disimular que estaba junto a la puerta, abrí sin pronunciar palabra.

—¿Sorprendida de verme, o de verme solo? Como tardabas, decidí ir a la estación a buscar al profesor. Cuando ya estaba en camino, recibí una llamada suya... Llegará mañana, ¿qué te parece tener un día de vacaciones antes de que llegue el maestro? —El italiano no dio importancia al repentino cambio de planes.

Al ver el ordenador abierto, se acercó a la pantalla. Estaba ocupada por un mapa. Fui a sentarme en el extremo de la cama junto al libro que me había regalado el padre de Xavier.

—*Gli parti...* —leyó en la pantalla.

—Estaba buscando unos datos, y sin saber cómo he llegado el Imperio parto. En eso estaba cuando...

—...Yo he interrumpido tu interesante búsqueda —se apresuró a decir.

—Por cierto, Fabrizio, ¿tú qué enseñas en la universidad? —Mi intención era averiguar qué lo relacionaba con el apellido Ubriachi.

—Yo no trabajo en la universidad —contestó con la vista fija en la pantalla del ordenador.

—¿Ah, no? ¿No trabajas con el profesor Ubriachi?

El italiano dejó la pantalla y pasó páginas del libro al azar.

—Ariadna, ¿cuándo quieres que te acompañe a Siena a ver los frescos de la catedral? —La página estaba abierta en un fresco de Piccolomini.

—¡A Siena! Ya me gustaría, pero no he venido a hacer turismo. He venido a...

Se hizo un silencio, interrumpido solamente por el chasquido de las páginas que él pasaba con agilidad.

—Fabrizio, ¿puedes explicarme lo que ocurre? —Me senté cerca de él. Observé su imponente reloj en la mano derecha. Puro acero.

—Es de oro blanco —dijo.

—¿Qué? —Su ágil respuesta me aturdió.

—El reloj. —Se subió la manga del jersey. Acero, recubierto de oro blanco...

Me incliné para verlo bien. Tenía cinco horarios.

—¿Tanto viajas?

—Sí. Y me gusta saber en qué hora vivo en todo momento.

—Vaya.

—La hora de Hong Kong. —Mostró una de las circunferencias.

—Es muy original... —No pude resistir la tentación de acariciar su muñeca.

—No es sólo original. Es único en el mundo.

—¿Ah, sí?

—Es un Royal Krone, de 1970. Hecho expresamente para mí.

—Vaya.

De repente, se dirigió hacia la ventana sin dar más detalles sobre el reloj.

—Observa, observa seiscientos años de historia. —Extendió sus brazos—. Cuando me despierto cada día y veo esta ciudad, me pregunto qué puedo aportar yo a tanta belleza. *Osserva questa meraviglia...*

Fui a contemplar lo que Fabrizio me estaba invitando a ver. El esplendor de Florencia era infinitamente superior a mi inquietud por la ausencia del profesor Gaetano.

—*È bella, vero?* —Su voz sonó tan dulce como amorosa.

—Es hermosa —respondí, de pie ante la ciudad más bella del mundo.

—*Anche tu sei bella...*

Mi pulso aceleró el ritmo. Me alejé de la ventana con el fin de ahuyentar el peligro y de recoger mis papeles. Estaba a punto de cerrar el ordenador, cuando un estremecimiento recorrió mi cuerpo.

—Deja que te ayude. —Apenas rozó mi mano; sin embargo, yo sentía el calor de su cuerpo como si estuviese dentro del mío. En un segundo se encendió la chispa que echó por los suelos el orden que yo pretendía poner entre tantos papeles. La proximidad de su rostro y la intensidad de su mirada dieron paso a un encuentro que (ya era inútil negarlo) deseaba desde el momento en que abrí la puerta.

Sus manos recorrieron mi cuerpo, que respondió agradecido a las caricias. Cerré los ojos, para evitar encontrarme con la fría mirada del guardián de Constantino. El fresco de la Chiesa de Arezzo podía esperar. Fabrizio recorría con ávida boca mi cuerpo que parecía indeciso. En pocos minutos, los partos perdieron su imperio.

Abrazados y desnudos, guardando esa distancia a la que obliga el pudor frente a un desconocido, permanecimos callados. Al ver los rayos de sol entrando por la ventana y el techo decorado con figuras geométricas, me acordé de La Pedrera. Sentí que en aquella habitación tenía, aunque fuese por unos instantes, todo lo que hubiera podido soñar. Recordé a Xavier, pero lo veía como una sombra lejana en el tiempo a pesar de que no habían transcurrido ni siquiera veinticuatro horas de nuestra despedida en Barcelona.

—Escucha... —Me incorporé con la intención de advertir algo al desconocido que estaba tumbado en la cama.

—No, no hagas lo que suelen hacer las mujeres después de...

—Escúchame, por favor. Tengo que decirte algo.

—Ya sé que no querías..., que ha sido una equivocación. ¿No es eso lo que vas a decir, Ariadna?

Lo abracé.

—¿Qué quieres saber de mí? —Su pregunta me sorprendió.

—Lo que tú quieras contarme. —El momento parecía oportuno para averiguar si era una intrusa.

—No hay nadie más.

Nos quedamos unos segundos en silencio, mirándonos a los ojos.

—Estuve casado tres años... —Hizo una pausa—. Valeria fue el amor de mi vida.

—¿Estás divorciado? —No escuchó mi pregunta, comprendí que me había precipitado.

—Murió... en el escenario. Era cantante de ópera. La mejor Alisa de todos los tiempos...

—Lo siento, Fabrizio. Lo siento mucho. —Apoyé la cabeza en su hombro.

—Hacía un calor insoportable... El peor julio que recuerdo en muchos años. Cantaba en la Arena, *Lucia di Lammermoor*.

—¿En Verona?

—Sí, en el teatro donde la voz humana alcanza la perfección. *Regnava nel silenzio...*, mientras Lucia cantaba su extraño augurio yo no apartaba los ojos de Valeria. Se estaba quedando pálida. Todo fue muy rápido... Se desplomó en el escenario. Cuando llegué, ya no respiraba. Le falló el corazón. Un corazón... de veintiocho años.

Me incorporé.

—¿Quién me ha traído aquí? —pregunté, con la vista puesta en los papeles que habían caído al suelo.

—¿Te refieres a...?

—¿Por qué estoy aquí? ¿Por qué me invita Ubriachi, si no va a estar para recibirme el día que llego? ¿Quién era...? —Interrumpió mis preguntas.

—Yo soy... quien te ha invitado —respondió Fabrizio con tono ecuánime.

Desde la ventana, observé el imponente edificio que parecía una fortaleza medieval. Palacio Pitti. «No te fies de él...», me dijo Xavier.

—¿Los Pitti no fueron...? —Recordé algo sobre un crimen en la catedral.

—Enemigos de los Médicis. —No pareció gustarle la pregunta. Tal vez se la habían hecho cientos de veces. Sobre todo, tras haberse descubierto por fin quién fue el criminal que planeó el asesinato de los Médicis.

—¿Lo has leído? —Yo quería averiguar si sabía algo más.

—¿El qué?

—El libro que se acaba de publicar. Sobre el crimen del duque de Urbino...

—Sí, lo he leído.

—¿Y qué te parece?

—Ariadna, en aquellos tiempos el crimen en Florencia era más que un acto pasional. Era una pieza esencial de la vida.

—Vaya. —Yo seguía de pie mirando el río.

—En esta ciudad, el crimen no era un acto de maldad. Era un acto de inteligencia.

—¿Es tu opinión, o la del autor del libro? —Busqué respuesta en el fondo de sus ojos.

—En este asunto mi opinión no importa. Es la realidad. ¿Qué miras? —preguntó.

—A ti. —Me acerqué a la cama.

—¿Y bien? ¿Qué es lo que ves?

—Dicen que es posible desarrollar dotes de percepción en el rostro de una persona. Así podemos adivinar su comportamiento futuro.

—No está mal como teoría. Observa todo lo que quieras. ¿En qué postura quieres que me ponga para no perder detalle de mi cara? —Se puso de perfil. El sol iluminó un rostro de excepcional belleza.

Desde la cama, se divisaba el Arno. Parecía un río de plata envuelto en un silencio brumoso, como si el secreto de los crímenes se deslizara por sus aguas y su rumor se fuera volviendo lánguido. Pero sin callar nunca, como las cuentas que quedan pendientes entre los vivos y los muertos.

Me recosté junto a Fabrizio. Permanecimos callados, con los ojos cerrados. Cuando estaba a punto de hacerle una pregunta, se levantó. Se vistió sin apartar de mí su mirada; agradecí esa delicadeza. Qué poco se necesita para calmar la zozobra.

—Vamos, Ariadna. Vístete, te enseñaré algo.

Entre los dos recogimos los papeles del suelo, cuyo protagonismo acababa de ser postergado por una pasión más inmediata. Guardé mi ordenador en el armario detrás de la puerta.

Fabrizio me observó, y no dijo nada. Me cogió de la mano y salimos del hotel en dirección a la universidad. Durante el trayecto en un Rover de color azul, contemplé las calles de la ciudad que a esas horas estrenaba su primer tramo de la noche.

—¿Te importa que baje un poco la ventanilla? —Ya la estaba bajando.

—No, claro que no.

—¿Podemos comprar tabaco? —su mirada decía que no. Bajé la ventanilla. Hacía frío. Volví a subirla. La bajé de nuevo, deseaba oler, sentir, impregnarme de todo lo que ofrecía aquella ciudad embriagadora. El trayecto no duró más de diez minutos e intercambiamos muy pocas palabras, quizá debido a la sensación que teníamos ambos de haber compartido un instante de pasión que tal vez no se repitiera. Mientras conducía, Fabrizio me acariciaba la mano.

—Hemos llegado, Ariadna. He aquí tu casa, la Casa de la Sabiduría.

La puerta estaba cerrada, ya no había estudiantes a esa hora de la tarde. En cuanto nos oyó, un hombre menudo acudió a abrir la puerta y saludó con amabilidad.

—*Buona sera, professore* —dijo el hombre.

—*Ciao, Guido. Come stai oggi?* —preguntó Fabrizio en un tono familiar.

—*Ah..., le gambe, professore...* —El hombre se tocaba la pierna derecha.

Nos abrió la puerta. Sentí la excitación que produce entrar en un lugar cuyo origen se remonta a varios siglos.

—Nada de lo que veas aquí puede salir de estas viejas paredes.

—¿A qué te refieres..., tú siempre con tus misterios?

—No son misterios, Ariadna. Es la historia, la historia de Florencia y de sus demonios centenarios.

—La Casa de la Sabiduría, ¿eh?

—La sabiduría nunca permanece anclada en un lugar fijo. Y prueba de ello es que tú estás hoy aquí. Pero ¿dónde estarás mañana? —Se encogió de hombros y siguió andando—. Gracias a Dios existen cuadros rotos, y personas como tú que se dedican a restaurarlos. —Fabrizio me besó la mano.

—No pienso dedicarme a restaurar cuadros viejos el resto de mi vida, mis intenciones van por otro camino.

—¿Por qué camino van tus intenciones, bella Ariadna?

—Mi sueño..., ¿te confieso cuál es mi sueño? —Saboreé el epíteto que me acababa de regalar.

Fabrizio se detuvo, esperó la respuesta con impaciencia. Entonces me di cuenta de su gran altura. Me sacaba dos cabezas.

—Mi sueño es descubrir una Epifanía bajo el mar.

—*Come hai detto!*

—Lo que has oído.

—*Ma tu sei pazza...*

—Puede que esté loca, pero el arte forma parte de la locura humana.

—¿Una Epifanía? —Andaba a paso rápido en dirección al departamento de Historia Antigua.

—Ya sabes, los Reyes Magos. —Aparté mi flequillo de la cara.

—Pero...

—No, no me preguntes si creo en los Reyes Magos. Estoy hablando de arte, no de mis creencias.

—¿Cuándo me vas a llevar a Mallorca?

—Cuando tú me hayas llevado a Siena.

—Ah, sí... querías ver los frescos. ¿Hay frescos interesantes en tu ciudad?

—Sí, hay uno fabuloso en la catedral de Palma, del siglo XIV. ¿Sabías que nuestra catedral es la única del mundo que tiene su puerta frente al mar?

—No lo sabía...

—Un pintor ha empezado un mural de barro en el altar mayor, a pocos metros donde Gaudí...

—Gaudí, *come è bella la Casa Milà!* —Cruzaron mi mente imágenes insospechadas para el italiano.

—... Es un verdadero genio... —Me refería a Marquet Bonnín.

Fabrizio me miró con asombro. Estábamos en la ciudad de los genios. Cómo podía yo comparar a un pintor actual con Cimabue o Giotto, padres de la pintura italiana, o con los Pisano, o con Donatello y Masaccio. Estábamos en la ciudad del Duomo..., nada menos.

—No he querido decir, bueno, yo...

—No te preocupes, Ariadna, también nacen genios en otros lugares del mundo.

—Este pintor escapa a toda definición. Y sus obras me traen el recuerdo de mi infancia...

—¿Qué tiene que ver la Epifanía con este pintor tan genial?

—Se ha propuesto crear una obra que produzca la sensación de estar en el centro del mar, con la catedral sumergida en las aguas del Mediterráneo. Ha realizado una escenografía muy original, con frutos de la tierra y del mar. Todo inspirado en la Biblia.

—Vaya.

—Su obra es una metáfora del universo.

—Verdaderamente parece excepcional. Pero...

—Ya sé que resulta sorprendente que un pintor de hoy se interese por la Biblia.

—No me refiero a eso. ¿Se trata de pintar a los Magos bajo el agua?

—No es un agua cualquiera, es el agua del Mediterráneo.

—También Italia tiene mar, y más de uno.

—Pero no los descubrieron los Reyes Magos.

—*L'arte ti ha diventato pazza, mia cara.*

—Puede ser que me haya vuelto loca. Pero averiguar si estoy en lo cierto va a merecer la pena.

Por fin llegamos al departamento de Historia Antigua. Al entrar en su despacho de la segunda planta, dejamos de hablar de magos y de mares para abordar directamente el asunto que nos ocupaba.

—Ariadna, te agradezco que no mencionaras los pergaminos en ningún momento —dijo, tras cerrar la puerta. Parecía como si, una vez traspasado el umbral de aquella estancia, volviéramos a la realidad que habíamos dejado durante un tiempo.

»Necesito tu ayuda. —De repente cambió el tono de voz. Ahora se parecía más a un académico que a un hábil seductor.

—¿Y bien?

—He aquí el laberinto del que quiero que me ayudes a salir, y no sólo a mí. Cientos de personas están esperando que les indiques la salida.

—¿No me has dicho que no trabajas en la universidad?

—Y es cierto, no trabajo en la universidad. Vivo en ella.

—Buena metáfora.

Empecé a ver a Fabrizio como un profesor en cuanto se colocó tras el escritorio repleto de libros. Me mostró un mapa que tenía colgado en la pared. Sin duda, parecía que aquélla fuera su casa.

—He aquí el Mediterráneo. —Con los brazos abiertos abarcó el Mare Nostrum—. Y mucho más.

—Macedonia, Tracia, Pérgamo, Babilonia, Capadocia, Alejandría, Judea... —Yo iba leyendo en voz baja estos nombres que evocaban mundos lejanos, y tan presentes en nuestra historia.

—Una fina pincelada puede invertir dos mil años de historia.

—No sé a qué te refieres, pero me encantará averiguarlo.

—Muchas personas acudirán a escucharte, Ariadna.

—¿A mí, a escucharme a mí?

—Sí. Estudiantes universitarios asistirán a las Jornadas sobre intercambio de culturas en el Mediterráneo, y quiero que participes en ellas.

—Aquí hay algún error, Fabrizio. Yo no soy historiadora, soy historiadora del arte...

—... que ha restaurado el cuadro más enigmático de Tommè —añadió, sin olvidar las razones que me habían llevado hasta allí.

—¿La *Adoración*? —pregunté.

—No me interesa la *Adoración*, sino uno de los reyes que aparece en el lienzo. —Su tono ya era inconfundiblemente el de un profesor.

—¿Y qué interés puede tener el dedo de un Rey Mago?

—Eso tendrás que averiguarlo tú. —Me señaló con el dedo—. Tú manejas el pincel, y yo manejo los mapas.

—Pero no he sido invitada para dar lecciones de historia, sino para...

—Ya lo sé. Pero eso no importa ahora.

—¿Que no importa? —No pude disimular mi ira.

Fabrizio extendió un mapa en el suelo. Una bellísima representación del mundo sobre papel..., Al Hira, Ctesifonte, Ecbatana, Comisene; pude imaginar cuál era la estrella que, desde el cielo de Jerusalén, guió a tres sabios que la tradición popular convirtió en Reyes Magos.

—No es el mapa lo que quiero que veas, Ariadna. —Abrió el cajón inferior del escritorio y sacó un documento del interior de un sobre.

—¿De modo que...? —No acabé la pregunta.

—Ahora ya sabes algo más acerca de los pergaminos.

—No, no sé nada. Parece que el único que sabe qué está ocurriendo eres tú.

—De los seis que componen el mapamundi de Cresques, éste —sujetó bien el documento que acababa de extraer— contiene algo para cuya lectura necesito tu ayuda.

Observé atentamente unas líneas repletas de signos y figuras geométricas. Me di cuenta de que sobre el escritorio había una lupa, lo cual me hizo sospechar que todo lo anterior había sido planeado.

Lancé una mirada furiosa al toscano. Sus ojos estaban en el pergamino. Me acerqué para examinar su contenido, pero los signos eran incomprensibles.

—¿Arameo? —pregunté—. El arameo fue usado como lengua diplomática en el Imperio aqueménida, pero...

Fabrizio giró hacia sí el sillón de cuero negro con la intención de escuchar los razonamientos que me pudieran llevar a descifrar tal escritura.

—¿Salterio, puede ser salterio? —pregunté, aunque en realidad no esperaba respuesta. Él escuchaba mis reflexiones, con las manos juntas a la altura de la nariz y por debajo de unos ojos atentos a cada uno de mis movimientos—. El salterio es una variante de la escritura persa, pero si no me equivoco, sólo existe un fragmento de los Salmos de David. ¿Tiene esto algo que ver con...?

Negó con la cabeza.

Acercándome el documento, y con ayuda de la lupa, identifiqué una palabra que en lengua persa significa rey.

Él sonrió, con moderado optimismo.

Europa, Asia, África, las tres partes del mundo conocidas, tres.

Padre, Hijo, Espíritu Santo, tres personas en un solo Dios, la Santísima Trinidad, tres. El reparto del mundo entre los hijos de Noé: Sem, Cam, Jafet, tres. El cosmos y sus tres moradas, Cielo, Purgatorio, Infierno, tres. La antropología atribuye al hombre Entendimiento, Fuerza, Voluntad, tres facultades. Y tres son las virtudes teologales, Fe, Esperanza, Caridad. Tres son las edades del hombre, infancia, juventud, vejez. Siendo, pues, que el mundo gira en torno al número tres, cuántos podían ser si no tres los Reyes Magos de Oriente...

—No. El número no tiene nada que ver con la representación de los Magos. Si tres puede parecer buen número, ¿por qué no cuatro? Cuatro son los puntos cardinales, cuatro los miembros superiores e inferiores, cuatro es el número de Yahvé, cuatro la suma de números que Pitágoras consideró perfecta...

—Vale, vale. De acuerdo. Fijar un número de Magos ha sido algo arbitrario, ya entiendo...

Siguió un largo silencio.

La reconstrucción del dedo índice del rey Gaspar me había llevado a esta situación: enfrentarme a un público de estudiantes que acudirían a las Jornadas sobre pueblos del Mediterráneo organizadas por la Universidad de Florencia. Y tendría que preparar una intervención acerca de la iconografía de los tres Magos.

—¿No iban a ser unas Jornadas de restauración? —pregunté a Fabrizio mientras él buscaba algo en un cajón.

—El conocimiento no tiene límites, Ariadna.

—El tuyo tal vez no, pero sí el mío —protesté enérgicamente.

—¿A qué tienes miedo? Cuando subas al estrado, tú sabrás más que nadie de iconografía cristiana.

—¿Iconografía cristiana? Jamás me ha interesado la iconografía cristiana. Era..., era sólo parte de mi trabajo.

Fabrizio levantó el índice de su mano izquierda, y lo sostuvo así durante un rato mirándome fijamente.

—¿Todo esto... por un dedo del Rey Mago? —pregunté sin poder contener la risa.

—Observa esto.

Colocó sobre la mesa algo que acaparó mi atención. La *Adoración* que Leonardo da Vinci dejó inacabada, y que hoy es uno de los mayores enigmas de la Galería Uffizi.

Observé de cerca los colores que Leonardo había usado con maestría, y miré a Fabrizio en busca de respuesta.

—No, no me mires a mí. Lee lo que dejó escrito el maestro.

En el momento de apoyar el pincel, se cerró el tiempo...

El día 6 de junio de 1505, al toque de las 13 horas, empecé a dar el color rojo. En el momento de apoyar el pincel, se cerró el tiempo y se oyó la campana convocando a los hombres al tribunal... Se entenebreció el tiempo y llovió hasta la caída del día torrencialmente. Parecía de noche. Entonces aparecieron los cuatro...

En este punto quedaba interrumpido el texto. Y quedaba inacabada para siempre la obra enigmática de Leonardo sobre los Reyes Magos.

—¿Y qué quieres que haga yo?

—Que averigües a qué se refiere el número cuatro, y por qué el texto está interrumpido precisamente en ese número.

—¿Qué te hace pensar que puedo hacerlo?

—Creo que puedes averiguarlo.

—¿Cómo?

—Leonardo trazó en un rincón del cuadro una silueta que solía dibujar solamente en casos excepcionales. Y sólo sobre pared.

—¿Qué tipo de silueta?

—La suya propia. Él aparece en un rincón, oculto detrás de la Virgen.

—Yo no percibí la silueta cuando observé el cuadro.

—Porque no se ve a primera vista, sino cuando se observa desde determinada posición. Se obtiene mediante el procedimiento de la sinopia, una técnica...

—Ya sé lo que es la sinopia. —Me disgustaba el tono presuntuoso de sus palabras.

—La silueta podría explicar el significado del número cuatro.

—¿A qué te refieres?

—Leonardo siempre defendió que los Magos fueron cuatro.

—¿Dónde lo defendió?

—En el *Codex Madrid II*.

—Tal vez fuera así. El Evangelio Árabe de la Infancia dice que fueron diez, o incluso doce..., qué más da. Tratándose de evangelios apócrifos, todo es posible.

—No, yo no me refiero a los apócrifos. Me refiero particularmente al número cuatro.

—¿Por qué te preocupa el cuatro y no el diez?

—Porque el cuatro implica que ha sido añadido uno al número tradicional.

—¡Bravo, ya veo que sabes sumar!

—Ariadna, quiero que averigües si en el mural de la catedral también hay una silueta en la pared.

—¿Qué estás diciendo?

—Lo que has oído. Quiero que averigües si el pintor ha dibujado su propia silueta en alguna parte del mural.

—¿Por qué iba a hacerlo?

—Todos los pintores aparecen en alguna parte de su obra. Con ello reivindican su...

—Pero eso era antes, cuando no podían expresar sus ideas religiosas. Ahora esto no ocurre. Y sobre todo con un agnóstico.

—¿Qué... has dicho?

—El pintor que ha hecho ese mural es agnóstico. Así que ha tenido total libertad para expresarse como ha querido.

—Entonces hay más razón para buscar su silueta.

—¿Por qué te interesa tanto?

10

—Vaya, vaya..., ¡qué investigación más exhaustiva! —Fabrizio regresaba de su reunión en el departamento de Historia.

—Necesito más tiempo, un par de horas.

—Un par de horas, comparado con dos mil años..., la proporción es mínima.

—¿Dejarás que, por lo menos, lo haga a mi manera? —Arrodillada en el suelo, estaba poniendo en orden montañas de papeles.

—Sí, claro... —examinó mis apuntes—, aunque, a decir verdad, esto tal vez sirva como digresión histórica, pero no como fondo del asunto.

—¿A qué te refieres? —Me crucé de brazos.

—A que tu público...

—No es mi público —protesté.

—Lo será, Ariadna.

—¿Me puedes explicar qué deberé abordar, exactamente? Además, nunca he hablado en italiano en público. —Sin duda ésta sería una razón de peso.

—No te preocupes por eso.

—Ya.

—De verdad, Ariadna. Yo estaré a tu lado. Después de todo, se trata de explicar imágenes...

—Si es tan sencillo, ¿por qué no ocupas tú mi lugar?

—Porque yo no he sido quien ha levantado el dedo al Rey Mago.

—Así que... de eso se trata, ¿eh? —Me mordí el labio inferior.

Entonces me percaté del dibujo grabado en el pavimento.

—¿Qué miras?

—¿Acaso es...?

—La cruz más antigua del mundo —contestó sin darle importancia.

—La esvástica...

Tuve una sensación extraña.

—¿Y por qué has escogido este signo para decorar el despacho? —Yo seguía mirando el suelo.

—Lo vi por primera vez en el suelo de la catedral de Amiens. Me llamó la atención verlo en un templo gótico, y me gustó. Eso es todo.

—Poderoso símbolo, sin duda. —Observé que las líneas de sus aspas giraban hacia la izquierda. Buena suerte.

—Lo identifico —explicó Fabrizio— con una encrucijada de calles. El día que encuentre la salida, mi vida tendrá sentido.

—Interesante.

Se dirigió hacia la ventana, y permaneció en silencio. Después vino hacia mí, me besó en la nuca y apoyó las manos sobre mis hombros.

—Ariadna, ¿cómo abordarás la historia?

—Basándome en datos verídicos. Así de sencillo.

—¿Verídicos..., tratándose de una leyenda?

—Una leyenda que surgió entre Siria, Armenia y Caldea. Pero, a su vez, inspirada en otra anterior de Mesopotamia y que fue recogida en el Libro de la Caverna de los Tesoros. Al principio, se identificó a los Magos con reyes caldeos, que vieron en el cielo una estrella.

—¿Y en cuanto al número tres?

—Nada confirma que fueran tres. Orígenes se inventó el número para hacerlo coincidir con la Trinidad, sin ninguna otra razón. Pero ni fueron tres, ni fueron reyes.

—¿Hablarás del cuarto Mago?

—No sé... —Mis ojos seguían la dirección de las líneas de la buena suerte—. A partir del siglo XVI se añadió un cuarto Mago, es cierto..., pero no se sabe cuál fue su nombre.

—¿Estás segura?

—¿A qué te refieres, Fabrizio?

—Posees un documento, que ha llegado a tus manos porque alguien te está pidiendo que investigues...

—No te comprendo.

Hubo un silencio. Vi mis ojos reflejados en los suyos.

—¿Entonces..., no fuiste tú? —Me incorporé, y seguí la dirección de la esvástica. Pisé varias veces la misma baldosa. Recorrí la distancia de la pared a la ventana, y de la ventana a la pared. Fabrizio me observaba en silencio.

De repente, algo llamó mi atención.

—¿Hablas alemán? —Mi vista se posó en lo alto de la estantería.

—¿Por qué lo preguntas?

Me acerqué al estante para coger un volumen encuadernado en piel.

—Ah... —Fabrizio acudió rápidamente, como si no quisiera que tocara sus libros.

—¿Conoces su obra? —Detuve mi mano en alto.

—Sí.

—¿Puedo...? Nunca había visto la edición original. En Mallorca es difícil encontrarla.

—Te la enseñaré luego, Ariadna. Ahora sigamos con lo nuestro. —Me cogió del brazo y me llevó hacia el escritorio.

Rodeada de un montón de papeles, me parecía imposible preparar la intervención en tan poco tiempo. Con un gesto, Fabrizio me instó a aprovechar la oportunidad de cambiar la visión de una leyenda milenaria.

Pero tenía muy poco tiempo. Y demasiadas incógnitas que resolver.

—El viaje de los argonautas... —hice una pausa y miré al auditorio, que llenaba el Salón de Actos —simboliza el viaje al reino del Sol, en busca del vellocino de oro, símbolo de la luz solar. Aceptamos que hubo un trasfondo histórico en el viaje de la *Argo*: la primera empresa común de los griegos, que abrió las puertas del mar Negro para el comercio y las colonizaciones. Comercio, intercambio de productos, apertura al Mediterráneo... ¿Qué hay de histórico en el viaje de los tres Magos que salieron de Oriente para adorar a Jesús recién nacido?

Todos escuchaban con atención. En sus rostros había desconcierto. También Fabrizio parecía sorprendido por mi comienzo.

—Jesús recién nacido recibe la visita de los tres Magos, que llevan regalos a Jesús: oro, incienso y mirra. Jesús nació en la pequeña ciudad de Belén. El nombre de Belén significa la casa del pan. Y resulta que Belén se encontraba a la sombra de un bosquecillo consagrado a Adonis, dios del trigo representado por el pan. Los tres Sabios siguen una estrella hasta que encuentran a Jesús en Belén. Pues bien, los misterios de Adonis se celebraban gritando: «¡La Estrella de la Salvación ha amanecido en Oriente!» Se trata del Lucero del Alba, que en realidad es el planeta Venus. Venus es uno de los nombres de la diosa que ciertos mitos presentan como consorte de Osiris. Durante milenios se la asoció con la estrella Sirio, situada a los pies de la constelación de Orión. Todos los años, la primera aparición de Sirio era un augurio que anunciaba la crecida de las aguas del Nilo, asociada con el poder renovador de Osiris. La estrella predecía así... la venida del Señor.

Retiré la tela que cubría el cuadro de Leonardo da Vinci. Su *Adoración* inacabada. El silencio sólo fue interrumpido por mis pasos sobre la tarima de madera. Podía sentir las miradas concentradas en la misma dirección.

—«Harás las figuras en tal postura que sirva para demostrar lo que cada figura lleva en el alma...», escribió Leonardo al abandonar su cuadro. El punto de encuentro entre la cultura clásica y la cultura cristiana llevado a cabo en Roma por el papa Julio II tiene sus primeras manifestaciones en esta obra de Leonardo da Vinci. En ella se pone de manifiesto cómo la Ciencia y la Sabiduría antiguas adoran a la nueva fe y a la nueva religión cristiana, personificada en la Virgen y el Niño, que extiende su mano hacia uno de los dones que se le ofrecen, símbolo de unión de las dos mentalidades. El cuadro está lleno de contenidos simbólicos, los caballos que se mueven en el fondo, las ruinas... compendio del mundo clásico que entra en movimiento con la llegada del Salvador. Los dos personajes, a derecha e izquierda, adquieren un valor filosófico; se puede ver un contraste entre juventud y vejez, belleza física y belleza moral.

»Epifanía es el fenómeno que sorprende, emociona, turba, suscita reacciones diversas, pone en movimiento toda la realidad; incluso los caballos se encabritan ante el fenómeno de la aparición divina. El mundo de Leonardo es naturaleza en pleno movimiento...

Hice una pausa y bebí un sorbo de agua. En mi reloj que había dejado sobre la mesa vi que habían transcurrido ya treinta minutos. Miré a Fabrizio. No me hizo gesto alguno de que fuera concluyendo.

—Joven, lampiño y rubio... no hay más datos acerca de quién fue este rey, ni tampoco de los otros dos. ¿Podemos, pues, tomarnos en serio que existieran los Reyes Magos? En realidad, ¿a quién debemos esta leyenda?

—¡A santa Helena! —gritó alguien.

—Helena encontró los restos mortales de los tres Reyes Magos y los llevó desde Palestina a Constantinopla... —Agradecía la interrupción—. Luego fueron llevados a Milán, y desde allí el emperador Barbarroja los trasladó a Colonia como obsequio al obispo de esta ciudad. Desde 1164, los cuerpos de los tres Reyes Magos descansan eternamente en la catedral de Colonia. Nada menos que en una catedral... construida en honor de tres reyes que no sabemos siquiera si de verdad existieron.

—Se trata de establecer una línea de continuidad en la tradición de las distintas culturas.

Por fin intervino Fabrizio. Yo estaba a punto de desfallecer.

—Los Reyes Magos —pronunció estas palabras sabiendo que era grande la expectación entre el público— bien pueden simbolizar las tradiciones de la época: India, Persia, Roma, la suma de las culturas heredadas a lo largo de los siglos. Pero ni hay que ver en ello ninguna adoración a un rey, ni la visita a ningún mesías, sino un símbolo de la vida como peregrinación a través de distintas etapas del ciclo vital. Nada más.

—¿Debemos creer acaso que la historia es un cúmulo de mentiras? —preguntó un joven que parecía decepcionado por la dirección que estaba tomando el evento.

—La historia está llena de fábulas, como los propios hechos que la hacen posible; y nos enseña los errores humanos que hacen posible su continuidad. Pero la historia es elocuente para los que saben comprender sus enigmas.

Fabrizio me miraba, convencido de que yo entendía el mensaje de sus palabras.

—¿Qué representa Jesús en la historia de los Magos? —La pregunta era previsible, ya que estábamos en Florencia.

—Los Médicis fueron los principales avaladores de la representación de los Reyes Magos, y bajo su mecenazgo fueron encargadas muchas obras. En algunas de esas pinturas pueden identificarse sin dificultad los rostros de los miembros de la dinastía florentina, como es el caso de la *Adoración* pintada por Botticelli; en ella el rey Baltasar está representado por Pedro el Gotoso; el rey Melchor es Cosme; y Juan encarna a Gaspar. Lorenzo y Juliano, herederos de la casa Médicis, aparecen formando parte de la comitiva... Pero Baltasar no fue negro hasta el siglo XVI, con la *Adoración* pintada por Durero, al cual siguieron el Bosco, El Veronés, Rubens y Tiépolo. A pesar de que en el siglo VII el Venerable Beda ya describió a Baltasar con tez morena, el peso de la tradición impidió que nadie pudiese imaginar siquiera un cambio de raza para este rey. Sin embargo, las necesidades de la Iglesia católica llevaron a implantar un simbolismo inédito, identificando a los tres Magos con los tres hijos de Noé, que representaban las tres partes del mundo y las tres razas humanas que lo poblaban. De este modo, Melchor pasó a simbolizar a los herederos de Jafet, y representaba Europa. Gaspar representó a los semitas de Asia, y Baltasar, a los hijos de Cam, que representaba África. Con el descubrimiento de América y comienzo de la cristianización del continente americano, surgió un problema cuando las autoridades eclesiásticas se plantearon representar a los habitantes de esas nuevas tierras en el cortejo de la Adoración de los Reyes Magos, pero como ya no querían añadir un cuarto rey a la comitiva, se dejó el número de tres como indiscutible.

En el despacho, Fabrizio entraba y salía de las calles tortuosas de su laberinto en blanco y negro; se frotaba las manos. Retiraba una y otra vez su mechón de pelo rebelde. Finalmente se sentó en el borde del escritorio abarrotado de libros y de mapas antiguos. En él se amontonaban discos antiguos de ópera y de jazz.

—También me gusta la moderna...
—¿Qué?
—No sólo escucho música barroca.

Ningún detalle pasaba desapercibido a aquel hombre astuto, taimado, *furbo*. Por fin había encontrado el adjetivo para describir la fuerza de sus ojos negros.

—Me gusta todo tipo de música.
—Desde luego existe algo más alegre que Bach —dije poniendo boca abajo las *Cantatas*. Entonces asomó *Gelato al limone*.
—¿Paolo Conte? —Me sorprendió ver entre Bach y Monteverdi a mi artista predilecto.
—Para mí es el mejor cantautor de Italia —confesó.
—¿Conoces *Azzurro*? —Me olvidé de los Reyes Magos.
—Todo el que se haya enamorado alguna vez conoce la canción... —Su respuesta me sorprendió.

»Ariadna, traté de ayudarte en todo momento, para evitar que te sintieras sola ante un público que venía dispuesto a hacer preguntas... comprometidas.

—¿Comprometidas? ¿De qué estás hablando, Fabrizio?

—Me refiero a que cuando uno se atreve a cuestionar la tradición, se arriesga a...

—¿... a qué se arriesga? —Lo miraba fijamente.

Se apartó, y recorrió dos veces las líneas del pavimento.

—Dime, ¿a qué se arriesga, Fabrizio? ¿A tener que defender aquello que uno conoce bien porque ha estudiado hasta sus últimos detalles?

—La historia tiene lagunas como cualquier otra disciplina; tú deberías saberlo, Ariadna.

—Sí, tienes razón. ¿Y en qué afectan esas lagunas históricas a mi interpretación de los argonautas?

—No es eso, Ariadna. Entre el público no sólo había jóvenes estudiantes. Había expertos en...

—No te preocupes, Fabrizio. Ya llegará el momento en que demuestre a esos expertos que no soy una incauta que va levantando dedos en pinturas ajenas.

—¿A qué te refieres?

No contesté.

—Dime, Ariadna. ¿De qué estás hablando?

—Dos meses antes de morir, mi abuelo me reveló un secreto.

—¿Qué secreto?

Fabrizio salió del laberinto y se acercó a la mesa donde yo estaba apoyada con una mano sobre las *Cantatas* de Bach. Se sentó a mi lado, junto al mapa, poniendo la mano izquierda sobre Ecbatana.

—¿Hay algo que me quieras decir, Ariadna?

Negué con la cabeza. Recordé una conversación con mi abuelo.

A finales de los años veinte, junto con dos amigos descubrió en Berlín el Códice... no estaba segura del nombre, tal vez Arinford. Enseguida supieron que se trataba de un hallazgo importante. Traté de hacer memoria. Me dijo que fue vendido a un bibliófilo de Barcelona y que era de un valor incalculable, tenía unas esferas...

De repente, tuve un sobresalto.

—¿Qué ocurre, Ariadna? —preguntó Fabrizio.

Me aparté bruscamente, y fui hacia el ordenador.

Tecleé Códice Arinford y Miquel Puigdorfila y Cervora.

Leí con atención el nombre que aparecía en pantalla.

Quizás el viaje de los Reyes Magos fuera, en efecto, mucho más que una leyenda.

«¿A quién pertenece la cuarta corona?», había añadido quien depositó en mi bolso la copia del pergamino.

Unos magos que venían del Oriente se dirigieron a Jerusalén...

Y tú, Belén, tierra de Judá, no eres la menor entre los principales clanes de Judá; porque de ti saldrá un caudillo que apacentará a mi pueblo de Israel.

—San Mateo no escribió en latín, ni en griego. Escribió en arameo... —reflexioné en voz alta.

—Sí, es cierto. Sus escritos originales se perdieron.

—Y alguien tradujo el texto del arameo al griego —añadí.

—¿Quién tradujo al griego y al latín lo que san Mateo había escrito originalmente en arameo?

—Eso nunca se sabrá. Los Padres de la Iglesia nos han

transmitido su particular versión. ¡Quién sabe lo que de verdad escribió Mateo!

—Puede ser que ni siquiera hablara de magos...

—...Y tal vez se tratase de astrólogos caldeos. Cresques..., Ribes... —murmuré, sin completar la frase.

Alguien llamó a la puerta. Buscaban al profesor.

—Vuelvo enseguida, Ariadna. —Vi en su rostro un gesto de preocupación.

Contemplé de nuevo el mapa. Y esta vez no fueron Jerusalén ni Mesopotamia los nombres que llamaron mi atención.

Italia. Austria. Imperio austro-húngaro, Sicilia, Nápoles, Praga...

Me levanté. Fui a por el libro que había visto en lo alto de la estantería. Subida a una silla, alcancé *Die Stadt Palma*, el quinto volumen de la obra *Die Balearen*, escrita por el archiduque.

Luis Salvador Habsburgo-Lorena y Borbón, archiduque de Austria.

Al abrirlo, cayó al suelo una fotografía. En el reverso, había dos iniciales. C. H.

Y una fecha, 1857.

SEGUNDA PARTE

No intentes averiguar
qué hay bajo los frescos de las catedrales...

11

Siena, Italia, febrero de 2006

Los rayos de sol componían su despedida, reflejándose en las aguas de la hermosa fuente Gaia. Dejamos atrás la plaza del Campo y nos dirigimos hacia la catedral, testimonio eterno del esplendor de Siena en el siglo XIV.

—Aquí la tienes. —Fabrizio extendió los brazos.
—Bellísima...
—La más espectacular de la cristiandad. Aunque...
—¿Florencia le arrebató el poder?
—No sólo Florencia desplazó a Siena. La peste truncó la ambición de todo un pueblo.

En el interior del templo sentí una emoción especial, como la primera vez que entré en la catedral de Colonia y años más tarde en la catedral de Reims.

—¿Conoces la catedral de Colonia? —preguntó Fabrizio.
—Sí. Mi abuelo conocía todas las catedrales, y me dejó acompañarle a las dos que él consideraba más bellas. Conocía muy bien la de Colonia, trabajó durante un tiempo en el sarcófago de los Reyes Magos...

Cogidos de la mano, recorrimos el interior del templo cuyos frescos deseaba ver desde hacía tiempo.

—Ariadna, tendremos que darnos prisa si queremos ver algo más de la ciudad.

Asentí con la cabeza. Fabrizio quería enseñarme los Palazzi Salimbeni y Piccolomini.

—Verás el museo de arte más original.

Aceleramos el paso por la calles del casco viejo. Los turistas —pensé— se distinguían del resto por el ritmo lento de su caminar. En la esquina de Via Banchi di Sopra, Fabrizio se detuvo.

—¿Qué ocurre? —pregunté.

—Nada, nada...

—¿Seguro? —Su gesto reflejaba preocupación.

—Creo que alguien nos está siguiendo.

—¿A nosotros? ¿Acaso temen que vayamos a asaltar el banco?

—No es broma, Ariadna. Me ha parecido que alguien nos seguía en el callejón anterior.

—Eso es fácil de averiguar. Nos detenemos aquí y esperamos a que aparezca el fantasma.

—No. Vamos a continuar. Cerrarán dentro de poco.

—Lo que tú digas.

Continuamos andando, a paso rápido. Con una ligera presión en la mano Fabrizio me indicó que no mirase atrás. Sin poder evitarlo, solté la mano de Fabrizio y me giré sin disimulo. Un caballero enfundado en un abrigo negro seguía nuestros pasos

—Nos está siguiendo, Fabrizio —confirmé sin dejar de caminar.

—Ya te lo he dicho, Ariadna.

—¿Y qué podemos hacer?

—Seguir andando.

—¿Crees que va al mismo lugar que nosotros?

—Pronto lo averiguaremos.

—Tal vez no nos siga, y simplemente sea un turista más. ¿Qué tiene de extraño?

—Su repentina...

No terminó la frase. Sus ojos se quedaron petrificados ante la visión del hombre que se acercaba a nosotros. De repente, el caballero del abrigo negro debió de dar un giro que no vimos y apareció de frente.

—¡Por fin estáis aquí..., creí que no llegaríais nunca! —Mostró una amplia sonrisa.

Su cara angulosa, con pómulos sobresalientes y boca de gran tamaño, inspiraba poca confianza a pesar de su amabilidad. Gaetano Ubriachi aparecía cual fantasma después de darme plantón el día de mi llegada a Florencia. Sentí que me traspasaba con su mirada.

—Bienvenida a mi ciudad, señorita Ariadna. —El profesor inclinó su cuerpo. Me tendió una mano enérgica, poderosa. El hedor del Minotauro invadió el espacio.

—Gracias. —Quedé sin habla ante la inesperada aparición.

—¿Ya has terminado el curso, *zio*? —preguntó Fabrizio aparentando naturalidad. Sentí un escalofrío.

—Sí. Todo ha ido muy bien. —Se frotó las manos para combatir el frío—. ¿Cenaremos juntos, verdad? —Enunciaba un hecho.

Deseé que Fabrizio supiera salir de situación tan embarazosa y rehusara la invitación.

—Naturalmente. Estaremos encantados de compartir contigo la cena. —El plural era estrictamente retórico.

Ni siquiera me preguntó. Yo me aparté instintivamente de Fabrizio.

—¿Le gusta el ajo, señorita? —Me impactó la pregunta, tan cerca del templo sacro.

—Claro que le gusta. Es de Mallorca, conoce bien la gastronomía mediterránea. —Fabrizio hablaba en tercera persona, ignorando mi presencia. Daba la sensación de que ponía voz a una muñeca de trapo.

Pronto me di cuenta de la excelente relación entre tío y sobrino. Fluyó entre ambos un intercambio de información y cierta ironía cuyo sentido no pude captar debido a mi evidente limitación idiomática. Fabrizio asentía, acompañando sus palabras con gestos. No había duda acerca de quién mandaba entre los dos. Los frecuentes movimientos que el profesor Gaetano hacía con su mano derecha me permitieron ver el magnífico reloj. También tenía cinco horarios. Y pude apreciar la singularidad del *boîtier*.

Entonces me asaltó una duda. ¿No había dicho Fabrizio que su reloj era un ejemplar único?

—Sí. Me gusta el ajo... —Seguía observando el reloj. Debajo de la corona aprecié un pequeño triángulo que no recordaba haber visto en el reloj de Fabrizio.

—Entonces, vamos. —Me cedió el paso con un gesto, como si abriera una puerta invisible.

Fabrizio me cogió la mano, olvidando tal vez que no me había enseñado ninguno de los *palazzi*, y tampoco sus obras de arte. O a lo mejor... quería evitar que las viese. Después de todo, la desaparición del cuadro de Tommè tal vez fuera un misterio sólo para mí.

—¿Regresarás con nosotros, *zio*? —No, por favor, no... supliqué en silencio mordiéndome las uñas. Deseaba que Fabrizio hubiera evitado esa pregunta.

—No... —respondió el profesor de amplio perímetro—. No regresaré hasta dentro de unos días.

Mereció la pena haberme partido una uña.

—Algún problema en el museo? —preguntó Fabrizio.

—Todo lo contrario... —Su gesto era de satisfacción—. No en todos los museos desaparecen cuadros... —Me faltó perspicacia para captar el sentido del verbo que acababa de utilizar. Sin embargo, no me pasó por alto el tono enigmático de su respuesta. Percibí entre ellos algo más que un simple intercambio de palabras.

«No en todos los museos desaparecen cuadros...», retuve esa respuesta en mi cerebro. Recordé de nuevo el lienzo de Tommè.

—*Un nuovo amore?* —preguntó Fabrizio llevándose la mano a la altura del corazón. Era bien conocida la afición del Minotauro por las mujeres.

—Tú siempre tan romántico... —El maestro me dirigió una mirada irónica. Sólo un sobrino ingenuo podría pensar que su tío se hubiera enamorado.

—*Allora?*

—Algo mucho mejor. —Enderezó sus anchos hombros—. ¡Me han encontrado la primera edición...! —exclamó con entusiasmo.

Fabrizio esperó a que su tío diera más detalles.

—1886, Viena. Un viejo amigo... —hizo una pausa— la ha conseguido, a muy buen precio.

Datos escuetos, que yo estaba lejos de hilvanar.

—¿Krafft-Ebing? —La voz de Fabrizio era casi un susurro. Tal vez no quería desvelar pasiones del maestro más allá de las propias de bibliófilo. Lo que ellos no sabían es que, antes de viajar a Florencia, la paciente Ariadna se había informado de por qué a Gaetano Ubriachi lo apodaban *Sadomón*. Ahora, tal vez comprobaría lo acertado de ese apodo.

El Ristorante Catania estaba a cinco minutos de la calle en la que nos encontrábamos, en la Via di Città.

—*Ciao, Gaetano...!* —Un efusivo saludo llegó de la boca de un hombre redondo como una peonza.

—*Come va, Flavio?* —Los tres hombres se dieron un apretón de manos. Supuse que no era la primera vez que Fabrizio comía allí.

—*La Spagna...!* —exclamó la peonza, ofreciéndome una mano robusta cuando Fabrizio me presentó. Nos sentamos en un rincón, junto a la ventana que daba a un bonito jardín. La mejor mesa, sin duda.

Mientras me sentaba, ayudada por Fabrizio, que me acercó la silla con delicadeza, el profesor me observaba inquisitivamente. Podía sentir sus ojos clavados en la parte superior de mi cuerpo. En aquel momento lamenté no llevar un grueso jersey de lana en lugar de un fino suéter de cachemir que dejaba ver el tamaño de mis pechos. En un gesto poco natural, me llevé la mano a la altura del corazón. Quería disimular que sucediera lo que era habitual en mí. En situaciones tensas, mis pezones se ponían erectos.

—*Cibo sensa vino...*

—Sí, ya sé que una cena sin vino es como un día sin sol... —Sostuve la mirada al Minotauro.

—Sólo una copa, Ariadna. No puedes negarte a probar el *chianti* de esta tierra. Ofenderías al maestro —intervino Fabrizio.

—Si es por eso... —Ya lo había probado en Florencia.

—¿Te gusta el *fegato*? —preguntó una boca que yo empezaba a ver muy peligrosa. *Crostini di fegato*, ¿de conejo o de pollo? —Lo suyo era un soliloquio.

«Hígado de conejo, qué asco», pensé.

—¿Te gusta la *ribollita*, verdad? —preguntó el tío al sobrino.

—Sí, me encanta. —Fabrizio leía la carta.

—¿Ribo... qué? —pregunté, sin temor al ridículo. Ante

alguien que va a comer hígado de conejo poco importan los modales.

—*Ribollita* es una sopa de pan y verduras típicas de Toscana.

—Ah. —No levanté los ojos de la carta. Quise evitar cruzarme con los suyos.

No entendía qué de especial podía tener una sopa de pan y verduras.

—Es un clásico de la cocina toscana. Se necesitan tres días para prepararla.

—¡Tres días!

—El primer día se prepara la sopa de verduras, el segundo se añaden los trozos de pan... —Yo ya no prestaba atención. Seguía pensando en el hígado de conejo, cuando oí algo mucho peor. Repollo negro. La sopa de verduras llevaba repollo negro.

—Ariadna no come carne —se apresuró a decir Fabrizio cuando vio que el dedo índice de Sadomón se detenía en unos escalopes.

—¿No te gusta la carne...? —Sus ojos traspasaron mis pechos.

Buscando algo a qué aferrarme, cogí el tenedor y noté mis dedos tensos.

De pronto atrajeron mi atención unas fotografías en las paredes del restaurante. Eran fotogramas de películas italianas, todas de Sofía Loren.

—Era muy hermosa. —Una jovencísima Sofía Loren estaba sentada junto a Cary Grant.

—Veintitrés años, una belleza... —añadió Fabrizio admirando el rostro más bello que ha dado Italia—. Tenía veintitrés años cuando rodó *Orgullo y pasión*...

—Aún sigue siendo muy bella. —Abrí la servilleta y con ella me cubrí las piernas que, de momento, el viejo profesor no podía inspeccionar. Acaricié la mesa y comprobé la solidez de su madera.

—Una fiera, verdaderamente una fiera... —añadió con énfasis, casi con lujuria. A sus sesenta y muchos años, el profesor no ocultaba su fascinación por la fiera de ojos de almendra—. Los ojos más potentes de la historia del cine... que atrapan como las garras de un felino. —Sus palabras emergían más del cuerpo que de la boca.

Ya no tenía dudas de por qué lo llamaban *Sadomón*.

Un aroma indescriptible interrumpió la seducción felina. Una señora entrada en carnes apareció con tres platos maravillosamente decorados con hojas de albahaca, tomates de un rojo vivo y rodajas de *mozzarella*.

El escaso interés del profesor por mi labor en la Universidad de Florencia me confirmó lo que yo sospechaba.

—Así que vas a ir a Mallorca... —se dirigió a Fabrizio.

—Sí, tal vez en verano. Ariadna me ha despertado la curiosidad por un mural de la catedral. Dice que está hecho de barro...

Pero Sadomón iba tras la pista de otra información. Quería saber si nuestros corazones palpitaban juntos. Trataba de averiguar si había brillo en nuestros ojos.

—No podrás verlo. Aún no está terminado... —Tomó un sorbo de vino.

Me sorprendió que estuviera tan informado.

—Claro que lo veremos... —dije con aire de superioridad, sin desvelar que no sería la primera vez—. El cabildo me ha concedido una visita privada.

—¿Por alguna razón especial? —Su mirada era inquietante.

—Por amistad.

—¿Amistad... con un obispo? —Bajo el pelo negro y cejas hirsutas me examinaron unos ojos de poco fiar.

—Mi abuelo tenía una estrecha relación con el cabildo. —No disimulé mi orgullo por haber sorprendido al toro.

—Vaya...

Siguió un silencio. Fabrizio cogió su copa, que no llegó a rozar los labios.

—Bonito colgante —dijo el Minotauro.

—Gracias. —Me ruboricé ante su mirada agresiva.

—¿Conoce usted Mallorca? —Estaba segura de que lo dejaría fuera de juego.

—Naturalmente. —Devoró el último trozo de *fegato*. Me equivoqué. Bebí un sorbo de vino.

—No sabía que hubieras estado allí —dijo Fabrizio a su tío.

—Hay muchas cosas que no sabemos de los demás, ¿no crees?

En su rostro apareció una sonrisa, similar al perfil de una guadaña.

Sentí frío. Recordé el libro del archiduque. Por qué Fabrizio no me lo quiso enseñar... Busqué en mi bolso un pañuelo, que obviamente no encontré. Me aseguré de que la fotografía siguiera en su sitio.

Quién sería aquella mujer...

C. H...

12

Andratx, Mallorca, marzo de 2006

Como siempre, al regresar de un viaje iba a visitar a Lluís a su casa de Deià. Esta costumbre incluía el riesgo de encontrarme con la casa vacía. Pero la decisión de vivir sin teléfono era algo que formaba parte de su singularidad. Aquella mañana de domingo, Lluís estaba en casa y me invitó a navegar.

—¿A qué debo este honor, navegante solitario? —Jamás llevaba a nadie en su barco. Conmigo hizo una excepción.

»Me apetece tu compañía. —Segunda excepción, pues jamás expresaba sus sentimientos—. Iremos hasta Sant Elm. Y luego, te invitaré a comer en Miramar.

—¡Vaya! —Miramar era el mejor restaurante del puerto de Andratx.

—¿Te gusta el plan, Ariadna?

—Me encanta. Esto sí que es una novedad. ¿Desde cuándo no salías a comer fuera?

—Ya sabes que no me gusta aparecer por el circo. Pero el mes de marzo es especialmente hermoso en Andratx.

—Lluís detestaba ver su amado puerto abarrotado de gente que convertía la isla en un espectáculo bochornoso.

—Muy bien, vámonos a Sant Elm. —Confié en no echar de menos una Biodramina.

Sant Elm es un antiguo pueblo de pescadores que se ha convertido en un pequeño centro turístico, muy tranquilo y acogedor. Es un núcleo costero, conocido antiguamente como la Palomera, donde las tropas del rey Jaime I fondearon antes de desembarcar en Santa Ponça, en 1229. Hasta principios del siglo XX, Sant Elm vivía de la pesca y la salazón de pescado. Actualmente, esta pequeña localidad vive del turismo. Sant Elm atrae cada vez a más turistas, ávidos de aguas cristalinas. Pero, sobre todo, lo que atrae al turismo de este lugar es su emplazamiento próximo a la Dragonera, una reserva natural de gran belleza.

La Dragonera es uno de los valores medioambientales más importantes de la isla. Sus seis kilómetros de roca escarpada deben tal nombre a la forma de las rocas emergiendo del agua cual dragón a punto de abrir sus fauces.

—¡Vivir no es necesario, lo necesario es navegar...! —exclamó Lluís mientras cerraba el Fiat blanco, mostrándome con satisfacción su barco a unos cien metros.

Al pensar ahora en Fabrizio, me invadió un presentimiento. Quizás el profesor Gaetano Ubriachi había tenido algo que ver con la aparición de los pergaminos y con la desaparición del cuadro. Recordé su mirada inquietante al preguntarme acerca de Amberes.

—Ariadna, ¿es posible que dejes de pensar en el trabajo y disfrutes de un día en el mar? —Lluís me cogió de la mano.

Recorrimos el puerto, que estaba muy tranquilo aquella mañana. Pero ni aun el esplendor del mar alivia el peso de la sospecha cuando ésta asoma en la penumbra.

—¿Conoces a Krafft-Ebing? —No me detuve a pensar si estábamos en el lugar adecuado para abordar tal asunto.

—¿El psiquiatra alemán? —Lluís no alteró el ritmo de su caminar tranquilo ni se mostró sorprendido por mi pregunta.

—¡Vaya! Lo conoces... ¿Hay algo que tú no sepas, navegante solitario?

—¿A qué viene la pregunta? —No alteró su tono de voz.

—Me impresiona tanta sabiduría.

—Me refiero a qué quieres saber de ese loco.

—Es que... en Siena —se me apareció la mirada viscosa del Minotauro—, mientras cenaba con dos italianos...

—¿Con dos a la vez? —Lluís me soltó la mano, y me miró de arriba abajo—. Veo que no has perdido el tiempo, bella mujer.

—Déjate de bromas.

—Está bien. Te escucho.

—El profesor Ubriachi estaba pletórico. Por lo visto... acababa de conseguir una primera edición de un libro. Estaba inmensamente feliz.

—¿Y eso qué tiene de malo?

—Nada, supongo. Sólo que... me pareció extraña la forma en que manifestó su euforia, ¿comprendes?

—No.

—Pues que... me dio la impresión de que no quería que yo supiese de qué libro se trataba.

—Es normal, Ariadna. Entre los bibliófilos circula una especie de paranoia. Creen que todo el mundo les persigue para robarles la joya que acaban de descubrir. Y nunca terminan de decir lo que en el fondo desean contar. Son desconfiados...

—Ya.

—¿Y llegaste a saber qué libro era?

—*Pathologia sexualis*.

Lluís se detuvo en seco. Buscó mis ojos, como queriendo confirmar que no estaba en un error.

—¿Qué ocurre? —pregunté. Su tez bronceada parecía haber perdido color.

—¡No puede ser!

Levantó la voz.

—¿Qué?

—No puede ser. —Repitió su frase exactamente con las mismas palabras, pero esta vez sin pasión.

—¿Qué tiene de especial esa edición? —Nunca hablé de fantasías sexuales con mi amigo el marinero. Jamás compartimos cama. Desde la muerte de su amigo Gerald, Lluís parecía haber renunciado a los placeres del cuerpo.

—No puede ser —repitió una vez más, negando con la cabeza.

—Dime, ¿qué tiene de especial? —Me detuve, y esperé una respuesta.

—La descripción minuciosa... —miró hacia el mar— de cómo un profesor quita la espuma del cuerpo a una prostituta.

—¡Estás de guasa!

—No, Ariadna —sus ojos se llenaron de tristeza— ... y jamás pensé que tú me hablarías de ese libro. Deberías olvidarte de él.

—¿Contiene algún secreto —dije con ironía— que pueda poner en riesgo mi vida o...? —No acabé la pregunta. Los ojos de mi amigo eran suficiente respuesta.

Seguimos caminando, hasta llegar al barco. El silencio duró más de lo deseado. Lamenté haber hecho una pregunta que, tal vez, traería consecuencias inevitables. Ya frente al barco, Lluís me ofreció su mano para ayudarme a subir.

—Explícamelo, por favor. —Quería oír la historia en tierra firme.

—La primera edición de la *Pathologia* —vi brillo en sus ojos; parecía repetir mentalmente cada una de las letras de esta oscura palabra— describe con todo detalle cómo un profesor enjabona el cuerpo entero de la prostituta que acaba de conocer, y cómo va quitando lentamente la espuma con la navaja como si la estuviera afeitando... No me mires así, Ariadna. Me has preguntado, y yo te respondo.

—Disculpa. Sigue.

—¿Qué quieres, que te cuente todas las perversiones que describe el autor?

—Lluís, no me tomes el pelo. Si el profesor es un bibliófilo, busca algo más que una fantasía absurda. Y si es un lector de libros porno...

—¿Crees que es absurda?

—Sabes muy bien a qué me refiero. ¿Por qué tiene tanto valor esa primera edición?

—Es la primera de las cincuenta perversiones sexuales que describe Krafft-Ebing con una prosa magistral. ¿Y ahora podemos subir al barco? —Me ofreció de nuevo su mano.

—¿Me estás diciendo que a un lector de libros porno le preocupa la prosa magistral? —Me resistía a dejar tierra firme.

—Ariadna, no seas puritana. No es un libro porno. Nada más lejos... —Lluís bajó el tono de voz.

Durante un rato esperé alguna otra explicación. Y por supuesto... no me consideraba una puritana.

—Es una joya. —Su voz llegó cargada de misterio.

—¿Una joya?

—La segunda edición menciona simplemente esa parafilia. Pero no la describe.

—Ah, qué interesante.
—Sí, lo es.
—¿Y quién tiene esa joya ahora?
No contestó.
—¿Quién tiene esa joya? —pregunté de nuevo.
Se hizo un silencio roto por el rumor del mar.
—Yo.
—¡Qué! —Di un paso atrás.
—Yo... tengo la primera edición. No tu amigo el italiano. Y muchos estarían dispuestos a matar por conseguirla.

Se me aparecieron de nuevo los ojos del Minotauro, sus manos fuertes y cejas hirsutas. Y cómo engullía el hígado de conejo.

Subimos al barco. Apenas supe qué decir. Me quedé observando el paisaje, el mar, el cielo, las nubes, mientras el marinero hacía los preparativos para emprender la travesía.

—Lluís...
—¿Qué?
—Nada, nada...
—No es nada nuevo, Ariadna. Se llama farol.
—¿Farol?
—Sí. Un bibliófilo comunica ostentosamente que ha encontrado la primera edición de un libro que persigue hace mucho tiempo..., y en realidad lo que pretende es obtener información del paradero de ese libro que él dice haber encontrado.

Miré a mi amigo de arriba abajo.

—¿Qué pasa, Ariadna? ¿Creías que... porque vivo aislado del mundo no conozco sus demonios?
—¿Hay algo que debería saber sobre ti, y aún no conozco? —Me crucé de brazos, esperando una contestación.
—Tu pregunta es muy profunda, Ariadna. Tan pro-

funda como este mar que nos espera... —Tendió sus brazos hacia el horizonte.

Asentí con la cabeza, reconociendo que él tenía razón. Tal vez fuese una pregunta demasiado profunda para una mañana soleada que queríamos disfrutar en el mar. Y Andratx era, sin duda, la mejor garantía de que lo podíamos conseguir. Al mirar la superficie de aquellas aguas cristalinas, pensé en lo absurdo de identificar el color del mar con el zafiro.

Andratx es una bellísima localidad en el extremo suroccidental de la isla y de la Serra de Tramuntana, la cordillera más importante de Mallorca. Durante el verano, el puerto bulle de turistas llegados de todas partes del mundo para disfrutar de uno de los puertos más hermosos del archipiélago. A la belleza del lugar se une una excelente gastronomía y un color de cielo excepcional; una pintoresca mezcla de famosos ha convertido Andratx en punto de referencia para la jet. Los lujosos yates vienen siendo una imagen habitual para los lugareños, que ven cómo sus humildes embarcaciones tienen que luchar por no quedarse sin espacio en el mar.

A pesar de vivir en el otro extremo de la isla, Lluís seguía dejando su barco en el puerto de Andratx porque de él conservaba gratos recuerdos de infancia. Por tradición familiar, Andratx fue el entorno veraniego del clan Molferrut durante tres generaciones. Ahora, rituales de agenda social habían sustituido Andratx por el más glamuroso Portals. Y todo por una mera guerra de ostentación. Lluís, sin embargo, agradecía que en el mundo existiera la fatuidad, pues gracias a ella la soledad se convertía en un bien de excepcional valor.

—Vine a limpiarlo la semana pasada, estaba hecho un desastre. —Él sabía que yo seguía pensando en el afeitado de la prostituta.

—Me gusta tu barco, Lluís. —Traté de alejarme de la imagen sexual.

—Ya quedan pocos como éste, construido con madera autóctona. Ahora los hacen de fibra de vidrio.

—Más baratos y más fáciles de limpiar, ¿verdad?

—Sí, supongo que sí. —Tal vez calculaba cuántas horas de su vida habría invertido limpiando aquel pequeño barco que era como su segundo hogar. *Serena*, bonito nombre para un barco.

Contemplé un instante las casas diseminadas por las montañas. Todas blancas, situadas al azar como surgidas de un plan urbanístico diseñado por un ciego, o por un demente.

—Criminales...

—¿Qué?

—Te preguntas quién ha permitido esta barbarie, ¿verdad? —Hizo un ágil movimiento de barbilla.

—Es demencial, apenas queda un metro de monte...

—Y lo que no ves.

—¿A qué te refieres?

—Este escaparate sirve para ocultar lo que hay detrás. Los monstruos son astutos. —Señaló hacia la parte más alta de la montaña. No quise imaginar a qué se refería, con lo que veía ya tenía bastante.

—Hay quien está convencido de que la valía personal se demuestra con el tamaño de su casa, o de su barco, o de su coche.

No hice ningún comentario.

—Creen que la isla es suya. Quien tiene casa aquí, piensa que las montañas son también de su propiedad. Quien tiene barco en estas aguas, considera suyo el mar. Andratx, quien te ha visto y quien te ve... —Miró el fondo del mar.

—¿Cuántos años hace que vienes por aquí?

—Desde que nací. Yo diría que me parieron en este mar...

—Es muy hermosa esta parte de la isla. Pero cómo ha cambiado...

—Andratx, Marratxí, Felanitx..., otros fueron los dueños de estos lares hace muchos siglos. Los vascos antes que los mallorquines demostraron lo que podían conseguir con su fuerza. Banyalbufar, Bunyola, Alcudia..., muchos nombres de pueblos recuerdan que los señores de esta isla fueron antes los musulmanes. Y estos imberbes señoritos —entonces dirigió su mirada hacia el paseo invadido por restaurantes caros que en verano llenan sus terrazas con gente fatua— creen que esta isla les pertenece. Pobres gusanos.

—¿Te preocupa la inmoralidad, eh?

—No.

—¿Ah, no?

—No es la inmoralidad lo que debería preocuparnos, sino la frecuencia con la que ésta permite a los hombres hacer fortuna.

Un hombre pasó muy cerca de mí, pero no saludó.

—Suele ser habitual en la gente desconfiada —comentó Lluís en voz alta, al verme observando al hombre que pasó justo a mi lado, sin decir nada y mirándome descaradamente.

—¿Por qué no ha saludado? —pregunté.

—Porque cuesta caro. —Su sarcasmo fue evidente.

—¿No te conocen aquí?

—Claro que sí. ¿Quién no conoce al nieto díscolo del banquero?

—Así que... díscolo, ¿eh?

—Aunque no me reconocieran a mí, todo el mundo conoce el *llaüd* más antiguo del puerto. ¿Verdad, fantasma? —dijo mi amigo, dirigiéndose al hombre que seguía mirando al tiempo que se alejaba. Y me miraba especialmente a mí, como sorprendido de que el marinero dejara entrar a alguien en su barco.

Mientras Lluís quitaba los amarres, me fijé en un cartel muy llamativo cerca del restaurante.

—Es una galería de arte, ¿quieres entrar? —me preguntó al ver que estaba leyendo el cartel.

—Si crees que merece la pena...

—Sueños y pesadillas.

—¿Qué?

—La exposición que tienen durante este mes. Se llama Sueños y pesadillas.

—¿Algún pintor interesante?

—No tengo interés en averiguarlo. Para pesadillas, las mías —respondió Lluís, mientras se afanaba en poner a punto el *llaüd* que era su mejor refugio. Dedicado a la literatura, Lluís no participaba de ningún evento cultural en la isla, y mucho menos de los relacionados con el arte. Su mundo era la escritura y el mar.

—¿Estás seguro de que no va a llover? —pregunté mirando al cielo.

Al salir de Deià lucía un sol espléndido, pero al llegar a Andratx había refrescado y, de repente, me pareció ver unas nubes oscuras que estaban tomando posiciones.

—Si hubiera estado seguro de que iba a llover, no te habría invitado precisamente hoy, Ariadna.

—Tienes razón. Pero es que de repente ha bajado la temperatura, ¿no te lo parece a ti?

—¿No será que tienes miedo a navegar, o es que temes alejarte de tierra firme con un loco como yo?

—No eres un loco, eres delicioso.

—Ya.

—¿Acaso te consideras un loco?

—No me molesto en pensarlo.

—No me gusta.

—¿El qué?

—Cómo pinta el tiempo. Este aire frío, y el viento..., creo que deberíamos dejarlo para otro día.

—No seas cobarde, Ariadna. Conozco bien este mar.

—¿Conoces este mar? ¿Cómo puedes ser tan soberbio? ¡Nadie conoce el mar!

—Tranquila, sé lo que estoy haciendo.

—De verdad creo que deberíamos dejarlo para otro día. Se está nublando. Mi abuelo decía que en los meses con *r* uno no debe navegar.

—¿Por qué?

—¿Por qué va a ser? ¡Porque hace frío!

—¿Qué sabía tu abuelo del mar, si vivió en el campo toda su vida...?

Ya era tarde para responder. El barco empezó a girar rumbo a mar abierto, y mientras yo miraba la orilla a modo de despedida vi entrar a varios hombres en la galería de arte.

—¿Qué estás mirando con tanto interés?

—Qué extraño.

—¿El qué?

—No hay nadie en la calle, y sin embargo parece que en la galería hay mucho movimiento.

—Tienen que aprovechar cuando no hay nadie en la calle, precisamente.

—¿Para qué?

—Ariadna, veo que te sirve de poco viajar tanto. —El marinero iba sacando artilugios de una bolsa enorme de tela.

—No te entiendo, Lluís.

—Sueños y pesadillas... ¿Tú crees que una galería de arte se puede sostener con los ingresos que generan unos dibujos pintados por chavales que apenas han terminado el bachillerato?

Me quedé mirando fijamente al hombre que tenía de pie frente a mí, y me pregunté por qué a veces dudaba de si merecía la pena seguir viviendo en Mallorca.

—No deberías haberte puesto esa camisa, Ariadna.

—¿Por qué no?

—Porque los lunares traen mala suerte en el mar.

—Como buen marinero, supersticioso...

—Quítatela.

—Claro, lo que tú digas...

—Hablo en serio.

—Y yo también.

—Pues entonces quítatela.

—Ni hablar.

Un estallido de luz precedió al momento del trueno, tan potente que me hizo tambalear del susto.

—¿Lo ves? Tus lunares negros.

—No bromees, por favor. Me estás asustando. —Me agarré de su brazo, que noté fuerte y musculoso.

—Tú lo has querido. O te quitas la camisa o no podremos hacer la travesía.

—¿La tormenta? —Me lanzó un plástico amarillo que sacó de la bolsa.

Otro fogonazo anunciaba una inmediata explosión. Cuando llegó, se prolongó durante varios segundos. Y a continuación, un bramido no dejaba lugar a dudas. Estaba con nosotros la tormenta de Tramuntana.

Me senté en lugar seguro. Crucé los brazos como buscando protección.

—Lluís, da la vuelta. No tiene sentido continuar. —Yo estaba temblando de frío.

—Llegaremos a Sant Elm enseguida. No te preocupes. Es sólo una tormenta pasajera...

—Pero yo no quiero ir a Sant Elm. Tengo frío, y miedo...

—Vaya. La señorita tiene frío y miedo.

El marinero seguía su rumbo. No tenía intención de dar la vuelta. Yo miraba, atónita, la tierra firme que se iba alejando y el mar que se hacía inmenso.

Una descarga mucho más potente que la anterior anunciaba una inminente tempestad.

—No exageres, mujer. Aquí no hay tempestades, éste es un mar tranquilo.

Apenas pude oír la última palabra. Su voz se perdió en el estallido de un trueno ensordecedor que parecía que iba a partir en dos el *llaüd* de color blanco y azul cobalto.

—Será mejor que te sientes, podrías perder el equilibrio. —Un viraje brusco demostró que Lluís sabía cuándo dar consejos.

Conocía a mi amigo desde que éramos niños. La imprudencia no era un rasgo que yo identificara con él. Así que intenté calmarme, y tener confianza.

—Reza una avemaría a la Virgen del Carmen.

—No tiene gracia.

—La santa patrona nos protegerá.

Una ola respondió con brusquedad.

—Sujétate, Ariadna.

—Ya lo hago, no soy tan torpe.

El cielo era cada vez más negro, y el mar, cada vez más inmenso. Una calma repentina permitió que el barco cogiera velocidad, y ya íbamos directos al rumbo fijado por el tozudo marinero.

—Contempla este mar, Ariadna. Es nuestro mar.

—Sí, pero yo no lo maltrato como él me maltrata a mí.
—Estará enfadado...
—¿Sueles salir a navegar sin hacer caso a la meteorología?
—El periódico anuncia buen tiempo, y vamos a tener buen tiempo.
—Claro, lucirá un sol espléndido entre nubes negras como la pez.
—Bonito símil.
—¡Vete al cuerno!
—Ven a mi lado, Ariadna. Quiero que contemples el panorama conmigo.
—No. No quiero soltarme, no me fío de ti y mucho menos de las olas.
—¿No ves que ya vuelve la calma?
—No veo calma por ningún lado. —Miré hacia la orilla, y distinguí una silueta diminuta y lejana. Parecía que alguien estuviera contemplando nuestra locura. Era el fantasma que antes no había saludado.
—¿Dónde estamos? —pregunté, aunque la respuesta hubiera sido en vano. Agua, horizonte, oscuridad. La máxima expresión del vacío.

Las olas empezaron a dar inconfundibles señales de vida, como si les molestara nuestra presencia en sus aguas. Yo me agarré fuerte, tanto que las manos me hacían daño.

Seguimos navegando, con el firme empeño de demostrar que el hombre domina a Poseidón. Por un momento las aguas se calmaron, y contemplamos la maravilla del Mediterráneo abierto a nuestros pies. Una combinación de nubes blancas y grises parecía competir por su espacio en el firmamento. Nos sentamos abrazados, dejándonos acariciar por la brisa. El mar nos arropaba con su inmensa túnica de seda con brocados de azul intenso. Cerré los ojos, y me dejé invadir por el aroma salobre de un mar que formaba parte de mi existencia.

—También a mí me gusta escuchar el mar con los ojos cerrados. En realidad, en el mar no hacen falta ojos... tan sólo oídos y el pálpito del corazón. —Lluís llevó mi mano derecha sobre su pecho.

—¿Cuál es la verdadera razón, Lluís?

—¿De qué?

—Ya sabes a qué me refiero. El libro. ¿Qué tiene de especial ese libro...?

No contestó. Seguía sujetando mi mano sobre el pecho.

Su silencio era respuesta evidente de que algo estaba pasando. No había sido del todo casual la aparición del fantasma.

—¿Me lo vas a contar...? —Quise apartar mi mano, que él presionó con fuerza.

—Contiene... una clave.

—¿Una clave, para qué?

—Para seguir la pista de obras de arte... que desaparecieron hace años.

Arqueé las cejas.

—Cientos de cuadros y esculturas están enterrados en algún lugar de esta isla, desde hace más de sesenta años. —Apartó su mirada del mar, y clavó sus ojos en los míos.

—¿Has dicho... enterrados?

—Sí. Yo conozco parte de esa clave..., hace referencia a un cementerio. O, por lo menos, a un lugar cercano a un cementerio.

—¿Puedo...? —El balanceo incesante me hizo cerrar un instante los ojos. Empezaba a estar mareada.

—¿Que si puedes conocer tú también la clave? ¿Es eso lo que ibas a decir?

Al abrir los ojos, vi una foto. *Nixe I*.

—¿Fue tu primer barco? —Señalé la fotografía, parecía muy antigua.

—No. —La escondió bruscamente.

—¿Ocurre algo, Lluís?

No hubo respuesta.

—Καβεγια, el epíteto de Deméter. —Noté algo extraño en él.

—¿Deméter, la diosa de la agricultura? —pregunté, sin olvidar la fotografía que acababa de ver.

—Asociada a la fertilidad, Deméter se marchó al mundo subterráneo en busca de su hija raptada por Plutón, dios de los infiernos.

Traté de recordar los atributos de la diosa griega. Una antorcha, una espiga. También una serpiente...

—¿En qué estás pensando, Ariadna?

—¿Ese libro contiene alguna imagen?

—No son las imágenes lo que dan la clave, sino unas letras que nunca he conseguido entender.

—¿Unas letras?

—He pasado muchas horas tratando de descifrar un verso griego. Y no consigo...

—¿Por qué no me lo habías dicho nunca, sabiendo que yo leo griego?

No contestó. Me soltó la mano.

—Me decepciona tu desconfianza, Lluís.

—No es desconfianza...

—¿Qué es lo que temes?

—Que corras peligro innecesariamente.

—¿Por traducir un verso griego, o por aprender una perversión sexual? ¿En cuál de los dos hay mayor peligro?

—No tiene gracia.

—Deméter... Deméter...

—Deja de darle vueltas, Ariadna.

—¡Ceres!

—¿Qué?

—En la mitología romana, Deméter corresponde a Ceres.

—¿Y qué?

—¡El atributo de Ceres es una corona!

—¿Una corona? ¿Significa algo una corona de Ceres?

—Muchísimo...

Mis ojos, ahora bien abiertos, veían la corona del pergamino de Cresques.

Don Miquel..., doña Violeta..., el anagrama, Sadomón, Royal Krone, corona real... El reloj. ¿Por qué puede haber sólo dos ejemplares en el mundo de un reloj? Fabrizio me habló solamente del suyo. El profesor, sin embargo, llevaba uno exactamente igual. Recordaba, incluso, haber visto junto a la corona un pequeño triángulo.

—¿Te pasa algo, Ariadna?

No contesté.

—¿Qué significado tiene un triángulo junto a una corona? —Con el índice dibujaba en el aire la figura de un triángulo.

—¿De qué hablas, Ariadna?

—Contesta a mi pregunta, por favor.

—No tengo ni idea. Jamás he visto un triángulo junto a...

—¡Espera un momento!

—¿Qué pasa ahora?

—¡No es un triángulo! —Cerré los ojos, y de repente lo vi. No se trataba de una figura geométrica, sino de... Me llevé las manos al cuello. Empezaba a comprender por qué mi abuelo me regaló el colgante.

—¿Qué te ocurre?

—Regresemos, Lluís. Tengo que ver ese libro.

—Ni hablar. Un marinero jamás interrumpe su travesía. Y menos, por un libro.

—Podemos volver mañana. Te prometo acompañarte a Sant Elm mañana. Pero ahora regresemos a puerto, por favor.

Mis ruegos no sirvieron de nada. El barco azul cobalto seguía su rumbo, ajeno a mis ruegos.

Tras unos instantes de calma, el grito de una gaviota rompió el silencio. Se posó en la proa. Sin importarle nuestra presencia, emprendió el vuelo dando chillidos y trazó círculos alrededor del barco. Finalmente, alteró los círculos con un movimiento constante desde proa hasta popa, y viceversa. Sólo a la izquierda. Lluís me miró con gesto serio.

—*Sinistra volabant aves...* Virgilio describía el mal agüero de aves volando por la izquierda. Aves siniestras... —replicó con tono preocupado.

El aire era cada vez más frío, y los rayos de sol, ausentes. Un trueno siguió al grito de la gaviota. De pronto, empezó a llover. Las gotas de lluvia, impulsadas por el viento, caían como alfileres sobre mi cara.

—¿Y bien? ¿Qué te dice el pálpito, marinero? —pregunté con un tono que pretendía ser irónico.

—Atracaremos aquí —respondió el navegante experto.

—¿Aquí? —Yo estaba aterrorizada por algo a lo que no conseguía poner nombre.

—No conviene arriesgarnos.

—¿Nos vamos a quedar aquí, en medio de la nada?

—Es que en el mar no hay aceras.

—¿De verdad nos quedaremos en esta especie de...?

—Sólo hasta que amaine.

El pánico me atenazó la garganta.

—No temas, Ariadna. Para mí esto no es más que un pequeño contratiempo.

—Para ti sí, pero... —Las sienes empezaron a latirme.

—Lo siento. He escogido mal el día.

—¡¿Lo sientes?! —Estaba enfurecida.

—Sí, lo siento. El mar es impredecible.

—El mar, tal vez. Pero los truenos hablan un lenguaje muy claro, ¿no crees?

Un resoplido fue toda su respuesta. Movió la cabeza de un lado a otro.

—Confío en que sepas dónde...

Un golpe seco paralizó el barco. Los dos caímos al suelo.

—¿Qué ha sido eso? —pregunté.

—No lo entiendo... —dijo con gesto preocupado.

Apenas me había levantado cuando una ola me hizo caer de rodillas. El viento embestía de nuevo impulsando en vano el barco, que estaba inmovilizado. El viento aullaba, acrecentando aún más el terror que sentí desde que oí el primer trueno. Lluís se acercó a popa y me abrazó al ver que tiritaba.

—Tenemos que salir de aquí —dije temblando de miedo.

La creciente furia de las olas y el bramido del viento impedían que se oyera mi voz. Lluís trataba de averiguar qué pudo haber ocasionado el golpe que paralizó el barco. Él conocía bien la travesía, no había peligro alguno.

Avanzó hacia proa, en busca de una respuesta. Cuando empezó a sospechar que la causa del golpe estaba dentro del barco y no fuera, una ola inmensa golpeó el *llaüd* por la derecha. Con el impacto, me soltó. Y él cayó al mar.

Le perdí de vista unos segundos. El pánico me impedía pensar con claridad. No sabía qué hacer.

—¡Salta, Ariadna!

Oí sus gritos a lo lejos, sin ver de dónde procedían.

Me lancé al mar. Agité los brazos con esfuerzo sobrehumano. Guiada por el instinto, nadé en dirección hacia donde estaba mi amigo, el navegante que conocía bien el mar. Yo no oía el viento ni la lluvia, no veía las nubes ni el mar. Sólo agitaba mis brazos, buscando un lugar seguro. De repente todo era silencio. Extenuado, mi amigo había llegado hasta una pequeña playa y allí estaba tendido en la arena como una ballena varada.

Después de un tiempo que se hizo eterno, por fin sentí la firmeza del suelo. Al ver a mi amigo tendido boca abajo en la arena, sentí una soledad infinita. No sabía si estaba vivo o muerto. Se oyó un estruendo. Me di la vuelta.

Serena volaba por los aires.

13

Palma de Mallorca, abril de 2006

El deán acudió puntual a las cuatro de la tarde a nuestra cita en la catedral. Enseguida me reconoció, a pesar de la multitud de turistas que se concentraban junto a la puerta de la Almoina, esperando al guía que se haría cargo de su grupo respectivo de italianos, franceses, alemanes, chinos o japoneses. La tarde era apacible, y en las calles de Palma se respiraba una calma a la que los isleños ya están acostumbrados.

En las escalinatas, junto a la puerta del Mirador orientada al mar, unos actores estaban ensayando el Descendimiento de Cristo crucificado. A sus pies, llorando desconsolada, estaba María. Y también María Magdalena y unos romanos con casco y coraza, y gente de la ciudad que asistía impasible a un ensayo religioso en la calle como si de una obra cualquiera se tratase. Pero no era una obra cualquiera, y tampoco era un día cualquiera. Era miércoles santo. Y en Palma se estaban haciendo los preparativos de los actos propios de la Semana Santa.

Tras un respetuoso saludo en el que yo, inexperta en

saludar al clero, hice una genuflexión seguida de un ósculo sobre su diestra, entramos en la Seu. El deán miró de reojo la portada del libro que yo llevaba, *Grandes genios del Renacimiento*. A continuación miró a Fabrizio sin mostrar interés por saber quién era.

—El padre Fuster me pide que lo excuse... —me sorprendió que el anfitrión fuera distinto al que esperaba—, compromisos ineludibles le impiden estar hoy aquí.

—Padre, le presento a Fabrizio Ubriachi, profesor de la Universidad de Florencia. Es especialista en frescos del Renacimiento...

Tenía intención de añadir que era historiador y arqueólogo, pero el deán no parecía interesado en conocer los méritos de mi acompañante. Fabrizio saludó con un apretón de manos enérgico y una respetuosa inclinación del torso. Se notaba que procedía de un lugar próximo al Vaticano.

Yo había prometido a Fabrizio enseñarle el mural de la catedral. Y aunque su visita a Palma estaba prevista para el mes de julio, su curiosidad le hizo adelantar el viaje.

—Hoy, creer en los genios es como creer en los Reyes Magos —dijo el deán tras retirar su mano, que deslizó debajo de la sotana para extraer un teléfono móvil—. Genios del arte..., ¿desde cuándo se llama genio a un pintor que apenas tiene cincuenta años? —se preguntaba mientras marcaba un número. Evidentemente, no se refería al tipo de genios de mi libro aunque miraba insistentemente la portada del volumen que yo sostenía con ambas manos—. La genialidad pasa por siglos de silencio...

Al marcar el número pude ver una mancha de carmín en su mano derecha. El beso de mi saludo había sido demasiado beso.

Guardó el teléfono. Echó un vistazo desganado al grupo de japoneses que llevaban una cámara de fotos colgada al cuello. No hizo ningún comentario. Estaba acostumbrado a ver la misma escena todos los días del año, y no le sorprendía tampoco comprobar que los japoneses eran, de entre todos los turistas, los únicos que guardaban silencio al entrar en la catedral. Miró de reojo algunas piernas de hombres y mujeres, reservándose el comentario sobre la inveterada costumbre de los turistas de usar pantalones cortos y lucir torsos descamisados.

Mientras esperábamos a que Juanet llegara, el deán nos indicó que siguiéramos sus pasos; quería apartarse de los grupos de visitantes que aumentaban progresivamente. Avanzamos hacia el centro, y nos detuvimos ante un gesto que hizo con la mano derecha. Estábamos ante el altar mayor.

—Ante todo debe quedar clara una cosa... —el sacerdote cruzó una mano sobre otra a la altura del bajo vientre—, que la obra no fue un encargo del obispado sino todo lo contrario. Fue el artista quien llamó a la puerta de la Seu.

En la prensa se había escrito todo lo contrario. Prosiguió su explicación mirando hacia el altar mayor.

—Aquí es donde el artista quería intervenir. —Extendió sus brazos abarcando el espacio de la nave central—. Por supuesto le dijimos que no. Olvídate del altar mayor...

—¿Entonces...? —No acabé la frase.

—Señorita... —se dirigió a mí, como si el italiano fuese alguien ajeno al lugar—, genios han existido en todas las épocas de la historia. Pero ¿cuándo se ha visto que uno se llame a sí mismo genio, y se vanaglorie de que a los veinte años de edad ya era millonario?

—¿Eso es lo que él dice? —Evité pronunciar su nombre porque me di cuenta de que el deán no lo pronunció ni una sola vez.

—Si va a publicar su artículo fuera de España —se sacudió el polvo de la sotana— deje usted bien claro lo que acabo de decirle, porque el prestigio de la catedral está en juego. —Parecía enfadado—. Millones de turistas de todo el mundo vienen a visitar esta joya gótica, y no estoy dispuesto a sonrojarme cuando vean lo que les voy a mostrar ahora.

Hizo un gesto con la cabeza señalando la pared del fondo, tapada con una gran tela negra que impedía ver lo que había detrás.

—¿Y por qué tenía tanto interés en trabajar en la catedral, si él es agnóstico?

—Dice que es agnóstico porque así genera más expectación. Pero es más religioso que usted y que yo.

—Él ha manifestado abiertamente en más de una ocasión que...

—Después de ver su obra comprenderá la verdad de su credo. —El sacerdote no parecía dispuesto a entrar en disquisiciones inútiles.

—Padre, ¿cuál es la verdadera razón por la que la obra ha sido interrumpida? —Mi intención era averiguar si su respuesta coincidía con la que me había dado Pablo Fuster cuando me enseñó el boceto sobre papel.

Su gesto indicaba que no le gustó la pregunta.

—Deje que le explique primero por qué el artista quería intervenir aquí. ¿Ve usted el altar? ¿Qué le llama la atención de lo que ve?

Se apartó a un lado, para dejarme espacio y tiempo para responder. No era difícil comprender que un artista se sintiera atraído por trabajar cerca de donde lo hizo Gaudí.

—¿El baldaquino?

—Exacto. —Dio una palmada sonora—. ¿Cree que el cabildo iba a permitir que alguien tocara esta obra de Gaudí?

Mientras observaba las curvas modernistas del enorme baldaquino, tuve la sensación de que también el arquitecto catalán desató furias entre el clero mallorquín. Pero, después de todo, era Gaudí. Y era creyente, aunque lo llamaran despectivamente cristiano de catacumbas...

—¿Entonces... es cierto que él quería terminar la obra de Gaudí? —pregunté.

—Si el arquitecto de Dios dejó inacabada esta pieza —levantó la vista solemnemente—, la Iglesia no iba a permitir que un simple artesano la modificara.

Ante el reconocimiento de Gaudí como arquitecto de Dios, Fabrizio y yo comprendimos que Bonnín tuvo a gran parte de la Iglesia en contra. Jamás había oído a nadie hablar de Bonnín con tanto desprecio y, mucho menos, considerarlo un simple artesano.

—A la izquierda tenemos el retablo de Blanquer, el mejor de Mallorca. Con estas dos magníficas obras, ¿necesitábamos arriesgar con experimentos vanguardistas?

Miré las dos obras más impactantes del templo gótico insular.

—Y usted... sabe a qué me refiero, señorita. —El cura parecía conocer bien la trayectoria profesional de mi abuelo. Su intervención en un retablo gótico de la iglesia de Vilafranca tuvo el reconocimiento unánime del clero insular.

—¿Es cierto que está a punto de romperse? —Señalé el baldaquino.

—Un caos general afecta a la obra de Gaudí. —El deán se subió los pantalones por encima de la cintura, aunque la sotana impedía ver hasta dónde—. El Parque Güell, La Pedrera...

Fabrizio me miró de reojo. Y preguntó:

—¿Qué ocurre con La Pedrera? —Tal vez deseaba saber más sobre mi relación con Xavier.

—Cada vecino ha hecho lo que ha querido. El edificio más emblemático de Barcelona se ha convertido en mero capricho de vecinos ricos que han destrozado el espíritu que le dio vida. El primer aparcamiento subterráneo de la historia... convertido en auditorio.

—¿No aprueba usted que un edificio histórico sea utilizado con fines culturales?

—¿Culturales...? —En su voz había desprecio.

Al ver que Fabrizio miraba con interés la corona del baldaquino, el deán ofreció más detalles.

—En efecto, está en peligro. Lo que aparentemente es un palio de cristales multicolores, no es más que una simple maqueta de cartón que podría romperse en cualquier momento.

—¿Es de cartón? —Los tres teníamos los ojos fijos en la figura heptagonal rodeada de espigas.

—Sólo este lado es de bronce. —Señaló el lado izquierdo.

—Tengo entendido que el obispo sabía que no todos aprobaban el proyecto del mural. —Quise retomar la conversación acerca de la obra de Bonnín. El deán no podía sospechar que la razón de mi interés era averiguar cómo había muerto el obispo.

—Sí, claro que lo sabía. Y a pesar de ello, eligió a su artista preferido...

Sin duda hubo un conflicto en el seno de la Iglesia. Y yo insistía en hablar de Bonnín, para averiguar por qué no había acudido Pablo Fuster.

—Entonces, ¿el obispo tomó su decisión sin importarle las consecuencias?

—Y lo pagó muy caro... —Pronunció en voz baja estas palabras. Pero las oí con absoluta nitidez, eran exactamente las que quería oír.

—Es curioso... —añadí.

—¿Qué es lo que le parece curioso, señorita? —Me miró de arriba abajo.

—Siempre pensé que el obispo era un hombre conciliador, amable, generoso. No entiendo su actitud autoritaria en algo tan importante para la historia de este templo.

Yo miraba a Fabrizio, como buscando en él refugio ante un próximo estallido de ira del deán.

—No sabía decir no.

Me encontré sin armas para atacar.

—El padre Fuster lo hizo —añadí.

Como si de pronto hubiese oído al diablo, el deán escupió lenguas de fuego. Fabrizio se acercó a mí cuanto pudo, pues vio terror en mis ojos.

—¡Al hermano Fuster se lo lleve el diablo!

Las palabras del cura resonaron feroces en el eco de un templo cristiano conectado con el mismísimo cielo. Era imposible olvidar la polémica suscitada entre obispo y canónigo en torno al artista. El obispo, que siempre se opuso al mural, finalmente accedió y sin embargo murió de una forma que despertó sospechas entre quienes conocíamos las intrigas en el cabildo. Y Pablo Fuster, amigo de Bonnín, no acudía a la cita que yo llevaba esperando tanto tiempo. Demasiados interrogantes convertían este caso en algo más que una simple diferencia de criterios entre un artista y la Iglesia.

—Lo siento, padre. No quería ofender... —me disculpé abochornada, al ver que había confundido el parentesco de los miembros en el seno de la madre Iglesia. Padre, hermano, canónigo..., yo no sabía exactamente a qué categoría pertenecía Pablo Fuster.

—No es posible servir a Dios y a la tentación de la carne. Pero los hombres son criaturas débiles... —Mientras el deán hablaba, yo miraba su cuerpo de casi dos metros tratando de imaginar qué era él si no un hombre.

Entonces me observó atentamente. Pero al mismo tiempo no dejaba de mirar al suelo, como buscando algo que yo intuía y él ni siquiera podía imaginar.

—Tenía una cita con él. —Creí muy necesario aclarar que mi interés por el hermano Fuster era debido a nuestra cita, y no a la búsqueda de información secreta. La Iglesia es tan desconfiada...

—Lo importante es que el mural ya está a punto de ver la luz, ¿no es así? —preguntó de repente Fabrizio, para romper una tensión que empezaba a ser molesta.

—Sí..., está casi terminado. Aunque no nos guste a todos. —El sacerdote mostraba un rostro más pálido que al principio.

—Pero se trata del mejor pintor de la isla. Y el más internacional... —Fabrizio puso especial cuidado en no pronunciar su nombre.

—El más internacional, de eso no hay duda. Y también el más excéntrico. ¿A cuántos pintores conoce usted que pinten sus lienzos rodeados de negros que hacen el trabajo sucio? Genios del siglo XXI... —Sacó un pañuelo de debajo de la sotana, y se sonó ruidosamente.

Interrumpí mis anotaciones al oír el comentario, que me parecía impropio de alguien que reza muchas horas al día. Él no hizo el menor gesto por suavizar tan crudo juicio.

—No entiendo cómo consiguió finalmente hacer su obra aquí, si desde el principio se le dijo que no. Ya sé que el obispo tenía predilección por él, pero, aun así...

—Porque insistió una y otra vez, hasta que el obispo finalmente propuso una votación.

—Vaya, qué interesante. No sabía que la obra de nuestro genio había sido el resultado de una votación.

—Y muy ajustada —añadió enseguida—. El resultado

fue la mayoría absoluta más ajustada, es decir, la mitad más medio.

—Está claro que el genio no gustaba a todos.

—Absolutamente —contestó con rotundidad—. El resultado de la primera votación tenía como objeto aceptar la intervención del artista en la catedral, que consistiría en una restauración exterior.

—¿Qué tipo de restauración?

—Las gárgolas. Ante el peligro que suponía encargar a alguien tan caprichoso un trabajo en el interior del templo, se decidió no arriesgar demasiado. Así que le fue encargada la restauración de ocho gárgolas en el exterior del templo. Después de todo, él tiene experiencia trabajando con animalitos en sus cuadros. Le encanta pegar moscas en sus lienzos.

No pude evitar sonreír ante este comentario malicioso, aunque cierto. La tarde anterior habíamos visto en un museo su cuadro lleno de moscas y libélulas. *Sin título*, era toda la información que aportaba el cartelito, junto a sus medidas de tres metros por cuatro.

—Pero él quería más. Restauró las gárgolas, y siguió insistiendo en su deseo de intervenir aquí, en el interior.

Lanzó una mirada a la obra de Gaudí. Sin duda el artista ansiaba la inmortalidad junto al arquitecto de Dios.

—¿Es cierto que la restauración de las gárgolas tampoco satisfizo al cabildo?

El sacerdote no pudo ocultar su enfado. Deseó que no le hubiese hecho esta pregunta, pero era evidente que antes de acudir a la Seu me había informado de qué actuaciones irritaron al clero.

—Sí, bueno... —Se frotaba las manos una y otra vez.

—¿Por qué no? —preguntó Fabrizio, de modo que el cura no tuvo más remedio que contestar.

—Cerró las bocas con arcilla...

—¿Cómo dice, padre? —preguntó el italiano, visiblemente sorprendido de que el artista igualara en locura a los grandes genios de Florencia.

—Cerró las bocas de las gárgolas..., ése fue sin duda un gesto de soberbia y de escarnio.

—No entiendo...

—Es evidente que las bocas de las gárgolas tienen como única función canalizar el agua de lluvia... ¡Y por fin lo consiguió!... —añadió el deán acompañando sus palabras con una apertura de manos que ya no estaban a la altura del bajo vientre—. El obispo tomó una decisión que nadie pudo cuestionar.

—Me sorprende su afición por el arte de vanguardia... —Fabrizio no entendía que el obispo hubiera alentado un proyecto con escaso apoyo del cabildo.

—Una afición que le costó la vida... —El sacerdote hizo este comentario sabiendo que provocaría nuestro desconcierto. Y remató la frase—: Lo mató.

—¿Quién lo mató? —Busqué sus ojos. Más que un nombre, lo que yo quería era averiguar qué sabía el deán de lo que sucedió aquella noche de enero.

—Esta obra lo mató..., cuando la vea con sus propios ojos entenderá lo que le digo.

No era ésta precisamente la respuesta que yo esperaba.

Iba anotando en mi libreta todo cuanto él decía. Fabrizio escuchaba sin perder detalle.

—Le impusimos tres condiciones... —levantó tres dedos—, que obtuviera todas las licencias civiles y eclesiásticas, que su trabajo no costara nada a la catedral y que cada fase de su trabajo obtuviera la aprobación del cabildo.

—Menos mal que todo se arregló.

—¡No se arregló nada, señorita! —El cura no ocultó su ira—. Todo se hizo al revés, y la Iglesia se tuvo que comprometer a financiar parte de las vidrieras, sin las cuales su obra no tenía sentido. Y para mayor ignominia, se empeñó en cambiar los dos mil vidrios del rosetón mayor.

—¿Cambió todos los vidrios del rosetón mayor? —preguntó mi amigo. Enfatizó su pregunta con el *todos,* como si ya supiese que Bonnín hubiese modificado el rosetón.

—¿Por qué razón? —Apenas pude ocultar mi excitación por lo que estaba a punto de averiguar.

—Parece ser que los haces de luz... —el sacerdote miró hacia la estrella de David— no incidían en las vidrieras —señaló el espacio de los futuros vitrales—, y éstas no enfocaban el punto exacto de un lugar que el artista quería revelar de un modo original.

—¿Un lugar... secreto? —Tuve la sensación de que estaba a punto de averiguar algo.

—Sí, alguien publicó en la prensa que el artista iba a desvelar un secreto que la Iglesia había mantenido oculto durante años... —El gesto que hizo el deán con la mano mostraba claramente que despreciaba a la prensa.

—¿Y cambió los vidrios del rosetón mayor, el más grande de todas las catedrales del mundo? —Mi pregunta era más bien una aseveración.

No contestó. Se quedó observando la estrella de seis puntas, tratando quizá de hallar una respuesta.

—¿Usted cree que eso es cierto, padre? —preguntó Fabrizio.

—¿Qué cosa?

—Que los vidrios del rosetón pueden descubrir un lugar secreto...

—No, yo no creo en esas bobadas de secretos ocultos en las iglesias.

—¿No cree que sea posible que la luz del rosetón incida en la de las vidrieras?

—Bueno, no entiendo mucho de leyes de física...

Mientras intentaba obtener información, Fabrizio observaba la bóveda central. Miraba una y otra vez la estrella de David que ahora lucía vidrios nuevos, y a continuación dirigía su vista hacia los vitrales del muro izquierdo del altar mayor. Le parecía imposible lo que acababa de oír.

—¿Qué tipo de vidrio utilizará para sus vitrales? —preguntó el toscano.

—Lo mantiene en secreto.

—¿Y hasta que no estén terminados nadie podrá saberlo?

—Exactamente. Es posible que... —añadió con cautela— incluso cuando estén terminados, la obra nunca pueda ser visitada.

—¿Qué razón hay para que eso ocurra?

—A quienes visitan la catedral movidos por la fe cristiana no les gusta que se perturbe la paz y el sosiego que encuentran en este templo.

—Entonces..., teme que la luz del rosetón verdaderamente muestre algún lugar secreto —añadí con prudencia.

—Yo no temo nada, señorita. —El tono de su voz sonó gélido, hostil, agresivo. Recordé la terrorífica escena, hace años..., en África. Vidrios teñidos con su propia sangre..., algo que me propuse olvidar y que ahora de nuevo se hacía presente.

—¿Por qué teme que a la gente le disguste la obra? —preguntó Fabrizio con valentía. Percibió algo extraño en mi rostro, pero no podía imaginar dónde estaba mi pensamiento.

—El bien y el mal son irreconciliables. —El sacerdote pronunció estas palabras con fatiga.

Miré hacia la cortina negra, preguntándome qué podría haber disgustado tanto al clero.

—Nos engañó con las figuras de los Reyes Magos —declaró en un tono severo.

—¿Cómo? —pregunté, sin apartar mis ojos de la misteriosa cortina.

—Cristo no ha pasado a la historia por su codicia. Y mucho menos... por el tamaño de su miembro.

Fabrizio me miró de reojo. No pude evitar sonrojarme. Mientras el deán cruzó sus manos a la altura del bajo vientre, desvié la mirada en otra dirección, y entendió que yo quería contemplar la obra de una vez por todas. Habíamos visto parte del mural en un libro que la universidad publicó para satisfacer la demanda de un público que no entendía la razón de tanto secreto.

Se produjo un largo silencio, tiempo que aproveché para echar un vistazo al espacio que dejaba atrás. Contemplé el altar mayor, rodeado de esbeltas columnas de veintidós metros que convierten a la catedral de Palma en la segunda más alta de las catedrales europeas. Sobre el altar mayor, el inmenso rosetón de doce metros de diámetro y dos mil vidrios de colores me recordaba, por si lo había olvidado, que estábamos en la catedral de la luz. Y de la sangre.

—¿Ha tomado nota de cuanto le he dicho? —me preguntó en un tono fúnebre.

—Sí, lo he anotado todo. —Cerré mi libreta.

—Pues ahora podemos entrar a verlo.

—En cuanto a las calaveras... —comenté mientras Juanet, el monaguillo, procedía a retirar la cortina de tela.

—¿Las calaveras? En cuanto usted las vea, comprenderá por qué ha sido interrumpida esta obra.

—Calaveras en la Adoración de los Magos... —murmuró Fabrizio.

—¿Le sorprende, verdad? —El deán se mostró satisfecho de compartir con alguien el estupor que un día produjera la visión de tan funesta escena.

El italiano asintió.

—¿Y entiende usted que pasara aquí las noches para pintar en la oscuridad docenas de calaveras que...?

—¿Cómo dice? —interrumpió Fabrizio.

—La exigencia de pasar las noches aquí dentro no es lo más excéntrico que hizo.

—¿Ah, no?

Entonces me vino a la mente un nombre. Joseph Beuys. También él cometió excentricidades que removieron antaño sensibilidades pacatas. Su único objetivo: despertar del letargo conciencias dormidas por el bienestar secular. Beuys se encerró durante semanas en un galería de arte en compañía de un coyote. Fue entonces cuando se le ocurrió una genial idea. El cuadro titulado *Cómo explicar cuadros a una liebre muerta*. Mientras buscaba la respuesta, Beuys se embadurnó la cabeza con miel y pan de oro.

—Las calaveras... son...

Su rostro palideció de repente.

—Macabras —añadí.

—No. No son macabras..., son reales.

Con la mano hizo un gesto débil a Juanet, que permanecía de pie a su lado sin pronunciar palabra. Juanet había asistido a toda la explicación del deán, y no había reaccionado lo más mínimo ante ninguno de sus comentarios. Juanet era mudo, y cojo de la pierna izquierda. Me pregunté por qué, si era mudo, el deán le había llamado por teléfono. Entonces observé que Juanet llevaba un teléfono móvil colgado del cuello a pesar de no poder oír las llamadas. Respondía a la luz que se activaba con cada llamada. Juanet veía el número marcado, y acudía enseguida.

Yo avanzaba despacio muy cerca de Fabrizio, disimulando la excitación que me producía aquella circunstancia excepcional de poder contemplar —ya terminado— un mural hecho con barro y frutos extraídos del fondo del mar por uno de los artistas más famosos del momento. Un hombre a quien me sentía ligada por haber compartido algo más que unos meses en África.

Mientras Juanet retiraba la pesada cortina negra, atada a unas anillas de hierro por ambos lados con una cuerda, el deán agitó las manos con un gesto que repitió varias veces durante el recorrido. Entonces vi en sus ojos algo perturbador.

—Resulta difícil admitir que comparten un mismo espacio la muerte y los Reyes Magos —dije sin poder asimilar lo que había oído sobre las calaveras.

—Los artistas de hoy confunden el arte sacro con su neurosis —contestó, sin preocuparse por ocultar su desprecio.

—¿Está diciendo que el artista está loco? —Yo sabía lo que eso significaba.

—¿Loco? Locos estaban Leonardo da Vinci, Caravaggio, Miguel Ángel..., grandes genios de la pintura. Pero éste, a quien los mediocres llaman genio, no es más que un simple artesano. Muy listo, de eso no hay duda. Pero artesano.

Pronunció esta palabra lentamente, tal vez recordando el juicio que ganó el artista contra su ayudante Ripoll, el alfarero de Marratxí que le reclamaba la mitad de sus ganancias por haberle ayudado a realizar todas sus cerámicas cuando todavía Marquet Bonnín no era dios. Dios ganó el juicio, ayudado por un abogado que era mezcla de querubín y de Satanás. Después de cuatro años, el alfarero de Marratxí no ha dejado de reivindicar un reconocimiento como artista. Sentado en el umbral de la catedral, Zacarías Ripoll reclama justicia cada tarde de domingo, a la hora en que acuden a misa vespertina miles de feligreses de la beata ciudad palmesana. Beata, y tristemente callada.

—¿También él quiso profanar la paz de los muertos manipulando cadáveres? —intervino Fabrizio. De todos es sabido la obsesión de Miguel Ángel y de Leonardo da Vinci por la anatomía humana. A cambio de ciertos favores, muchos pintores han conseguido su botín en las tumbas de muertos anónimos.

—¿Quiere decir que...? —pregunté al sacerdote.

—Esta información —hizo una pausa, y dirigió su mirada hacia las calaveras— me costará muy cara. Pero ya me queda poco tiempo de vida, y le pido a Dios que me reúna con Él lo antes posible.

—Padre, no hable así... —Mi mano iba a posarse en su hombro izquierdo, pero la detuve.

—Quiso superar a Gaudí, con la soberbia propia de su juventud —dijo arrastrando la voz.

—¿Cree usted que su verdadero reto era superar a Gaudí? —Sustituí el gesto con una pregunta.

—Gaudí también estuvo en África. —La respuesta me sorprendió—. Y en la miseria que allí vio se inspiró para esculpir sus formas tan originales que parecen huesos humanos. ¿Conoce usted La Pedrera? —Sentí un nudo en el estómago.

Asentí con la cabeza. Miré hacia otro lado.

—Pretendía compararse con el arquitecto de Dios... —Gaudí gozaba de la simpatía y respeto del deán, mientras que Bonnín no era más que un farsante.

—¿Conoce usted el festín de Baltasar? —Su pregunta dio un giro a la conversación.

—¿Baltasar, el Rey Mago?

—No. Otro rey, que vivió mucho tiempo antes en Babilonia.

—Ah, sí, Baltasar hijo de Nabucodonosor...

—El festín de Baltasar es un episodio bíblico que anuncia la futura muerte del rey. Es tenebroso... —dijo en el momento justo en que se abrían dos cortinas negras. Mientras la tela negra desaparecía, recordé el cuadro que Marquet tenía colgado en la pared de su dormitorio.

Finis gloriae mundi. Sentí frío. Me acerqué a Fabrizio.

De pronto, una luminosa mezcla de colores azules, verdes y dorados apareció ante mis ojos. Multitud de figuras sobresalían de una superficie irregular hecha del material más humilde, el barro.

Me quedé estupefacta. Con la vista abarqué la escena que era hermosa pero a la vez incomprensible; tuve la sensación de quedar atrapada por la fuerza de algo sobrenatural. Me acerqué al mural. Parecía tener vida propia; no pude evitar la tentación de tocar las figuras con la punta de los dedos. Eran asombrosamente reales. De la imperfección de sus líneas emanaba vida, auténtica vida extraída de una masa inerte.

En silencio, observé infinidad de panes, frutas y verduras que parecían salir de las profundidades de la tierra y del mar.

—Pero... ¿no era la Adoración de los Magos? —preguntó Fabrizio mientras yo tenía los ojos puestos en la figura de Cristo.

—Es —afirmó categóricamente el deán— la Adoración de los Magos.

—¿Y dónde están los Magos?

—No hay Reyes Magos. Así lo ha querido el artista... —Chasqueó con la lengua.

Yo contemplaba la figura de Cristo sobre un túmulo de cráneos.

«Caminamos sobre tumbas...», me acordé de la frase que decía mi abuelo cuando me enseñaba a escuchar el silencio dentro de la catedral.

—No es la Adoración... —Pronuncié despacio mis palabras.

—¿Entonces?

—Es la Dama...

—¿La Dama? —preguntó el sacerdote.

—Sí, la Dama de Dante. Y esta figura no es Cristo... sino la Virgen María.

Mis ojos seguían fijos en el perfil que era una especie de sombra. Nada indicaba que se tratase de un varón, y por lo tanto bien podía ser una figura distinta a la de Cristo.

—¿Es... la Virgen? —El deán estaba pálido.

—Sí —respondí sin apartar mis ojos de la figura.

—¿Y por qué ha dibujado la Virgen? —preguntó Fabrizio.

—¿Sabes qué trabajo había hecho el artista antes de empezar este mural?

Lo miré fijamente, segura de que no podría responder.

—¿Qué importa eso? —intervino el deán, a quien no disgustó descubrir que la figura hecha por un agnóstico correspondiese a la Virgen María.

—Ilustró una edición de la *Divina Comedia* de Dante, con explicaciones en hebreo. —Mi voz retumbó en el templo.

—Es cierto. Y fue un rotundo éxito en Italia —añadió Fabrizio.

—¿Pero qué tiene que ver Dante con el hebreo y con esta figura? —El sacerdote se mostró visiblemente desconcertado.

—Esoterismo medieval. Observe bien la escena, padre; cuente el número de círculos y de signos que hay a ambos lados del mural.

Miró primero a la derecha, y contó con el índice dieciocho círculos. A continuación, hizo lo mismo en el lado izquierdo. Contó veintisiete símbolos de formas diversas.

—No, no son lo que parece —repliqué acercándome a la pared.

—¿Me está diciendo que no sé contar?

—Sabe contar lo que ve, pero no interpretar su mensaje. Como el de tantas y tantas cosas que hay en el interior de este templo. —Abarqué el espacio con los brazos en alto.

—¿Tiene algún otro interés sumar círculos y cruces? —preguntó.

—En ello está el mensaje de esta obra.

«Cuanto más secreto, más a la vista...», repetía Marquet cuando yo trataba de entender sus dibujos.

—¿Me podéis explicar de qué va todo esto? —preguntó, sin apartar la vista de lo que él creía que era Cristo.

—La gematría es un método de la cábala aplicada.

—¿La qué...? —Se acercó una mano a la oreja derecha.

—Gematría. En ella, a cada letra del alefato hebreo le corresponde un valor numérico. Se utiliza para dilucidar pasajes oscuros de la Biblia, buscando palabras que tengan similar valor numérico.

—¿Y dónde hay palabras oscuras aquí, si no hay nada escrito? —preguntó el sacerdote, ya con poca paciencia.

—El número de círculos no es 18, sino 1 + 8 = 9. Y el número de cruces no es 27, sino 2 + 7 = 9.

—¿Nueve círculos y nueve cruces, por qué?

—Porque esta escena no representa la Adoración de los Reyes Magos... El artista ha querido enviar un mensaje a la Iglesia que de otro modo no hubiese podido hacer.

Fabrizio escuchaba atentamente mientras yo respondía al deán.

—¿Y para qué tanto dinero? —preguntó el sacerdote, que no podía olvidar la fortuna que esta obra había costado al cabildo.

—Padre, no a todos satisface la imposición de la Iglesia de dar prioridad a la divinidad masculina y borrar todo rastro de religiones anteriores.

—Ahora resulta que el artista es un ferviente religioso —respondió con evidente ironía—. Ya lo decía yo...

—Todos los seres humanos se rigen por unas creencias.

—Pero nadie le ha pedido que nos cuente las suyas —protestó enérgicamente.

—Tiene usted razón, pero ya es tarde para cambiar eso —contestó Fabrizio con sus brazos abiertos en dirección al mural.

Se produjo un silencio embarazoso.

—Que no busque belleza quien venga a ver esta obra..., y tampoco busque religiosidad —sentenció el italiano.

—¿Y qué va a buscar uno cuando entra en un templo cristiano? —La pregunta del deán era impecable.

—Usted lo sabrá mejor que yo... —Fabrizio se apartó unos centímetros del sacerdote. Y éste siguió observando la figura de Cristo, que ya no era Cristo sino la Virgen.

—¿Cuándo tendrá hechos los vitrales? —Di a mi pregunta un tono inquisitivo que no pude disimular.

—¿Los vitrales?

—Sí, ¿cuándo estarán terminados los vitrales?

—No sé, creo que dentro de un año... —Él no dejaba de mirar la enigmática figura. Me resultaba imposible adivinar hacia dónde reflejarían los vidrios sus haces de luz.

—Juega el sol por el entrevero de pináculos y arbotantes y, atravesando los vidrios multicolores de los rosetones, las claraboyas y los ventanales, tornasola columnas, vivifica sepulcros, anima imágenes... Vivifica sepulcros...

Fabrizio y el deán me escuchaban atentos mientras recitaba los versos que aprendí de memoria. No eran mis versos, eran los apuntes que acompañaban a los primeros dibujos que Marquet Bonnín hizo años atrás, cuando acariciaba su lejano sueño de poder trabajar algún día en el interior de su catedral.

Tras los versos llegó el silencio. Con él, mi búsqueda de algo invisible y sin embargo cercano entre aquellos muros centenarios. Intuía que un hilo sutil enlazaba los caminos que me guiaban hacia la salida del laberinto. Observé a Fabrizio, y percibí en él algo extraño. Oscuro. Me acordé entonces del profesor Ubriachi.

Miré en todas las direcciones tratando de averiguar, sin conseguirlo, sobre qué tumba reflejarían su luz los vidrios multicolores que el artista estaba haciendo, en un lugar recóndito. Y confiaba en que alguien, de entre los millones de visitantes que acudirían al templo gótico, siguiera la dirección de la luz y no contemplara solamente los cristales multicolores.

Sin embargo, sabía que sería extremadamente difícil cambiar una costumbre inveterada. Porque, ante una obra de arte, uno solamente ve aquello que está predispuesto a ver.

14

—¿Por qué declaró públicamente que pintaría una Adoración si no era cierto? —Sentía en mi rostro la brisa del atardecer. Sentados en la terraza de El Pesquero, contemplábamos la silueta de la catedral a lo lejos.

—Jamás lo sabremos, Fabrizio.

—¿Y las fotografías del libro?

—Sólo muestran el enorme taller, la filmación en vídeo, el espectáculo que la gente quiere...

—¿Qué es lo que habrá querido ocultar?

—Mucho más de lo que crees.

—¿A qué te refieres, Ariadna?

—Ojalá pudiéramos volver otro día. Me pareció ver algo entre las cruces.

—¿Por qué no me lo enseñaste estando allí?

—Porque el cura no nos quitaba ojo. No se creyó que estuviéramos escribiendo un libro sobre arte contemporáneo.

—Si fuera así, no nos habría permitido entrar.

—Alguna razón tiene que haber para que, sabiendo que estábamos mintiendo, nos dejase ver la obra.

—Las calaveras..., dijo que son reales. Es una metáfora, supongo...

—Todo el arte es una metáfora. Pero tan real como la vida misma, como las moscas de sus cuadros..., también son reales.

—No irás a comparar una mosca con un cadáver humano.

—¿Qué diferencia hay, una vez muertos?

—¡Ariadna!

—También lo hicieron Miguel Ángel, Rembrandt, Caravaggio... ¿Y tú eres el que vive en la ciudad de los demonios?

—No dejan de ser comentarios que alimentan el mito de los genios, pero poco tienen que ver con la realidad.

—Su obsesión es superar a los grandes genios. Sobre todo, en excentricidad.

—Vaya mérito.

—Bonnín admiraba a Rembrandt. En sus primeros cuadernos, tenía miles de apuntes sobre el uso que hizo el holandés de la luz y de su combinación con manchas de sangre. Le fascinaba su *Lección de anatomía*, con el cadáver sobre la mesa y las vísceras a la vista.

—¿Tú has visto sus cuadernos?

—Sí, hace muchos años.

—¿Entonces es cierto que lo conoces?

—Ya te dije que no me hicieras preguntas.

—Disculpa, lo había olvidado.

Fabrizio terminó el granizado de limón.

—Hablabas de Caravaggio... —Cruzó una pierna sobre la otra. Las embarcaciones añadían sosiego a uno de los puertos más bellos del mundo.

—Éste es exactamente el efecto que quiere causar cuando su obra sea contemplada por millones de ojos... ¿te das cuenta?

—De lo que me doy cuenta es de que el barro te ha

causado un efecto alucinógeno. —Me pasó la mano por la cara.

—Todo el mundo sabe quién es el pintor de calaveras.

—Yo no lo sabía —protestó dejando su dedo en alto.

—Porque tú vives encerrado entre paredes medievales, y no acudes a las exposiciones de los nuevos genios.

—Todos los genios han sido unos locos.

—Pero no todos han realizado sus obras con seres vivos.

—¿Eso crees? ¿Piensas que estamos ante una excepción? Si de verdad quieres saber qué hacían nuestros genios, te lo diré.

—Adelante.

—Leonardo da Vinci gozaba viendo cómo rajaban un cadáver de arriba abajo, para luego dibujarlo en sus cuadernos, que poseen hoy coleccionistas que han pagado fortunas por ellos. En cuanto a Miguel Ángel, a cambio de una propina a la Iglesia conseguía acceder a la sala mortuoria para tocar las entrañas de las víctimas y plasmarlas en sus cuadernos. El Vaticano se ha embolsado fortunas gracias a esos locos.

—No compares el interés científico con el sadismo de asfixiar insectos. Más que sadismo, yo diría que es... reflejo de su paranoia.

—¿Disfruta matando moscas?

—No las mata, las ve morir lentamente... bajo una capa de pintura. —Recordé las manos de Marquet.

—Algo normal en quien observa la naturaleza. Los insectos forman parte de ella. —No capté su ironía.

—¿Y los perros? ¿También forma parte del amor por la naturaleza asfixiar un perro?

—¿Qué estás diciendo?

—¿También usar a los negros forma parte de...?

—¿Pero de qué hablas, Ariadna?

—Para dibujar un perro agonizando obligó a un negro a sostenerlo boca abajo durante horas.
—¿Eso hizo?
—Quería superar la agonía reflejada por Goya. *El perro semihundido*, miedo a la muerte...
—Matar a un perro es...
—... Reflejo de su impotencia sexual. Por eso le gusta pintar autorretratos en plena masturbación.
—¿Y tú cómo sabes todo eso? —Frunció el ceño.
No contesté.
—Ariadna, ¿cómo sabes tú todo eso? —me preguntó de nuevo, cogiendo suavemente mi barbilla.
—Trabajé con él durante un año, en África. —Dirigí la vista a las embarcaciones. Un tridente rojo ocupaba la proa de un yate. *Naxos*, con letras negras.
—¡En África!
—Sí.
—Pero...
—Fui con él para ayudarle en la edición de Dante... —Estaba a punto de recordar lo que ojalá no hubiese sucedido nunca.
—¿Tú has vivido en...? —preguntó con incredulidad.
Asentí con la cabeza.
—¿Pero qué hacías tú en África? —El nombre empezaba a hacerme daño.
—Ya te lo he dicho. Trabajar con él.
Permaneció en silencio.
—¿Cuánto tiempo hace?
—Preferiría... no hablar de ello.
—Pero ¿por qué te fuiste a vivir con él?
—Yo no lo llamaría vivir con él.
—¿Entonces?

—Compartíamos casa en un poblado del sur de África. Pero no vivíamos juntos, ya sabes a qué me refiero.

—¿Pretendes que te crea, Ariadna?

—¿No se llevó Picasso a un indio a París? —La ironía no alegró el tono de mi voz.

—¿Acaso comparas a Picasso con...?

—Jamás lo haría, Fabrizio. Pero te digo algo que es verdad, lo creas o no. Fui a África con Marquet para ayudarle. Nos conocíamos de...

—¿Y en qué le podías ayudar tú? ¡No entiendo nada!

—Mi abuelo era restaurador. Y experto en cartografía medieval; todo lo que yo sé se lo debo a él. Conozco el significado de símbolos que Dante utilizó en su *Divina Comedia*...

—¿Como cuáles?

—El nombre de Beatriz.

—Bueno, ya sé que Beatrice no es propiamente un nombre. Dante ni siquiera llegó a tocar ni a besar a su amada. Detrás del nombre se esconden otras intenciones, pero...

—Eso precisamente te quería decir, que Beatriz no es Beatriz.

—¡Venga ya! Fuiste a África a ayudar a un genio a descifrar el nombre de Beatriz. Nadie más en el mundo lo sabía más que tú...

—Me decepcionas, Fabrizio.

—Ariadna, creo que el genio te contagió su locura. Toda Italia ha leído a Dante desde la infancia, y jamás he oído que el nombre de Beatriz suponga un problema de interpretación más allá de lo que todos sabemos. Dante pertenecía a una asociación templaria, no es ningún secreto.

—De eso se trata. Bonnín recurrió a mí porque quería que yo le contara cosas de la Fede Santa, una asociación medieval de la cual Dante fue uno de los jefes, como lo fue también Yafudà Cresques, el cartógrafo mallorquín del que mi abuelo conocía hasta el último detalle.

—Pero no veo qué relación pueda haber entre Cresques y Dante.

—¿Te dije que debajo del mural se descubrió un fresco que ha quedado oculto para siempre?

—Sí. ¿Qué ha sido del fresco, por cierto?

De repente, no estaba segura de haberle hablado del fresco.

—Lo ha condenado. Se ha negado a recortar unos centímetros de su obra, con lo cual podría haberlo salvado. Y todo el mundo habría podido verlo...

—¿La Iglesia se lo ha permitido?

No hubo respuesta.

—Es demencial, Fabrizio. Pero así son los genios de nuestro siglo, unos tiranos.

—¿Y qué tiene que ver esta obra con Dante, con un cartógrafo medieval, con Beatrice y con la Fede Santa?

—*La pantera...*, que simboliza la incontinencia y la lujuria, permanece en el interior de Dante causándole terror...

—Ariadna, *sei diventata pazza*...

—... Pero, en realidad, ocurre que la mente del poeta ha vuelto atrás en una especie de maquiavelismo. Su razón, obnubilada por las imposiciones de los placeres terrenales, ofuscada a instancias de la carne, se ha visto desbordada por el deseo. Dante se pregunta si ha valido la pena hacer concesiones al cuerpo en detrimento de la pureza del alma. La pantera sigue ahí, acusando en silencio por los momentos de debilidad.

Sentí la herida del recuerdo.

—¿Qué es esto? —Abrió el papel que deposité en su mano.

—Una de las páginas de su edición de Dante. —Mis ojos estaban llenos de lágrimas.

—Pero tú...

Asentí con la cabeza.

Escrito en hebreo, el texto pertenecía a un capítulo de la edición ilustrada en la que colaboré, a las órdenes del artista más loco del siglo. Tirano. Perverso. Y, sin embargo, capaz de realizar una edición extraordinariamente hermosa, única en el mundo.

—*Tu parli anche ebraico...* —murmuró Fabrizio. No dijo nada más. Me besó en los ojos, que tenía inundados de lágrimas.

»¿Puedo preguntarte... dónde viviste en África?

—En un lugar cerca de la Costa de Oro, en Ghana. —Bajé la cabeza.

—¿Por qué allí, precisamente?

—Antiguamente, entre los ashantis, el rey... —Las lágrimas apenas me dejaban hablar.

—Ariadna... —Fabrizio me cogió la mano.

—El rey era la encarnación de Nyamé, el dios supremo que rige la vida de los hombres. En aquella región, el soberano debía distinguirse por su integridad. Debía contribuir al bienestar del pueblo con lo más preciado de sí mismo.

—Ah...

—Su sangre.

—¿Su sangre?

—Sí.

—¿Qué hacía con la sangre?

—La daba a beber a los nativos, de una manera simbólica.

—¿Simbólica? ¡Pero qué dices!

—Es lo que viví... durante el tiempo que estuve a su lado.

—¿Y cómo no te largaste al día siguiente? Este tipo es un demente.

—No es un demente. Cree en los ritos ancestrales, eso es todo.

—¿Desangrarse es un rito ancestral?

—Yo no he dicho eso.

—Daba su sangre a los nativos..., ¿qué es eso, dar chocolate para desayunar? —En sus palabras no había ironía.

—Los nativos acudían una vez al mes a honrarle, sin osar mirarlo a la cara.

—No me extraña.

—Ante él, se arrodillaban y apoyaban los codos en el suelo. A una señal, levantaban las manos para coger la copa que contenía la sangre de...

—¡Es delirante!

—Delirante, no. Él era el rey. El rey de la Costa de Oro.

—¿Y quién lo coronó rey? ¿El papa? —Hizo un esfuerzo por no soltar una carcajada.

—No lo entiendes, Fabrizio.

—Claro que no lo entiendo. ¿Acaso lo entiendes tú?

—Decidió irse a África para estar lejos de la corrupción occidental. Necesitaba concentrarse para la figura central de su próxima obra.

—Concentrarse en África..., ya. Y yo soy Superman. —Gesticuló con ambas manos.

—No conseguía *ver* la forma de Cristo. ¿Entiendes?

—¿Qué quieres que entienda? Si lo que cuentas es una historia de terror...

—Cristo debía estar en el centro de su mural, y no quería darle forma humana.

—Desde luego no le ha dado forma humana. Su Cristo es una mezcla entre atún y berenjena.

—¡Exacto!

—¿Cómo dices?

—Exactamente eso es lo que quería conseguir. Hacer un Cristo medio pez y medio vegetal.

—Ariadna, no sé si reír o llorar. Un Cristo que ha costado cuatro millones de euros... ¡¿resulta que es una berenjena?!

—Algo así.

—¿Y por eso no tiene genitales?

No contesté.

—Dime, ¿por qué no tiene sexo el Cristo berenjena?

—No puedo decírtelo.

—¿Por qué?

Aparté la cara.

Vi la imagen del obispo en el suelo. Una cruz en su pecho. Trágico final de una discusión sobre el miembro viril de un Cristo de barro. *Finis gloriae mundi*...

—¿Qué?

—Un cuadro de Valdés Leal, que Marquet contempló en Sevilla hace años. Quedó tan impactado al verlo que siempre soñó con ejecutar la escena en una catedral.

—¿Cuándo lo viste por última vez? —Fabrizio se frotó los ojos.

—¿A quién?

—A tu pintor.

Era imposible que él supiera si yo había visto a Bonnín.

—¿Cuándo? —repitió su pregunta—. ¿Aún seguía necesitando tu ayuda para interpretar a Dante?

—No lo he vuelto a ver.

—¡No te entiendo, Ariadna!

Su enfado era evidente. Más que enfado, ira. Tal vez pensó que tenía derecho a saber todo sobre mí.

—Todos aspiramos a cometer un asesinato. —Mi voz

me recordó la de Marquet—. Y todos somos asesinos en potencia, ¿lo entiendes?

—Desde luego con un tipo así... también yo me declaro asesino en potencia.

—Es difícil de explicar, Fabrizio.

—¿Difícil de explicar? ¡Es una esquizofrenia de libro!

—Παυτα εις ποταμου αιματος αγει —recité con voz fúnebre.

—¿También a ti, Ariadna, te ha alcanzado su locura?

—Todo conduce al río de sangre...

—¿Otro de los versos de tu amigo loco?

—Es la primera parte de la profecía.

—¿La profecía?

—La tierra, cubierta de un río de sangre... La tierra. Deméter, Ceres... ¡Ceres!

15

Puse los pies en esa parte de la vida más allá de la cual no se puede pasarcon propósito de volver.

DANTE ALIGHIERI,
La Vita Nuova, XIV

Beatriz tal vez sea el nombre del amor más célebre en la historia de la poesía medieval. Sin embargo, el poeta vio a Beatriz cuando ésta tenía nueve años, y no se volvieron a ver hasta nueve años después, tal como cuenta el propio Dante. Jamás estuvieron a solas y sus diálogos no pasaron de ser un saludo cortés cruzado en la calle. Al poco tiempo, Beatriz murió.

Comprometido a favor del futuro emperador Luis IV de Baviera en la lucha con el Papado por la supremacía de la cristiandad, Dante tuvo que huir de Florencia, donde le esperaba una condena a muerte en la hoguera; vagó como un exiliado durante el resto de sus días. Dicen que jamás nadie lo vio sonreír y su severo perfil aguileño reflejaba la tristeza que le acompañó durante toda su vida. En los siglos XIII y XIV existían tres poderes: el Imperio, el Papado y el Temple. El Papado no admitía ninguna ruptura de su poder monolítico y mantuvo largas luchas con el apoyo de los llamados güelfos (por el nombre de la familia Welf), divididos a su vez en blancos y negros. El Imperio contaba con la ayuda de los gibelinos, que pretendía que el poder terrenal del emperador se diferenciase del poder celestial del papa, alejado de los negocios del poder mundano. Dante, nacido en familia güelfa blanca, fue evolucionando hacia posturas cada vez más gibelinas, sobre todo desde que los güelfos negros tomaron el poder en Florencia, obligándole a escapar al exilio por la amenaza de una condena a muerte en la hoguera. Las ciudades italianas se enfrentaron unas con otras durante décadas. Mientras tanto, el rey de Francia y el Papado destruyeron la Orden del Temple. Su *Comedia* fue la primera gran obra escrita en lenguaje vulgar, en toscano, y no en latín como era habitual en la época. Se impuso como lengua italiana no por la fuerza de las armas, sino por el prestigio que le dio el *dolce stil nuovo* de Dante. Como miembro de la Fede Santa, orden tercera del Temple, Dante Alighieri se dedicó a la búsqueda interior y no a otras actividades de los caballeros del Temple, más volcados en la guerra y en los negocios. Con ello, propició la conservación de secretos adquiridos por el Temple en sus doscientos años de existencia. Los ecos de la mística islámica en la *Divina Comedia* manifiestan una ruta escondida por la que circulaban textos e ideas a espaldas del Papado. La amenaza de anatema estaba siempre latente, pues en ellos se podía estudiar todo lo que un cristiano no debería saber. He aquí el fundamento de la Fede Santa. La Orden del Temple necesitaba no solamente guerreros en Oriente, sino también apoyos económicos y culturales en la cristiandad. A espaldas de la Iglesia nació la orden tercera a la que perteneció Dante. Los *Fedeli d'Amore* tenían un lenguaje propio y secreto, y sólo los que habían llegado al grado adecuado podían comprender lo escrito en ese lenguaje. Quienes pretendían interpretar sus escritos, sin comprenderlos, ponían en práctica el método de los déspotas que consiste en «Si no lo entiendes, elimínalo». Y así es como se han perdido multitud de documentos, cuyo contenido jamás llegaremos a conocer.

Los *Fedeli d'Amore* son una corriente literaria, el *dolce stil nuovo*, heredera de la tradición del amor cortés caballeresco que dio a luz las más importantes obras del esoterismo medieval. A esta escuela pertenecieron Dante, Petrarca y Bocaccio. Se caracterizan por el encendido entusiasmo con que cantaron a sus damas y al amor. Pero bajo el nombre de una dama se oculta, casi siempre, el símbolo de un misterio.

Pocos conocen sus secretos porque no eran una organización como las demás, sino agrupaciones informales de las que no consta una sola acta, un solo organigrama, un lugar habitual de reunión. No queda nada.

Dante fue uno de tantos viajeros que recorrió reinos y ciudades con una misión: realizar discretas operaciones diplomáticas. Los protagonistas del final dramático del Temple fueron Jacques de Molay, Felipe IV de Francia y el papa Clemente V. Los tres murieron en el año 1314. Primero, murió Jacques de Molay, quemado vivo. Después, le siguieron el rey y el papa. La misión externa de la Orden del Temple estaba ya cumplida. La continuidad de su acción en la cristiandad era ya más importante en el terreno económico que en el militar para la que fue fundada. Ya no había, al parecer, peregrinos a Tierra Santa a quienes debieran proteger los valientes templarios.

Los números nunca responden a una casualidad. La

fecha de 1314 es el resultado de la suma de sus números 1 + 3 + 1 + 4 = 9.

Y a nadie se le escapa la importancia de este número en la historia de la Orden.

La destrucción de la Orden del Temple fue preparada de antemano para hacer desaparecer la parte externa en medio del caos, dejando así a salvo las doctrinas internas y la conexión de la cristiandad con el centro del mundo, antes de que el éxito del Temple en los negocios mundanos inclinara a la organización a desconocer el conocimiento iniciático. Esta labor de salvaguarda quedaría en manos de la Fede Santa, cuyos miembros exteriores, los *Fedeli d'Amore*, escondieron esas doctrinas internas camufladas en forma de poemas a la dama y al amor.

—Y por eso Beatrice no era una mujer... —añadió Fabrizio.

—Era una representación femenina. Pero no era la mujer amada de carne y hueso por la que Dante suspiraba desde que la vio pasar un día por la calle.

—Beatriz era el conocimiento...

—Era el amor. Y para los iniciados, el amor significa algo muy distinto a lo que representa para los profanos. El amor es lo opuesto a la muerte, y a su vez es la propia muerte. En su palabra está la clave: *a* es prefijo negativo, «sin»; *mor* procede de *mort*, es decir, el amor significa «sin muerte, inmortal», igual que el conocimiento, igual que la sabiduría. Éste es uno de los ejemplos de creación de un lenguaje propio entre los *Fedeli d'Amore*. Dante, uno de los jefes de la Fede Santa, conocía el trágico destino del Temple y lanzó un aviso, envuelto en los velos del simbolismo, para que otros que estuvieran en su misma condición tomaran las medidas oportunas. La continuidad de las doctrinas internas sería más tarde responsabilidad de los rosacruces medievales, y de grupos de iniciáticos cuya filiación se mantendría activa hasta nuestros días.

—Por eso hoy sigue habiendo iniciados...

—Desde principios del siglo XX, la arquitectura y las artes en general experimentaron un ansia de retorno a la Edad Media. ¿Recuerdas a Palanti?

—Palanti... sí, recuerdo que quiso construir un edificio que fuese el templo simbólico en honor a Dante, con motivo del sexto centenario de la *Divina Comedia*. Palanti sabía que la puerta hacia el Cielo estaba en el sur. ¿Por eso... —Fabrizio hizo por fin la pregunta— Marquet Bonnín quiso intervenir en la catedral?

—Exacto. Porque la catedral de Palma le inspiró la idea de que el misterio de sus agujas yace en el fondo del mar.

—Algo incomprensible para los profanos.

—Para descubrirlo, alguien sería capaz de todo. —Incluso de matar al obispo, pensé, que tal vez sabía lo que ocultaba ese templo—. En el norte está Jerusalén, debajo de ella están los nueve círculos del Infierno y al sur se alza la montaña del Purgatorio; sobre su cumbre está el acceso a los círculos angélicos y celestiales. Mario Palanti construyó un edificio cuya cúpula se abre al Paraíso, simbolizado por la Cruz del Sur. Este trasfondo simbólico está también en la obra de Gaudí.

—¿Gaudí?

—Sí, ahora quizás entiendas por qué el artista tenía tanto interés en intervenir en la catedral.

—¿Para estar cerca de Gaudí?

—Quería continuar la obra de la Fede Santa..., y con ello rendir homenaje a quien fuera ministro de la Orden, Dante Alighieri.

—Dante, Gaudí, Bafomet..., una tradición capaz de sobrevivir después de siete siglos.

—Mientras existan las catedrales seguirá habiendo miembros de la orden tercera del Temple, cuyos nombres no llegaremos a saber porque permanecen ocultos bajo estrategias imposibles de descubrir.

—Ariadna, ¿estás insinuando que Bonnín es continuador de la obra de Gaudí?

—No es a Gaudí a quien rinde homenaje, sino a Dante. Precisamente por eso ha ilustrado la *Divina Comedia*.

—No creo que la *Divina Comedia* tenga nada que ver con ese mural de barro.

—Naturalmente que sí. La figura de Cristo es la misma con que se abre su edición del *Infierno* dantesco. Es...

—¿Quién?

No me atrevía a decirlo.

—¿Quién es, Ariadna?

—Él mismo.

—¿A qué te refieres?

—El perfil que aparece en el centro del mural... es su propia figura. Marquet esperó cuarenta años hasta poder vengar la ofensa que no olvidó ni un solo día de su vida. Quiso demostrar que a través del arte podemos convertirnos en...

No pronuncié la palabra.

Un silencio confirmó que habíamos llegado a la misma conclusión. Dante y Beatriz, Deméter y Perséfone, la búsqueda por el inframundo, luz y oscuridad.

—Por eso aparece la letra tet... —concluyó Fabrizio.

—Exacto. La letra simbólica del Temple es la tet, novena letra del alefato hebreo, que tiene forma de corona. Una especie de corona inclinada para confundir a quien buscara una letra, y así creyera que...

—... Se trataba de un simple dibujo de una corona. ¿No es eso? —Por fin había comprendido.

—Fabrizio, vamos a casa. Tengo que enseñarte algo.

—¿Qué ocurre? Con lo bien que se está en esta terraza junto al mar...

—Vamos, por favor. Es urgente.

—Está bien, tú mandas.

Cruzamos a paso rápido el Paseo Marítimo en dirección a mi casa, que estaba a unos cien metros de El Pesquero, la cafetería más plácida de Palma.

Al llegar, nos esperaba una sorpresa. Alguien se nos había adelantado. Nada en la habitación estaba en su sitio. El suelo, lleno de papeles, y la cama deshecha con las sábanas arrancadas mostraban los efectos de una búsqueda desesperada. El armario estaba revuelto, y la manta, tirada por el suelo. Se habían llevado la copia de los pergaminos de Yafudà Cresques.

Como impulsada por un resorte, corrí hacia la ventana y abrí la puerta que daba acceso a la terraza. El pelícano había desaparecido. El tridente, también. Abatida, me senté en un lado de la cama. Fabrizio me abrazó.

—¿Qué estaban buscando, Ariadna?

—Ahora entiendo por qué no me dejaban ver el fresco.

—¿A qué te refieres?

—El obispo, cuando murió mi abuelo...

—¿Nunca llegaste a verlo? —Se refería al fresco.

—Sólo en parte...

—¿Qué figuras contenía, lo recuerdas? —Entonces no me di cuenta de la urgencia que movía a Fabrizio a hacer preguntas.

—Una corona caída como la que tenía el dibujo de Cresques. —Me acordé del padre de Xavier.

—Si el fresco estaba debajo, Marquet lo habrá visto.

—Por eso lo contrataron a él. Porque sabían que él guardaría el secreto. —Yo empezaba comprender.

—¿Qué secreto, Ariadna?

—El símbolo templario.

—¿Cuál de ellos? Hay muchos...

—La corona, la tet, los visitantes arrodillados ante la Virgen que les abre su mano.

—¿Y Jesús no estaba en la escena?

—La Virgen era la protagonista, no el Niño Jesús. La *Vesica* del pez, el símbolo que sólo unos pocos conocen..., la cruz en forma de aspa. Por eso la Iglesia ha querido taparlo para siempre. Ahora entiendo por qué el obispo cedió ante las exigencias de Marquet.

—¿Por qué, si él también estaba interesado en tapar el fresco?

—Pero a cambio el artista exigió incluir calaveras humanas debajo del sagrario. Quería simbolizar lo telúrico por encima de todo...

—No es fácil saber si son verdaderas o están hechas de barro...

—Como tampoco lo será distinguir si los vitrales rojos están pintados con sangre humana. Su propia sangre...

—¿De qué hablas?

—Por eso me fui de su lado...

—¿Qué?

—Quería inmortalizarme también a mí.

—¿De qué estás hablando, Ariadna?

—«El Sinaí, macizo de granito y de arenisca roja; las costas egipcias, primero regulares y planas, después punzantes con toda suerte de extraordinarios picos, todos absolutamente desnudos y ásperos. Por el este se iba al mar, azul oscuro. Su línea de horizonte, tajante como filo de cuchillo. A la puesta del sol la costa oeste ha concentrado en sí toda la belleza del anochecer...»

—¿De quién es? —preguntó Fabrizio. Con un ademán indiqué que aún no había terminado.

—«... Ayer no me cansaba de contemplar el mar verde y lechoso, ópalo sin transparencia, más claro que el fondo del cielo. De pronto una nube difusa se tiñó de rosa en el horizonte, y las leves ondulaciones del océano convirtieron el mar en seda. Después se apagó la luz, y las estrellas empezaron a reflejarse en torno a nosotros con la misma placidez que en un estanque. El horizonte aparecía al fondo tajante como filo de cuchillo.»

—Ariadna...

—Abrázame. —No podía olvidar la imagen del cuchillo sobre mi pecho.

—No te preguntaré si tú no quieres, pero...

—Por fin comprendí que estaba loco. Y que corría peligro si me quedaba a su lado. Marquet me pidió... que le ayudara a realizar el sacrificio.

—¿El sacrificio?

—Quería inmortalizar su obra con sangre suya... y mía.

—¡Es perverso...!

Fabrizio fue a la cocina, pero no llegó a tiempo. Vomitó en el camino.

Acudí en su ayuda. Después de mojarle la frente con agua fría, se sintió mejor. Recordé la maldición de Miguel Ángel. Cuando esculpía su Moisés, Miguel Ángel añadió dos cuernos en el extremo superior de su enorme escultura. Nadie supo entonces cuál fue la razón de esas protuberancias... Y es que cuando a un genio se le concede trabajar para la Iglesia, asoman demonios por todas partes.

—Aún conservo uno de los cuadernos en los que el pintor dibujó sus calaveras que trajo de... —Fabrizio seguía pálido.

—¿De dónde?

—De un poblado de África.

—¿Calaveras negras?

—Sí. Y por eso las ha recubierto de barro. Las calaveras que decoran el pie del altar están recubiertas con polvo de oro traído de una minas del Tirreno tal como manda la fórmula mágica del misterio órfico.

—No sigas, Ariadna. —Me pareció que iba a vomitar otra vez.

—No ha hecho sino continuar una tradición milenaria. Antiguamente, aquello que no podía ser narrado con la escritura ante un pueblo analfabeto era representado en las paredes del templo mediante figuras y signos que todos entendieran. En su mural ha querido vengar la injusticia y el ultraje que sufrió hace años su familia... y todos los judíos de Mallorca.

—Pero... —Hacía un esfuerzo por recuperarse.

—No entiendes por qué ha querido hacer su obra precisamente en la catedral de Palma, ¿verdad? Después de todo, ahora vive en París en una iglesia gótica.

—¿Vive en una iglesia?

—Sí. La adquirió a cambio de un cuadro.

Fabrizio se sentó en el suelo, a los pies de una silla tapizada de verde.

Fui hacia mi escritorio. Los cajones estaban abiertos, pero entre los papeles no había señales de desorden. Lo tuvieron fácil para encontrar las cartas que necesitaban. En el cajón inferior derecho yo guardaba la correspondencia que mantuve con Marquet.

—Después de lo que pasó..., ¿seguías en contacto con él? —Fabrizio estaba perplejo.

—Me habló de su gran proyecto.

—¿Meter calaveras en la catedral? Un gran proyecto, sin duda...

—No, Fabrizio. Esto fue una estrategia suya para provocar escándalo y tener entretenidos a sus adversarios.

—¿Qué has dicho?

—Su objetivo era otro.

—¿Cuál? ¿Enterrarse vivo como Radamés...? —Apoyó la cabeza en el respaldo de la silla—. ¿Qué pretendía, convertirte en su Aida?

—Se las han llevado... —Mi voz era un susurro.

—¿Qué es lo que se han llevado?

—Mis cartas.

—¿Tus cartas de amor? —Aún tenía fuerzas para la ironía.

—Ρακα.

Ante tal cacofonía, Fabrizio reaccionó.

—¡Estúpido! No bromees con las cosas serias, insensato.

—¿Qué significa...? ¿Es griego?

—Hebreo. Sirve para cuando un simple insulto no es suficiente.

—Gracias, Ariadna, creo que lo comprendo.

—Mis cartas...

—¿Qué contenían esas cartas? —Se acercó a mí, con ánimo conciliador.

—Me contaba en qué iba a consistir su proyecto. La Bienal... *Kabiar*. Así la quería llamar.

—¿Y por qué escogió ese nombre? ¿Algún juego con caviar...? —Absurda ocurrencia.

—No.

—¿Entonces?

—Es la unión de tres palabras, pero nunca me dijo cuáles.

—Vaya.

—Me escribía las cartas en griego, para que nadie pudiera leerlas.

—Excepto quien también supiera griego —añadió Fabrizio.

Y entonces me acordé... de don Miquel.

—¡Viejo zorro!

—¿Qué?

—Don Miquel sabía griego..., recitaba la *Ilíada*.

—¿Quién es don Miquel?

—ραισουται αυεμοι ιακχουοιυ βρυχαομευοι αυεϖ καθευδουτε...

—¿Estás bien, Ariadna?

—ραιβακ... el acróstico de los versos de Homero, pero al revés.

—Al revés... ¿de qué?

—kabiar. Su palabra secreta. Sólo alguien que sepa griego puede tener interés por leer esas cartas.

»"Donde los muertos descansaban en paz, ahora los vientos braman como almas en pena a las que ha sido arrebatado el sosiego... Mar y Viento han quebrantado la paz de los muertos."

Para quienes nos precedieron, el gran océano de occidente era un espantoso mar de tinieblas. Más allá de las columnas de Hércules había peligros y tinieblas. Los romanos imaginaban que pasado el Estrecho y más allá de Finisterre el océano de los Atlantes se precipitaba en el vacío.

Algunos historiadores quisieron luchar contra ese prejuicio basado en la ignorancia y el miedo. Plinio se propuso descubrir la existencia del paraíso que, según él, estaba localizado en las islas Afortunadas llamadas Canarias, o islas de los canes. El tiempo demostró que el paraíso no estaba en ninguna de estas islas, ni en ningún otro sitio. Y demostró también que el nombre de Canarias no está relacionado con canes sino con los arios, hombres relacionados con los artesanos que trabajaron para el Temple en la construcción de monasterios y catedrales. El paraíso no estaba en ningún lugar que no fuera la propia búsqueda. Igual que no hubo nunca Reyes Magos, tan sólo la búsqueda del conocimiento.

Nada hay más oscuro que la ignorancia. Oscura, y dañina. Quienes en su momento no tuvieron la posibilidad de expresar su impotencia utilizaron el pincel y la afilada punta del compás. Los cartógrafos de la Edad Media son excelentes testimonios de esa oscuridad en la que vivieron miles de personas hace más de seiscientos años.

Ex picturis semper quid novi... Los trazos de una pintura siempre nos sorprenden.

Por arte de magia y del sol, el rosetón mayor de la catedral de Palma dibuja en su seno una figura mágica. El rosetón mayor queda reflejado en el muro de la fachada sur en forma de un gigantesco ocho con dos esferas perfectamente alineadas. Una de cristal y otra de ilusión. Cada 2 de febrero, día del nacimiento del rey Jaime I, se puede apreciar esta escena mágica propiciada siempre por un sol que no defrauda. Durante unos segundos, los dos mil vidrios del rosetón mayor depositan su luz multicolor sobre el muro opuesto ofreciendo un espectáculo único y efímero a los ojos y a los sentidos humanos. Este juego mágico de figuras geométricas guarda secretos centenarios. Sin embargo, ese espectáculo de la naturaleza no nos permite olvidar el horror que sufrieron quienes sólo pudieron verlo desde la calle, y nunca desde el interior del templo.

Los chuetas, *xuetes* en lengua balear, fueron un grupo social de Mallorca históricamente estigmatizado por su origen judío. La consideración de chueta procede del hecho de llevar alguno de los quince apellidos considerados como tales, que pertenecen a los criptojudíos condenados por la Inquisición.

El nombre procede, según algunos, de la *xulla* o tocino que, por ser carne de cerdo, no podían consumir los judíos. O, todo lo contrario, por comer tocino y demostrar así que no practicaban el judaísmo. También se les solía llamar del Carrer, es decir, de la Calle, en referencia a la calle de Argentería y sus alrededores donde residían la mayor parte de los chuetas de Palma. Según otros, los chuetas deben su nombre al provenzal *jutharia*, barrio donde vivían apartados de los demás y aislados por una cerca con puertas que se cerraban por la noche.

La comunidad judía de Mallorca se remonta a los tiempos romanos y probablemente aumentó en época andalusí. Tras la conquista de la isla por Jaime I en 1229, los judíos de la ciudad fueron obligados a residir en un barrio específico, el Call. Y en 1435, obligados a convertirse al cristianismo. Muchos de ellos siguieron practicando en secreto su religión bajo la apariencia de fieles católicos, lo cual les acarreó problemas, sobre todo a partir de 1478, fecha en la que se estableció la Inquisición en la isla.

Dos siglos más tarde empezaron las persecuciones. Más de doscientas personas acusadas de judaizantes fueron condenadas con la confiscación de bienes y otras penas. Atemorizados, muchos intentaron huir de la isla, pero fueron descubiertos. La Inquisición realizó un auto de fe, y fueron quemados en la hoguera sesenta y tres personas acusadas de practicar el culto judío clandestinamente. A los reos se les paseaba por la ciudad vestidos con un sambenito, un hábito infamante en el que aparecía escrito su nombre y que se les quitaba antes de que se ejecutara el suplicio a fin de poder exhibirlo públicamente durante un tiempo para perpetuar el recuerdo ejemplificador de la sentencia. El castigo como escarmiento se lo debemos a Constantino, el primer emperador cristiano. Con verdadero placer, escuchaba de boca de sus informadores el sufrimiento con el que se retorcían los culpables al sufrir las torturas. Su castigo preferido era el *culleus*, la pena del saco de cuero. Consistía en arrojar al mar al culpable encerrado en un saco con dos víboras y un can rabioso. Lo terrible de este castigo era que el condenado moría destrozado en vida, y una vez muerto no recibía sepultura.

De la iglesia de Santo Domingo quedaron colgados varios sambenitos en los que figuraban los apellidos de los sentenciados. Poco después, muchos de los sambenitos desaparecieron en un incendio. Y quedaron, en total, quince, correspondientes a otros tantos apellidos: Aguiló, Bonnín, Forteza, Fuster, Molferrut, Miró, Picó, Pinya, Segura, Tarongí, Valentí, y algunos más.

Estos nombres estuvieron expuestos al público hasta 1813, perpetuando así la acusación de criptojudaísmo sobre los portadores de tales apellidos. En lugar de intentar olvidar este episodio vergonzoso de la Iglesia, un jesuita de apellido Grau encendió todavía más la llama de la ira publicando un libro titulado *La fe triunfante*. Los chuetas, conocidos como «Los de la Calle», vivían en la calle actualmente llamada Platería, dentro del casco antiguo de la ciudad. Esta calle debe su nombre a la fabricación y comercio de joyas, oficio tradicionalmente reservado a los judíos en muchos lugares del Mediterráneo, y que en Mallorca ha sido casi exclusivo de los chuetas hasta épocas muy recientes. Fuera de la ciudad, los chuetas padecían terribles humillaciones y rechazo. En Alaró, un pueblo del interior de la isla, todos los chuetas fueron estigmatizados con un apodo, *malnom*, que los identificaba. A Marquet, nuestro pintor que ahora está a punto de entrar en la inmortalidad por una obra hecha con su propia sangre, lo llamaban *Patufet* porque de niño fue muy pequeño y de lento desarrollo.

—*Aviat creixeràs, Marquet...* —le decía su padre cuando el niño tenía diez, doce, catorce, y veinte años. A los veinte años salió de Alaró, harto de no crecer y de que nadie reconociera sus dotes como pintor, y se marchó a Ciutat. Con la misma estatura que tenía a los doce años, Marquet siguió siendo Patufet para quienes miraban con recelo sus dibujos tan extraños. De repente creció y desarrolló pectorales, pero siempre fue llamado *Patufet*.

—*Pareix el dimoni...* —comentaban quienes miraban sus primeros dibujos en la galería que aún existe en el barrio de La Creu. Movidos por la curiosidad de saber quién era el nieto de un tal Fuster, muchos acudían a ver qué cosas pintaba ese Patufet que ya medía más de un metro. Pero tal curiosidad no era provocada por la estatura del pintor, sino por la muerte atroz que tuvo su padre, en las afueras de Ciutat. Le pegaron un tiro mientras estaba de caza cerca de Son Armadans. Como no cayó muerto al primer tiro, recibió un segundo tiro.

—Volveré cuando haya vengado la muerte de mi padre... —afirmó el pintor el día que dejó su pueblo, su ciudad, y su isla. Puso rumbo a África, adonde se fue para buscar el sosiego que le arrebataron cuando era niño. Pero antes, alguien le dijo que era un genio.

Y él quiso convertirse en rey.

Carlos III, por medio de varios decretos, intentó rehabilitar a los chuetas en el terreno legal, prohibiendo cualquier discriminación y ordenando que se derribaran los muros del Call, que le daban un aspecto de gueto. Los chuetas tuvieron que dirigirse posteriormente a Carlos IV para explicarle que, a pesar de su ascendencia judía, eran tan católicos como los demás y solicitaban que se hiciera lo posible para aliviar su marginación. Pero no fue cosa fácil. La Inquisición había golpeado fuerte, y las penas impuestas duraron varios siglos. Los familiares directos de los condenados no podían ocupar cargos públicos, ni ordenarse sacerdotes, ni casarse con personas que no fueran chuetas, ni llevar joyas o vestir con tejidos de seda, y tampoco montar a caballo.

Los chuetas no fueron admitidos en las escuelas públicas hasta 1873, y en las escuelas religiosas hasta mitad del siglo XX, por razones de limpieza de sangre. En los años sesenta, con la apertura de la isla al turismo y el desarrollo económico, los prejuicios fueron suavizándose. El breve período de la República influyó favorablemente, debido a su laicismo oficial que dejaba los asuntos de religión exactamente en el lugar que les correspondía, sin permitir que se confundiesen con la escena política y social. En la época republicana ocurrió una novedad memorable: el primer sacerdote chueta ofició misa por primera vez en la catedral de Palma. Ese sacerdote fue el que recordaba Marquet el día que mató al obispo, ante el altar de la capilla del Santísimo, una noche fría de enero, víspera de los Reyes Magos.

—*Marquet, aquesta capella és molt important...* —dijo el obispo al artista tratando de hacerle cambiar de opinión. El obispo sabía que el cabildo en pleno se opondría a la intervención del pintor.

—*Aquí ho faré*—contestó el artista, de forma contundente.

Qué lejos estaba el obispo de imaginar lo que sintió el artista, mientras sus pies pisaban la tumba que guardaba los huesos de su antepasado, el primer sacerdote judío que ofició misa en aquel mismo lugar.

Pero eso era algo... que el obispo no sabía, y que ya no tendría tiempo de averiguar. Su propia sangre salpicaba la losa que cubría para siempre el cadáver de un chueta que sufrió toda su vida la humillación de quienes llevaban sangre más noble que la suya.

16

Al día siguiente, fuimos a la biblioteca de Cort para buscar información sobre Lupino Beccaria, comerciante de Florencia que vivió a finales del siglo XIV. Dos atlas de enormes dimensiones fueron encargados por este comerciante al cartógrafo mallorquín Yafudà Cresques. Tras una larga búsqueda averiguamos que Cresques ya no se llamaba así, sino que adoptó el nombre de Jaume Ribes, su nuevo nombre de converso.

Las instrucciones del comerciante florentino eran precisas. Los atlas debían tener exactamente las imágenes solicitadas, y ninguna más. Ciento sesenta y cinco figuras de personas y animales, veinticinco barcos, cien peces de distintos tamaños, trescientas cuarenta banderas colocadas en ciudades y castillos, y ciento cuarenta árboles. Todas estas ilustraciones tendrían como finalidad decorar los documentos que el comerciante de Florencia iba a enviar a las casas reales de Aragón, Navarra e Inglaterra.

Sin embargo, se conserva solamente uno de estos atlas, que está en la Biblioteca Nacional de París. Del otro, nada se sabe.

—¿Podemos averiguar si hay alguna relación entre los apellidos Ribes y Puigdorfila y Cervora?

—¿Con qué fin? —preguntó Fabrizio.

—Me interesa averiguar la genealogía del apellido Puigdorfila y Cervora. Sé que procede de la Alta Sajonia, y que desde hace tres generaciones sólo quedan dos ramas, una en Munich y otra en Barcelona.

—¿Barcelona? ¿Tiene eso algo que ver con un despacho en La Pedrera?

—No hagas preguntas capciosas. Quiero averiguar de dónde han salido los pergaminos —veía el rostro de don Miquel —... y quién sabía que estaban en mi casa.

No tardamos en averiguar que el bisabuelo paterno de Xavier se apellidaba Ribes; se casó con una alemana cuyo segundo apellido era Puigdorfila-Cervora, separado inicialmente con guión. Las siguientes indagaciones nos permitieron seguir el rastro de un tal Jaume Ribes que huyó de Mallorca y se instaló en Barcelona primero, y más tarde en Portugal, iniciando una nueva vida lejos de la persecución a la que fueron sometidos los chuetas en la isla. Todos sus descendientes mantuvieron viva la pasión por la cartografía que un día empezó con Abraham Cresques, padre de Yafudà.

Don Miquel Augusto de Puigdorfila y Cervora era, sorprendentemente, uno más del largo eslabón de la familia Cresques, llamada Ribes a partir del siglo XV.

—Ahora entiendo por qué tenía tantos mapas y tantos pergaminos...

Recordé el retrato de don Oriol colgado en la pared del despacho. A doña Violeta y sus reuniones esotéricas. Los viajes de don Miquel en busca de libros raros. La primera edición de Krafft-Ebing...

—¿Fue él quien te envió las cartas marinas, verdad?

—Creo que... ya no cabe ninguna duda.
—¿Cuál era su intención?
Cerré los ojos. Me vi nadando desesperadamente hacia tierra firme. A Lluís tendido boca abajo en la arena. *Serena* saltando por los aires... «Explosión fortuita en aguas de Andratx. Un fallo técnico en un viejo *llaüd*...», fue toda la información que trascendió a la prensa al día siguiente. «Qué caro está pagando los errores de otros...», comentó un periodista al final de su reportaje. De forma enigmática, daba a entender que Lluís seguiría corriendo peligro.
—Puede que su único interés... —evité encontrarme con los ojos de Fabrizio— estuviera en la cuarta corona que aparece medio caída en el pergamino número cinco.
—¿Por qué no le llamaste para averiguarlo?
—Quise hacerlo. Pero Xavier me comunicó que su padre jamás admitió haberme enviado ese documento.
—Sin embargo... tú estás segura de que fue él quien lo puso en tu bolso, ¿no es así? —El tono de su pregunta me desconcertó.
—Estoy casi segura de que fue... él. —Dudé ante el pronombre.
—¿Tan difícil te resultó preguntárselo personalmente?
—Ya te lo he dicho. Intenté hacerlo, pero Xavi me repetía una y otra vez que su padre negaba haberme enviado ningún pergamino. A menos que...
—¿Qué?
—Doña Violeta... —Miré de frente al toscano.
—¿Quién es doña Violeta?
La madre de Xavier se alegró muchísimo cuando volví a Barcelona. Sabía que yo iba a restaurar el cuadro de Tommè, en torno al cual siempre hubo polémica. Cuando el cuadro desapareció, no se sorprendió. Don Miquel,

tampoco. ¿Quién ordenó devolver el cuadro a Madrid? ¿Por qué esperaron a que yo hubiese restaurado el dedo...?

Me sujeté la sien, eran demasiadas preguntas de golpe. El dedo de Gaspar...

Empecé a comprender que no fue el dedo del Rey Mago la causa por la que fui invitada a ir a Florencia. No era el dedo, era lo que... se veía una vez limpiadas sus sombras.

—¿En qué estás pensando, Ariadna?

Mi desconfianza afloró a la superficie. De pronto vi en él una amenaza.

—¿Qué te ocurre? —Se acercó a mí. Sentado en una vieja silla de madera en la biblioteca de Cort, Fabrizio tenía abierto un libro que seguramente nadie consultaba desde que sus dueños lo donaron a la biblioteca.

—Déjame, por favor. —Con la mano impedí que se acercara.

»¿Quién... —hice una pausa— te comunicó que yo iría a Florencia? —Estaba segura de que no esperaba esta pregunta.

—No te entiendo, Ariadna.

—¿Tan difícil resulta mi sintaxis?

—Creía que ya te lo había dicho.

—No. No fue Gaetano Ubriachi quien me invitó. Ni fuiste tú...

—¿A qué te refieres?

—Es lo que espero que tú me digas. —Ya no dudé ante el pronombre.

—Pero...

—¿Creías que no iba a darme cuenta del repentino cambio de planes que hiciste cuando llegué? Ángeles y demonios... —Veía la sombra del Minotauro.

—No te comprendo.

—Salí de Barcelona convencida de que iba a Florencia para restaurar una *Trinidad*. Pero jamás la vi.

Mi tono de voz había cambiado. Lejos quedaba mi esperanza de reencontrarme con un fresco que nunca volvería a ver. Sin embargo, yo era la única que había visto el signo que ocultaba. Ahora, tapado por un inmenso mural, permanecería a salvo.

—Ariadna, yo no soy quien dirige el departamento de la universidad.

—¿Qué es lo que vas a decir, que tú también obedeces órdenes? ¿Órdenes de quién? ¿Recibiste el encargo de estar cerca de mí porque te guiaría hasta la salida del laberinto? —A cada pregunta subía mi tono de voz. Unos lectores pidieron silencio, pero yo no hice caso.

Fabrizio me miraba aterrorizado.

—¿Cuál es tu próxima estrategia, maldito diablo? ¿Conseguir que me enamore de ti para que hable sin reservas? ¿Qué es lo que quieres saber?

—Ariadna, yo...

—No quiero escucharte. Me das lástima. —Sentí una mezcla de rabia y de odio. Apartando la silla con furia, me levanté.

—Necesito darte una explicación.

—No la quiero. Dime simplemente adónde pretendes llegar, y te llevaré cuanto antes. Prefiero que desaparezcas de mi vida, en la que nunca deberías haber entrado. ¿Quieres... saber lo que ocultaba el fresco, verdad? —Mientras me dirigía hacia la salida, la gente nos miraba lamentando tal vez perderse el final de aquella escena.

Fabrizio no se atrevía a contestar. Parecía un niño asustado.

—Pues te lo diré. —Ya en la calle, me di la vuelta bruscamente.

Había tristeza en sus ojos.

—Bajo el mural de la catedral está el signo que buscáis, tú, el profesor, don Miquel... sí, también don Miquel. Algún día lo felicitaré por haber conseguido engañarme. Yo creía que doña Violeta era estúpida, y que Xavier era un pobre imbécil. Qué idiota he sido...

—Ariadna...

—¿En qué momento supiste que yo conocía a Bonnín? —Mis ojos estaban llenos de furia— ¿Cómo averiguaste que visitaba a Lluís a la vuelta de mis viajes?

—Deja que te lo explique...

—¿No es a Lluís a quien quieres conocer? ¿No es su casa la próxima visita que tienes programada? ¿Por casualidad... tiene forma de libro lo que estás buscando? —No estaba dispuesta a concederle tregua.

Fabrizio bajó la cabeza. Fue a tomar mi brazo, pero lo rechacé.

—¡Esta isla está llena de pirañas y de tiburones! Por si no hubiera bastantes aquí, otros vienen de lejos siguiendo el rastro de la sangre...

17

El arte ha ocultado siempre un misterio seductor a lo largo de la historia. Comerciar con él sigue siendo tan excitante como arriesgado apostar por un nuevo artista.

Desde hace quinientos años, la Iglesia ha demostrado ser la institución experta en arte más respetada. En sus templos repartidos por el mundo se conservan obras de incalculable valor y libres del riesgo que afecta a todas las obras, su pérdida de valor por alteraciones del mercado.

Por el hecho de estar fuera del negocio mercantil, el arte que decora iglesias y catedrales es de un valor excepcional. De cuantas obras se han realizado al servicio de la Iglesia, conocemos aquellas que nos permiten ver. Pero no las que se guardan en los sótanos, almacenes, archivos, palacios, monasterios, museos y casas señoriales. Éstas son las que tienen auténtico valor, no por lo que muestran sino por lo que ocultan.

Sebastián Gómez, arquitecto diocesano.
Pablo Fuster, delegado diocesano de Patrimonio.
José Batista, presidente del Cabildo Catedralicio.

Tres hombres fuertes de la Iglesia. Los tres, cual modernos Reyes Magos, viajaron a Nápoles en 2006 para visitar a Marquet Bonnín, el nuevo mesías del arte. A la Iglesia no se le iba a escapar ese futuro genio. Su iconografía sensacional estaba destinada a decorar el espacio más bello de la catedral de Palma, mundialmente conocida por su excepcional ubicación frente al mar.

Los tres Reyes Magos de las finanzas eclesiásticas, que llegaron a Nápoles guiados por su buena estrella, quedaron impresionados por la obra espectacular que contemplaron con devoción.

—El Cristo es excepcional —declaró el arquitecto diocesano a su regreso a la isla.

—La silueta del cuerpo de Cristo es profundamente espiritual —añadió el delegado diocesano.

—Lo más impresionante del Cristo es lo que sugiere al ojo humano —explicó el presidente del cabildo.

Estos comentarios aumentaron la curiosidad entre los medios de comunicación, causantes directos del interés generado por titulares en periódicos de medio mundo.

La necesidad de realizar su mural precisamente en Nápoles provocaba todo tipo de elucubraciones. Siendo un artista tan controvertido, resultaba fácil entender que se hubiera marchado de su isla natal y que se refugiara en África para trabajar. Pero Nápoles..., ¿qué tenía esa ciudad que no pudiera encontrar en su propia isla?, ¿por qué no se refugiaba en Alaró, pueblo donde tenía una magnífica casa que ofrecía la paz y el silencio que todo pintor necesita para crear?

—Huye de sí mismo —decían unos.

—Es un excéntrico —opinaban otros.

—Todo él es un misterio —sentenciaban quienes veían en él una luz que ya se iba apagando. La fama es fugaz, y su huella frágil. A Marquet Bonnín le estaba llegando su fin, pensaban los críticos más audaces.

—Cada vez se aparta más de la gente. Ni siquiera habla con sus propios hijos... —añadían sus vecinos, molestos por lo poco sociable de un artista a quien conocían de toda la vida—. Se ha ido a Nápoles a buscar otro alfarero a quien engañar... —Alguien quiso recordar una demanda que le interpuso su propio ceramista reclamando beneficios.

—Sabe que su obra apenas se cotiza, y por eso quiere trabajar en un templo, para asegurarse la inmortalidad...

Se oían todo tipo de comentarios relacionados con Bonnín. Mientras tanto, él seguía alimentando al monstruo de ojos verdes con declaraciones sobre el arte como forma sublime de asesinato.

—¿Conoce usted a algún artista que no haya asesinado en sus lienzos? —replicaba a quienes criticaban la presencia de bichos en sus cuadros—. No hay metáfora más bella que el asesinato. —Era su frase preferida.

Una rueda de prensa, de las pocas que él concedía, producía escalofríos. Pero su marchante se frotaba las manos. Cada crimen elevaba la cotización de sus cuadros. Al final, conseguía su propósito. Que todos hablaran del asesinato con naturalidad. A quienes discutían la calidad de su obra, les recordaba que no son los pintores sino los espectadores quienes hacen los cuadros...

—Quiero realizar una obra de arte que nadie pueda esconder jamás.

—¿Esconder? —preguntaba el periodista.

—Sí... esconder. —Nadie entendía a qué se refería.

Para sus ánforas, se inspiró en los soldados de terracota que un día vio en un entierro en Afganistán. Extravagancias así divertían al artista. Al contarlas en las entrevistas, le hacían aún más grande ante los ojos del profano. Sin embargo, de este mural no llamaban la atención las ánforas sino el procedimiento utilizado. Las creó a base de golpes y puñetazos. He ahí su originalidad, que superaba a la de Miguel Ángel y sus mil golpes de cincel hasta que lograba el dominio de una ingente masa de mármol.

—Los esquemas marxistas nos obligaban a seguir un modelo coherente —declaraba el pintor ante periodistas cuyo rostro reflejaba estupor.

—¿Qué quiere decir con eso? —se atrevió a preguntar uno de ellos, que no entendía nada. El genio, esforzándose en no escupir al ignorante que se atrevía a interrogar al dios del arte, continuó su discurso metafísico.

—En los años setenta —y acompañó su referencia cronológica con un tono que daba a tres décadas de antigüedad la solemnidad de tres milenios— los artistas tenían que ser coherentes, la incoherencia era un pecado castigado con el desprecio. Pero yo... —hizo una pausa para asegurarse de que todos sabíamos que estaba hablando de sí mismo— reivindicaba la incoherencia como posibilidad plástica, el derecho a contradecirme, a poder hacer algo nuevo y entrar en crisis permanente.

—¿A qué edad pintó usted su primer cuadro? —Pregunta necia a quien odiaba la mediocridad.

—Cuando me hice mi primera paja. ¿Cuándo se la hizo usted? —Sus ojos echaban veneno.

El periodista no preguntó nada más. A partir del día siguiente, la fama del mallorquín creció entre un público balear necesitado de drogas fuertes para despertar del letargo en que lo había sumido el auge de un turismo voraz. Por espacio de dos días, la entrevista fue el centro de todas las conversaciones.

A pesar de mi rechazo hacia Fabrizio por su falta de sinceridad, teníamos que seguir juntos durante muchas horas. Faltaban dos días para su intervención en la universidad. Las vacaciones de Semana Santa se habían adelantado para que todos los estudiantes pudieran asistir al evento. Había gran expectación. Los periódicos anunciaron la presencia del italiano, que declinó una entrevista en la televisión.

—¿Cómo se atreve a ocupar el lugar de Cristo? —preguntaban escandalizados los estudiantes de Bellas Artes.

—Es una metáfora. No hay que interpretar sus palabras al pie de la letra. —Al profesor Durán le parecía más escandaloso el puritanismo de sus alumnos que el sacrilegio del artista—. Después de todo, un genio puede concederse licencias que no están al alcance de los demás. Ya los griegos comparaban la belleza con la divinidad —explicaba el profesor, decepcionado ante la mediocridad de sus alumnos, de quienes lamentaba que su horizonte cultural no traspasara la línea del archipiélago.

—¿Cómo pretende que veamos belleza en un mural que está lleno de coles y tomates? —preguntó una de las alumnas más brillantes de la clase. Estaba indignada porque Bonnín dibujó su propia silueta en el sagrario.

—¿Le gustaría que a usted la juzgaran por el tamaño de sus tetas, señorita Palou? —El profesor miraba a su alumna por encima de unas gafas encajadas en su inmensa nariz.

La alumna se ruborizó, y no pudo ocultar su ofensa al reconocer lo exiguo de sus pechos.

—Además es feo y tosco —añadió un alumno, menos brillante, pero que consideró oportuno intervenir para apoyar el punto de vista de la que era considerada la alumna más inteligente de la universidad.

—¿Acaso hay belleza en Cronos devorando a su hijo?
—El profesor lanzó la pregunta al aire.

—¿Devorando a quién...?

Pasó por alto la posibilidad de que no conocieran el tenebroso cuadro de Goya.

—¿O en Cristo sangrando, con llagas que ven millones de niños desde su tierna infancia en la escuela?

Se produjo un silencio denso y prolongado.

—¿Cuál es el motivo por el que un artista que no cree en Dios... —hizo una pausa elocuente— ha querido intervenir en un templo cristiano?

—Porque quería pasar a la inmortalidad —respondió una alumna.

—Esta respuesta no resulta muy original, ¿no cree?

—Pero es la verdad —replicó con firmeza.

—¿Cree usted que el arte y la verdad avanzan por el mismo camino?

—Si el arte no es expresión de lo que el artista siente, ¿qué es entonces? —La alumna demostró tener carácter.

—A veces el mensaje de una obra esconde todo lo contrario a lo que aparenta. ¿Cree usted que Borges creía en Dios porque compuso un poema a Cristo en la cruz?

—Entonces, ¿qué representa este mural lleno de panes y peces?

El profesor dejó pasar unos segundos antes de responder.

—Mañana vamos a tener una clase especial... Un profesor italiano, de Florencia, nos hablará de cosas interesantes.

—¿Italiano? —Las alumnas no podían ocultar su satisfacción al imaginar a un hombre que seguramente sería más atractivo que el gordo y calvo que veían ahora sobre la tarima de madera sin lustre.

—Sí, italiano. Especialista en iconografía renacentista. Pero no hablará de iconos ni de nada parecido.

—¿De qué, entonces?

—Hablará de lo que nadie ha observado hasta ahora en nuestra catedral, de la luz que proyecta la estrella de David.

»Señores, ya es hora de que demuestren su capacidad para convertirse en artistas... —El profesor hizo una pausa mientras se acercaba a la mesa. Cogió un rotulador negro y dibujó unas cruces que ocupaban toda la pizarra. Los alumnos estaban atentos. En el aula reinó el silencio.

—¿Eso es todo?

—¿Qué representan esos signos? —Margarita Palou no se dejó intimidar.

—No son signos, son letras. Símbolos...

—¿Son cruces?

—No, no son cruces.

—Parecen letras griegas —dijo alguien.

—Efectivamente, es la letra griega chi.

—¿Qué sentido tiene repetir tantas veces la misma letra?

—Tantas veces, no. Nueve veces... Y de eso nos hablará mañana Fabrizio Ubriachi, que ha venido desde Florencia para investigar qué hay oculto en el mural de la catedral. Mañana procurad ser puntuales, porque el profesor estará aquí a las diez de la mañana. Espero que haga un sol radiante. Nos va a hacer falta.

18

El Salón de Actos estaba lleno. Acudieron a Son Lledó alumnos de todas partes, alentados por la expectación generada tras la publicación de un artículo en la prensa. «La Nietísima, acompañada de un experto italiano.» Un titular tan ambiguo como inquietante. Yo sabía que mi amistad con Lluís suscitó en su día todo tipo de comentarios. Pero no esperaba que, después de tantos años, alguien los aprovechara para elucubrar sobre mi relación con el clero. Mi abuelo fue el más importante restaurador del patrimonio eclesiástico. Y muchos no perdonaban mi hermetismo relacionado con historias que me contaba sobre iglesias y catedrales.

La Iglesia había manifestado su malestar por unos rumores que la acusaban de impedir los avances de la obra por temor a que en ella se descubrieran secretos que deseaba mantener ocultos.

La conferencia iba a empezar a las diez. Lucía un sol espléndido, y la temperatura era la usual de un cálido mes de abril en la capital palmesana. Incluso el profesor Grimalt, conocido en la universidad por no haber faltado jamás a sus clases de fonética, asistió al evento. Hay quien dice que por curiosidad profesional. Su obsesión por detectar errores en la pronunciación ajena le impulsaba a asistir a conferencias sobre temas de los más variopinto. En esta ocasión, escuchar a un profesor de Florencia hablando de un mural realizado por un pintor mallorquín despertaba en él un interés indiscutible.

Todos estaban ansiosos por conocer detalles del gran misterio del templo. Iban preparados para intuir más que para ver, eso habían aprendido en las clases de arte. Futuros artistas..., éste era el saludo con el que siempre iniciaba sus clases el profesor Durán. Durán instruía a sus alumnos en historia, política, economía, sociología, pintura, filosofía, escultura, religión. Todo ello constituía, según el profesor ibicenco, la esencia del arte. Y, por encima de todo, les inculcaba el sentir de Terencio *nada de lo humano me es ajeno*. La obra de Bonnín no resultaba, desde luego, ajena a nadie en la isla. Pero eso aún no lo sabían.

Desde que empezó su obra el artista, una maldición parecía amenazar la isla. Había muerto un obispo, yo casi volé por los aires, se prohibió ver el mural, desaparecieron mis pergaminos, y de repente descubro en Fabrizio a un enemigo... Hubiera querido invitar a Lluís para presentarle al italiano. Pero no habría aceptado. Con sus guías insólitas, tenía material suficiente para entretenerse solo.

Salimos de casa a las nueve y media de la mañana, y tomamos un taxi en dirección a la carretera de Valldemossa. El día era apacible, sereno. Pinos, encinas y olivos poblaban el campo que otorga a Mallorca esa placidez que la hace tan diferente al resto del mundo. Sus molinos, quietos por la ausencia de viento, eran testigos del paso del tiempo por tierras milenarias.

En el interior del taxi, se instaló entre nosotros un silencio incómodo durante el recorrido. Miré mis uñas varias veces, me atusé el pelo, pinté por segunda vez mis labios de color rosa pálido. Tan preocupada estaba por disimular mi inquietud, que al dejar la barra de labios en el bolso di un codazo involuntario a Fabrizio.

—Perdona...

No dijo nada. Siguió mirando por la ventanilla preguntándose tal vez cómo sería el lugar al que nos dirigíamos.

—Qué bonito edificio —comentó al divisar una construcción moderna pintada de azul.

—Es la cárcel. —Me avergoncé de que el italiano confundiera nuestra universidad con la cárcel.

El revuelo por nuestra llegada no se hizo esperar. Multitud de jóvenes aguardaban en la puerta, ansiosos por observar qué aspecto tenían las dos personas que disfrutaron el privilegio de conocer una obra que ninguno de ellos había podido ver.

En lugar del bullicio esperado, había calma en la puerta principal. Fabrizio me precedía, y yo iba tras él con paso rápido evitando cruzar miradas con estudiantes que sentían curiosidad. El *Diario de Mallorca* había publicado la celebración del acto. Y en la fotografía de archivo yo aparecía con pelo largo y con un peinado muy distinto al que llevaba ahora. El pelo, muy corto, debió de desconcertar a muchos. Mis pantalones de lino, de un color verde pistacho y casi transparentes, tal vez sorprendieron a quien estuviera esperando a la nieta de un amigo del obispo. Sobre Ariadna Gaspí corrían muchos rumores en la isla. Que pasaba muchas horas en compañía de sacerdotes, que tenía amistades en el obispado, que su abuelo tuvo mucha influencia en el cabildo... Pero ninguno de esos rumores definía la personalidad de quien ahora avanzaba con paso decidido y mirada firme junto al restaurador de frescos más importante de Italia.

El decano salió a recibirnos, seguido de un profesor de mediana edad. Fuimos conducidos al Salón de Actos, que ya estaba repleto desde primera hora de la mañana. Transcurrieron unos minutos entre saludos y bienvenidas, y en poco tiempo los estudiantes rezagados ocuparon sus asientos.

Eché un vistazo al auditorio. Reconocí a ex alumnos de Montesión, institución educativa que sigue nutriéndose de los más pudientes de la isla. Dicen que los jesuitas se caracterizan por su sentido del humor, aunque dudo de que sea ésta la razón de su preponderancia. En Mallorca, la mayoría de sus alumnos continúan la estela de su progenitor, de tal forma que abogados, notarios, banqueros y médicos comparten un mismo emblema en su orla académica. En algunos rostros intuí la razón de su asistencia al evento: encontrar un motivo de querella. Todo aquello que pusiera en peligro el secreto guardado durante siglos debía mantenerse protegido. Y yo representaba un riesgo.

En la mesa todo estaba preparado para que Fabrizio empezara su exposición. Un panel era cuanto iba a necesitar. Me senté en un extremo, y dejé sobre la mesa las dos carpetas que contenían los documentos que ambos conocíamos de memoria.

Se oía un murmullo. Los ojos de Fabrizio recorrieron la sala. Al fondo, una fotografía de los reyes de España presidía la pared pintada de blanco. Un ventanal a la izquierda dejaba ver el campus de la universidad, que apenas había cumplido un cuarto de siglo. En los rostros de los asistentes había inquietud, nerviosismo. El profesor bebió un sorbo de agua, de un vaso de cristal reluciente. El decano hizo la presentación de rigor, acto que le llevó varios minutos porque mencionó —una por una— las publicaciones de Ubriachi sobre iconografía del Renacimiento. Algunas las confundió, porque no eran suyas sino de su tío, el insigne Gaetano Ubriachi. Fabrizio consultó la hora sin disimular el gesto. Y no se esforzó en devolver el puño de la camisa a su sitio, dejando al descubierto su reloj imponente con cinco esferas. Un sol radiante iluminaba la sala, a través de ventanales que dejaban ver los almendros. Entonces lo comprendí.

No era su forma lo que hacía únicos los dos relojes. Sino la figura medio oculta en su esfera; y que ahora refulgía con los rayos de un sol radiante. La corona junto a un triángulo representaba los rayos de luz. El final de la búsqueda.

El silencio cruzó la sala cuando le fue cedida la palabra. Los estudiantes estaban inmóviles, parecía que no respiraban.

—¿Quién descubrió América? —Se miraron con perplejidad.

»¿Quién descubrió América? —repitió Fabrizio levantando un poco más la voz; la nuez de su garganta ocupaba el centro del cuello de una camisa de seda cruda. Su tez morena y ojos profundamente negros contrastaban con el color beige claro del traje de lino.

Algunos me miraron con asombro. ¿A qué venía aquella extraña pregunta?

—¿Por dónde sale el sol? —fueron las siguientes palabras, dirigidas al sol que entraba por los ventanales.

A esta pregunta siguió un murmullo que no sorprendió a Fabrizio, ni a mí tampoco. Lo que me sorprendió fue la pregunta, no sabía adónde pretendía llegar.

—Los Reyes Magos viajaron desde Oriente..., ¿para ir hacia dónde? —Era consciente del impacto que producían sus palabras.

De pronto, el estupor invadió el rostro de unos jóvenes que, seguro, no se arrepentían de haber ido a escuchar al italiano. Por fin sabrían qué secreto ocultaban doscientos mil kilos de barro.

—Ni Cristóbal Colón descubrió América, ni Oriente es un lugar geográfico, ni los Reyes Magos fueron a adorar a Jesús. —Pronunció la frase con una solemnidad digna de Tucídides.

Las miradas reflejaban el impacto que causaron estas palabras. Unos contemplaban el panel colocado en el centro de la sala, y que estaba tapado. Tal vez en él estuviera la respuesta a tan sorprendente comienzo.

—Borren ustedes de su mente la fecha de 1492, y cámbienla por la de 1341.

Una joven estuvo a punto de levantar la mano.

—Porque no hay más fecha histórica que la de 1341 —contestó Fabrizio, adelantándose a la pregunta—. Existe 1492, porque antes existió 1341...

Nadie parecía entender el misterio, pero siguieron escuchando. Estaban seguros de que al final lo entenderían.

—Oriente no es Oriente, sino el lugar de la luz.

Esto no les parecía nuevo, ya lo habían oído otras veces.

—Olvídense de Melchor, Gaspar y Baltasar.

La expectación era cada vez mayor. No podían imaginar lo que les tenía reservado el toscano.

—Amor, poder, saber..., he aquí los tres pilares que sostienen al ser humano. Amor... —Me obsequió con una mirada elocuente.

Algunos no podían ocultar su decepción al oír la última frase. Esperaban averiguar qué nombres sustituirían a los Magos de toda la vida.

—Parsifale...

Retiró la tela del panel. Todas las miradas se posaron

en nueve letras. El nombre de Parsifale escrito con letras rojas.

—El Grial custodiado por los caballeros del Temple...

Un murmullo obligó a Fabrizio a interrumpir el discurso. Su mirada *furba* bastó para que todos callaran inmediatamente. Y prosiguió:

—... fue llevado a Oriente en una nave de velas blancas con cruces rojas. Simbólicamente, este traslado representa que la iniciación templaria se aparta del mundo y comienza un período de ocultamiento y secretos. El Grial se lleva precisamente al lugar donde surge la luz, donde nace el sol: Oriente, lugar de origen de la propia Orden. A partir de entonces, Oriente será responsable de la custodia y protección de la tradición espiritual templaria.

Al oír esta palabra me acordé del Call. ¿Qué quedaba del viejo barrio judío? ¿Por qué fueron borradas sus huellas como si se tratara de un barrio de leprosos? ¿Qué fue del barrio del Temple...? Como tantas preguntas que me hacía sobre Mallorca, tampoco para éstas hallé respuesta. Tal vez escuchando al italiano conseguiría vencer la zozobra que me invadía.

—... Cuando el infante portugués Enrique el Navegante envió a sus marineros hacia las Indias, diciéndoles «Id y traedme noticias», estaba poniendo de manifiesto un secreto templario que había sido conservado y revelado por la Orden de los Caballeros de Cristo. Esta orden fue creada por el rey Dionís de Portugal, para ser el receptáculo del Temple tras su abolición. La Orden de Cristo fue aprobada por el papa Juan XXII en 1319, y los caballeros renovaron en ella sus antiguos votos conservando sus insignias pero añadiendo una pequeña cruz blanca sobre la cruz paté roja.

Fabrizio se detuvo un instante. Dejó que los estudiantes asimilaran cuanto acababan de oír. Observó que todos miraban las letras escritas en rojo. Y continuó:

—Una vez disuelta la Orden de los Templarios, la tradición quedó fragmentada en tres partes: el amor se quedó en la Orden del Císter; el poder fue recogido por la francmasonería; y el saber continuó su camino en el movimiento Rosacruz. He aquí la divisa de los rosacruces:

Ex Deo nascimur;
in Jesu morimur,
reviviscimus per Spiritum Sanctum.

»A lo largo de los siglos, ha habido numerosos intentos de restaurar la Orden templaria que tan dramático final tuvo en el siglo XIV. En pleno siglo XXI, en el sur de España ha surgido un movimiento para recuperar las Órdenes de Caballería. En Granada, se han ordenado los siete primeros caballeros de la Orden del Santo Sepulcro de la Real Basílica de San Juan de Dios, ceremonia que estuvo apadrinada por el Priorato Magistral de la Orden Soberana y Militar del Temple de Jerusalén. Su objetivo es salvaguardar los restos de san Juan de Dios. Para ser caballero del Santo Sepulcro, se exige una titulación universitaria. Uno de estos siete caballeros es designado depositario de las llaves del sepulcro. En caso de guerra, por ejemplo, éste podrá abrir la urna y guardar las reliquias del santo en un lugar de alta seguridad...

Fabrizio supo entonces que era necesario interrumpir el discurso. La estupefacción era la expresión común en el rostro de todos. Jamás pensaron que asistirían a un discurso sobre la fundación de una Orden de Caballería.

Merecían un respiro.

Mientras unos cambiaban de postura, otros se miraban entre sí y algunos seguían con la vista fija en las nueve letras del color de la sangre, Fabrizio esperaba el momento para dar su sorpresa final a quienes creían conocer a su artista local.

XPO FERENS

De repente, estas letras en color rojo y blanco ocuparon el centro del panel. Era una sigla cuyo significado resultaba imposible adivinar. Podía ser cualquier cosa.

—¿Para qué se fundó la Orden de los Caballeros Templarios hace ochocientos años? ¿Para proteger a los cristianos en su viaje a Tierra Santa? —Fabrizio preguntaba, aunque no esperaba respuesta. Los oyentes no salían de su asombro. Cogió, entonces, uno de sus cuadernos y leyó en voz alta—: «El mismo año en que fue coronado Balduino II como rey de Jerusalén, allá en 1118, unos nobles caballeros llenos de devoción y temerosos de Dios hicieron votos de castidad, pobreza y obediencia perpetua. Como no tenían iglesia ni lugar para vivir, el rey les cedió un lugar donde pudieron vivir en su palacio, debajo del Templo del Señor...»

»¿Un espacio de mil metros para nueve caballeros pobres? ¿No les parece a ustedes excesiva generosidad la que tuvo el rey Balduino con esos humildes servidores de Cristo? ¿Y qué hacían mientras estaban hospedados en tan amplia mansión palaciega? ¿Trabajaban? ¿Protegían a los peregrinos que acudían a Tierra Santa? No... Nada de eso.

La exposición de Fabrizio se había convertido en un monólogo. Él preguntaba. Él respondía.

—Pasaron nueve años encerrados dentro del templo. Encerrados. ¿Haciendo qué? ¿Meditación? ¿Nueve años meditando... sobre qué?

Las letras de color rojo y blanco seguían ocupando el centro del panel.

—«El que lleva el Cristo...», he aquí el significado del nombre de Cristóbal Colón, abreviado en su peculiar firma *Xpo Ferens*. Buscaban algo..., quizás un tesoro. O un documento. Nueve años dan para encontrar muchas cosas bajo tierra. Schliemann encontró en menos tiempo una ciudad sumergida. Si un hombre solo encontró la ciudad de Troya, ¿qué no encontrarían nueve caballeros armados con todo tipo de escudos, lanzas y cascos? Eran pobres, sí. Pero tenían la protección del rey. Y armas. Fuera lo que fuese lo que estaban buscando, lo cierto es que los pobres caballeros de Cristo amasaron una fortuna de incalculable valor. A su fortuna acompañó un poder excepcional. Y además, obtuvieron el respaldo del Vaticano por vez primera desde que había sido fundada la Orden. El cambio de actitud del Vaticano ocurrió de repente... Y lo que ocurre de repente, despierta cuando menos sospecha. ¿No les parece a ustedes?

El profesor invitó a su auditorio a responder. Pero no hubo respuesta.

—Cerca del palacio real donde se escondieron los caballeros durante nueve años estaba el monte en el cual se levantó el Segundo Templo de Salomón, que las legiones de Tito destruyeron en el año 70. ¿Dejaron los sacerdotes del templo algo muy valioso enterrado para que los romanos no lo sacasen de Jerusalén? ¿Cómo es posible, si no, que el Vaticano concediera tanto poder a los templarios en apenas unos años si no era porque quería guardar un secreto?

Cuando ya los estudiantes parecían haber comprendido a qué se refería, Fabrizio sorprendió a todos con algo que ni siquiera yo sospechaba.

—Un mapa. Un mapa era lo que buscaban los templarios desesperadamente, y no un manuscrito que probara que Cristo había tenido descendencia de su relación con María Magdalena. Sobre esto último, existen documentos que lo han confirmado sobradamente. Ochenta y cinco kilómetros de archivo secreto en el Vaticano son muchos kilómetros para contener solamente condenas a herejes. Un mapa...

Mientras Fabrizio repetía la palabra, iba extendiendo cuidadosamente una tela de extremo a extremo de la pared. Me levanté para ayudarle, y según iba desenrollando la tela el corazón me palpitaba más fuerte y más rápido. Al verla en su totalidad, me quedé petrificada.

Ocupaban el lienzo los seis pergaminos del *Atlas Catalán* de Yafudà Cresques. Ante mis ojos aparecieron las tablas que alguien robó de mi habitación...

Nuestras miradas se encontraron. Fabrizio contestó en aquel instante a todas las preguntas que me hice desde el momento en que llegué a Florencia para restaurar un cuadro de la Trinidad que jamás llegué siquiera a ver.

—¿Es posible que América ya fuese conocida por los fenicios durante sus navegaciones por el Atlántico? —Fabrizio no dejaba de mirar el pergamino—. Las civilizaciones de América del Sur surgieron a partir de la llegada de los fenicios. Se ha demostrado que era posible la navegación en una balsa de papiro desde las costas norteafricanas hasta el Caribe. ¿Por qué no se han encontrado documentos de los templarios después de su desaparición? ¿Qué ocurrió con la flota y el tesoro? —Hizo una pausa—. Cristóbal Colón... —Levantó la vista. Su auditorio escuchaba atentamente.

»Cristóbal Colón —repitió. Sabía que este personaje despertaba curiosidad en Mallorca porque, últimamente, cobraba fuerza la teoría de que Colón era mallorquín. Le habían dicho que entre los asistentes estaría Gabriel Bell, principal defensor de esta teoría, a pesar de que provocaba la risa entre quienes se consideraban expertos en Cristóbal Colón.

Bell sostenía que había una relación entre Colón, templarios, Iglesia, tesoros desaparecidos y el clan Molferrut a quien tanto respetaba la burguesía mallorquina. Detrás de tanta obra cultural benéfica veía el escritor la mano negra de una manipulación perversa. Con un claro objetivo, ocultar la verdad que pusiera al descubierto que ni Colón descubrió América, ni la Iglesia ayudó a tal empresa ni tampoco los Reyes Católicos; y que los Molferrut seguían contribuyendo con grandes sumas de dinero a mover los hilos que en otros tiempos movió la Inquisición, mediante su estrecha relación con los dominicos.

—Según los científicos, Colón siguió en su primer viaje una ruta que antes habían seguido el Temple y los musulmanes. En el siglo IX, los árabes destruyeron tales documentos que se conservaban en Alejandría, y los sustituyeron por copias manipuladas con el fin de que nunca se descubriese la ruta que querían mantener oculta. Tras la caída del Imperio romano, la organización de los invasores bárbaros se impuso desde las islas británicas hasta la actual Turquía, y la Iglesia católica quedó como estandarte de lo que un día fue el mayor poder conocido. La Iglesia era la imagen recordatoria de un modelo económico que tardaría muchos siglos en recuperar. Asumió la representación de unidad imperial. Y pretendió dirigir el poder terrenal para que recuperase el modelo económico y social unificado del Imperio romano. Hubo que esperar hasta el siglo XIII. Pero en lugar de un poder central, surgieron diversos poderes locales pujando por las mercancías de oro, plata y productos exóticos de Oriente. Se acabó la moneda única y empezó la especulación.

—¿Es verdad que existió un asentamiento templario en Canarias? —Por fin alguien preguntó. Y no era, precisamente, el tipo de pregunta que Fabrizio estaba esperando.

—Sí, es cierto. Hay pruebas que lo demuestran. Y Colón lo sabía, igual que los Reyes Católicos. Desde un principio, supieron lo que andaba buscando el judío portugués.

—¿Portugués? —preguntó más de uno.

—¿Judío? —Este dato inquietó mucho más que su procedencia geográfica.

—¿Colón era judío?

—Sí, judío y pariente de Yafudà Cresques, el cartógrafo mallorquín que cien años antes del descubrimiento de América dibujó el *Atlas Catalán* en el cual trazó las rutas que permitieron después a Colón realizar su viaje.

—¿Y por qué se nos ha dicho siempre que fue Colón quien descubrió América?

—Porque no interesaba decir la verdad.

—¿Qué verdad?

—Que mucho antes que Cristóbal Colón una ruta templaria ya estaba en marcha rumbo a América. Y esa ruta fue la que facilitó el viaje a Colón. No olvidemos que por entonces la Iglesia dominaba la idea del mundo. Y jamás habría admitido que sus conocimientos estaban en manos de un judío.

Se oyó un murmullo. Los estudiantes no parecían estar de acuerdo con lo que oían.

—En el siglo XIV —el murmullo cesó— ocurrieron

dos hechos importantes. El primero fue la expulsión de los judíos de los reinos europeos. El segundo fue la detención de los caballeros templarios, ordenada por Felipe IV de Francia, y su inmediata disolución.

—¿Qué tiene que ver Colón con el mural de la catedral? —Por fin llegó la pregunta.

—Reconocerás a un loco porque, tarde o temprano, te hablará de los templarios... —La ironía del toscano fue seguida de un gesto serio con el que dio a entender que el arte de las catedrales iba unido a historias más profundas que las simples imágenes que vemos—. El Temple, los mapas, los judíos..., he aquí todo lo que se esconde detrás de los Reyes Magos. Cada período de la historia ha tenido sus propios Magos. En 1341, Alfonso IV de Portugal organizó una expedición desde Lisboa. Su propósito era recabar información de unas islas llamadas Canarias, que había dibujado en un mapa el cartógrafo mallorquín Angelino Dulcert en 1339. Esta expedición constaba de dos naves y una gabarra, y llevaba consigo caballos, armas y máquinas de guerra para destruir castillos y ciudades. La expedición salió el 1 de julio y regresó en noviembre. ¿Qué pensaban encontrar en las islas recién descubiertas para que fuese necesario ese aparato militar? ¿Acaso iban preparados para combatir a enemigos bien armados y recuperar el tesoro templario? Ese mismo año, los comerciantes mallorquines prepararon expediciones a Canarias. Habían visto en el mapa del cartógrafo Dulcert un símbolo templario. Años más tarde, Yafudà Cresques realizó la carta náutica más importante de la cartografía medieval, encargada por el rey de Aragón Pedro IV el Ceremonioso, para regalársela al sucesor a la Corona francesa, que reinaría con el nombre de Carlos VI el Bienamado. La carta náutica sería supervisada por el príncipe Juan, heredero del trono aragonés. Cresques recibió instrucciones severas que le obligaban a incluir en el mapa todos sus conocimientos geográficos y astronómicos, con especial insistencia en las islas Canarias. Pero Cresques ocultó una, a la cual llamó precisamente *la amagada* (la escondida). Pedro IV, que hizo el encargo a Cresques, era conocido como el del *punyalet* (el del puñalito), por su inclinación a utilizar el puñal con quien desobedeciera sus órdenes. Yafudà Cresques, que había aprendido de su padre todo lo que sabía, conocía los misterios de la Cábala y también la ruta por la que escapó años antes la ruta templaria. Cresques había recibido órdenes de plasmar en el mapa todo lo que sabía, pero tuvo la precaución de transcribirlo de tal modo que el rey francés jamás pudiera llegar a descifrarlo. Ahora bien, si el monarca preguntase sobre la cuestión templaria, Cresques tendría que poder demostrar que había dejado constancia en el mapa, salvo que quisiera hacer frente al inevitable puñalito. Es decir, criptografiando los datos resolvían el problema y, sin revelar, informaban. Colón estaba seguro de que si encontraba a los sucesores de los templarios podría llegar a un acuerdo con el rey de Jerusalén y con el papa para que rehabilitase la Orden del Temple y poder así reconquistar la Ciudad Santa. El retorno de la Ciudad Santa a la Iglesia militante fue planteado por Colón a los Reyes Católicos, y fue objetivo principal de sus viajes. Colón no podía ofrecer su secreto a cualquier patrocinador, porque debía partir de El Hierro, que pertenecía a la Corona de Castilla. Además, si hablaba de la búsqueda de la Orden templaria desaparecida podrían surgir problemas que derivarían en pleitos entre los reinos europeos por la propiedad de las tierras. Había, pues, que esperar a su descubrimiento y posterior rehabilitación para que el rey Fernando el Católico pudiese emprender una nueva cruzada, mientras Castilla y Portugal se repartían las tierras al no aparecer herederos de la Orden. Colón tenía una copia del *Atlas* de Cresques porque era descendiente directo de Abraham Cresques, padre de Yafudà, también cartógrafo. En los documentos colombinos se pueden descubrir las falsificaciones de la familia y el intento de esconder la identidad de Cristóbal Colón. En dichos documentos se ve cómo la negociación se llevó a cabo con la Corona de Aragón y no con la de Castilla, la cual apareció como presunta patrocinadora del viaje... En Canarias hubo una encomienda del Temple, y desde allí se realizaban navegaciones que alcanzaban la costa del Pacífico del continente americano. Colón se limitó, pues, a seguir esa ruta conocida desde mucho tiempo atrás. Un desastre natural cerró el paso a las naves y dejó encerrados en un lago a una manada de tiburones blancos, pero sobre todo impidió a los templarios continuar con el negocio del oro y la plata americanos. La Orden no pudo seguir financiando la guerra de Jerusalén y, cuando comenzó a exigir el pago de lo que se le debía, sus deudores se convirtieron en enemigos, ya que tampoco podían pagar. Los deudores de la Orden del Temple eran personajes muy poderosos. La expulsión de los judíos fue una primera medida para poder hacer frente a un primer pago, y los bienes de los hebreos fueron incautados...

Fabrizio y yo intercambiamos una mirada exhausta. La visión de los pergaminos me impedía concentrarme en su discurso barroco y presuntuoso. Él sabía que la sola mención de Cristóbal Colón junto con los templarios y los judíos provocaría revuelo entre los mallorquines.

—¿Está diciendo que los judíos fueron expulsados por... dinero? —preguntó un estudiante.

—Sí. No hay otra razón para explicar la reacción furibunda contra los judíos en un momento en que, casualmente, éstos exigían el pago del dinero que les debían personas influyentes, entre los cuales estaba precisamente el propio Felipe IV de Francia, quien dio el golpe mortal a la Orden del Temple. Como Europa no estaba en condiciones de generar la riqueza suficiente para afrontar el déficit acumulado, la mejor solución fue la de suprimir al banquero que reclamaba la deuda.

—El Temple...

—El Temple, exactamente. El 13 de octubre de 1307 se ejecutaba la orden del rey de Francia, que consistía en la detención de los caballeros templarios establecidos en su reino y la intervención de sus bienes.

—Pero eso era injusto. —La protesta era esperada.

—Más que injusto, fue una de las felonías más perversas de la historia. La lista de acusaciones era extensa y, casi todas, debidas a causas religiosas.

—¿De qué acusaban a los templarios?

—Las acusaciones abarcaban desde la herejía hasta el sacrilegio y la homosexualidad.

—¡Pero eran acusaciones falsas!

—¿Quién se atreve a decir en voz alta que la palabra de un rey es falsa, o que un obispo ha sido... —Fabrizio hizo una pausa antes de pronunciar la palabra— asesinado? —Se sentía satisfecho por el desconcierto provocado. ¿Un obispo asesinado? A qué se refería el italiano extravagante...

Saldrá un vástago del tronco de Jesé
y brotará un retoño de sus raíces.

»Leonardo utiliza todos los elementos tradicionales, pero su *Adoración* es revolucionaria...

Por fin, Fabrizio retiró la tela del cuadro. Los estudiantes, que no comprendían la relación entre el lienzo del toscano y la obra del mallorquín, observaban el lienzo de Leonardo, el más grande de sus pinturas de caballete.

—Como veis, no se trata de una comitiva sino de un torbellino de figuras, casi sesenta en total. La madre y el niño están encerrados en un espacio reducido, algo está a punto de arrastrarlos. ¿Dónde está José? He aquí el gran misterio del cuadro. José no está presente en la escena familiar de la Virgen y su hijo. ¿Qué se esconde debajo de tantas sombras...? A comienzos de 2001, un grupo de expertos anunció su intención de limpiar esta obra, lo que suscitó indignadas protestas. La pintura era demasiado delicada para ser restaurada. Todos sabíamos, sin embargo, que debajo de sus sombras Leonardo había dejado algo oculto. De que el cuadro está en mal estado no cabe duda. La superficie está recubierta por una sucia piel de barnices posteriores, una pesada mezcla de cola, aceites y resinas. En las zonas más oscuras de la tabla, estos barnices han formado una gruesa pátina de un marrón oscuro. Se ha producido también un blanqueo provocado por la oxidación, que se manifiesta en forma de un reticulado de grietas muy finas y que ha afectado a la superficie produciendo un efecto semejante al de un parabrisas hecho añicos. Pero los que se oponen a la restauración ponen en duda la idea de la legibilidad, que interpretan como un deseo de clarificar algo que el pintor quiso dejar deliberadamente ambiguo. Los departamentos técnicos de los Uffizi se encuentran alojados en un patio anodino frente al museo. En un habitáculo del segundo piso, tendido sobre tres borriquetas de forma que parece una gran mesa rústica, se encuentra la *Adoración* de Leonardo. La habitación es pequeña y está alicatada en blanco; un papel color crema cubre los cristales de las ventanas de forma que dejen pasar la luz tenue, más saludable para las pinturas. Un vago olorcillo a productos químicos nos hace pensar en un laboratorio médico, como si el cuadro fuese un paciente anciano. La pintura se encuentra despojada de la grandeza que le confiere el museo, mientras está a la espera de recibir su intervención. Pero volvamos a la obra que aquí nos ocupa...

Los estudiantes jamás pudieron imaginar que un mural de barro les llevaría a escuchar historias de judíos, viajes de templarios y el engaño de Colón. Y mucho menos, que una obra de Leonardo da Vinci estaba abandonada en un rincón como un anciano enfermo.

—Nuestro pan, nuestro mar..., algún secreto tiene que haber en el mural de vuestro artista —pronunció el posesivo con énfasis— que nos ayude a entender por qué dejó interrumpida su obra. ¿Os resulta creíble que lo hiciera simplemente porque no le pagaron suficiente dinero? —Fabrizio había creado expectación entre su público—. No. No puede ser el dinero la razón de esta interrupción. —Se adelantó a cualquier respuesta—. ¿Qué pudo ocurrir para que se interrumpiera una obra tan importante para todos ustedes? —Fijó la atención en algunos rostros—. No sabremos la respuesta hasta que averigüemos qué pasó aquella noche...

—¿A qué se refiere? —se oyó una voz grave.

—Algo ocurrió en el interior de la catedral para que al día siguiente se prohibiera el acceso al templo.

—¿Qué fue lo que pasó?

—¿A qué se refiere? —El cruce de preguntas acababa de empezar.

—¿Ariadna, tienes tú algo que añadir? —Me acababa de partir una uña.

—Sí. —Sujeté con fuerza mi carpeta de color negro. Me levanté.

Saqué unos recortes de prensa que había acumulado desde que inicié la búsqueda en torno al mural de la catedral.

—He rastreado toda la prensa desde que Bonnín empezó esta obra... —mientras colocaba los recortes en el panel echaba una ojeada a las caras de los estudiantes. Nadie se movía, parecían tocados por la Gorgona—. Y la única polémica gira en torno a la cantidad de dinero que ha pagado el cabildo por una obra que está hecha simplemente de arcilla y agua. ¿Tan caro cuesta el barro? —Hice una pausa, por si alguien quería añadir algo. Pero nadie dijo una sola palabra—. ¿No podría haberlo hecho aquí en Mallorca, evitando así los problemas de traslado y todo lo demás?

Retiré la tela de una fotografía que hice años atrás, mientras vivía en África. Estaba ampliada a gran tamaño.

—He aquí la obra original. Nada que ver con su resultado final...

Fabrizio no pudo ocultar su sorpresa. Abrió los ojos de par en par. Algunos estudiantes se pusieron de pie para ver lo que jamás hubiesen imaginado.

A un lado se podía ver unas figuras, parecían panes en torno a la imagen de Cristo. A la derecha, brazos de mar, tierras lejanas, ríos y océanos en un horizonte que permitía soñar en el paraíso. Una nueva parte del mundo se abría ante nuestros ojos. Otro continente más allá del océano.

—¿Otro continente? ¿Quiere decir que...?

—¿Una cuarta corona? —La sorpresa venía de la última fila.

—¿El cuarto continente? —Otros se sumaron.

—Exacto, el cuarto continente. —Se acercaban al misterio—. Europa, Asia, África..., y más allá un sendero de tierras, islas, golfos que conducen a un nuevo mundo —añadí, señalando cada una de las partes que en el mapa aparecían bien diferenciadas.

—O sea, que Cristóbal Colón...

—... ¿No descubrió lo que dicen que descubrió? —La pregunta no estaba bien formulada.

Antes de responder, esperé a que todos hubieran contemplado el mapa que tenían desplegado ante sus ojos.

—Rutas marinas, fronteras geográficas, recorrido de los vientos, detalle de las costas, riesgo de las corrientes, rocas peligrosas..., ¿quién osaría lanzarse a la mar sin un mapa que advirtiera de tales peligros?

—Bien, va siendo hora de ordenar todo lo que aquí se ha dicho —intervino Fabrizio, poniendo así punto final a mi intervención, que había sido breve pero suficiente para desconcertar.

—Yo tengo una pregunta. —Era el inicio de un debate que seguro iba a ser extenso.

—Adelante. —Sin duda la pregunta iba dirigida a mí; la joven observaba la fotografía.

—¿Quiere decir que... nada de lo que vemos en una obra de arte es realmente lo que vemos? —La pregunta fue sorprendente.

—Algo así, pero... un artista jamás lo reconocería.

—¿Por qué no?

—Porque está convencido de que el espectador verá solamente lo que está predispuesto a ver.

El silencio invitaba a pensar que esperaban algo más. Me di la vuelta hacia Fabrizio, quien no parecía dispuesto a añadir nada.

—Veamos... Todos recordáis la imagen de san Cristóbal, ¿verdad?

—Sí —respondieron algunos.

—El santo que carga con el Niño Jesús sobre los hombros cuando éste le pide ayuda para cruzar el río... —San Cristóbal no es exactamente el santo del que habla la leyenda.

»Este santo —continué— es el crisóforo, o portador del oro, el mercurio necesario en las primeras operaciones de la Gran Obra, el nigredo.

—¿Nigredo?

—El ennegrecimiento de la materia en la primera etapa del proceso alquímico. La melanosis.

—¿El mural de la catedral contiene símbolos de la alquimia? —preguntó alguien que contemplaba el mapa con sus ríos y montañas.

—Todas las catedrales contienen símbolos alquímicos —contesté mientras dibujaba unos signos en el panel—. La alquimia está por todas partes, lo único que hace falta es observar con más atención lo que nos rodea.

—¿A qué se refiere?

—¿Hacia dónde miras cuando andas por la calle? —Me di la vuelta.

—Miro a la gente... —No parecía muy seguro de haber entendido la pregunta.

—¿Y nadie mira hacia arriba? Las casas, las paredes, los balcones, las fachadas, las nubes, el cielo...

Se produjo un silencio.

—Todos ustedes conocen la calle Argentería..., o Platería, como dicen algunos.

Era evidente que los mallorquines conocían el Carrer que un día perteneció al barrio judío.

—¿Alguien recuerda haber visto un balcón que tiene la cabeza de Hermes en su forjado de hierro?

Por el silencio, supuse que nadie se había fijado en un balcón cuyo forjado representaba una cabeza indiana con grandes plumeros. Emergiendo de la cabeza, estaba representada la vara de Hermes con la serpiente y el caduceo, rematado con el casco y las alas de la divinidad del comercio. Nadie había visto un Hermes en el Call de Ciutat.

—Puede ser que la imagen de Hermes —continué mientras algunos trataban de averiguar en qué balcón podía estar lo que yo describía con tanto detalle— fuese una manera de simbolizar la actividad mercantil de alguien que había trabajado en las Américas.

Me acordé entonces de la herrería que existió hace años en la calle del Mar, y que ahora se había convertido en agencia para turistas.

—En las catedrales de proporciones sagradas —miré hacia los almendros—, nacidas de las transmutaciones del *Phi*, todo está al servicio del simbolismo espiritual. La elevación casi mágica del interior de las naves —proseguí, sin dejar de contemplar los almendros—, donde unas columnas finísimas sostienen el espacio celeste de la bóveda, la luz que se filtra desde las vidrieras... Todo ello es un símbolo del Reino de Dios.

Algunos estudiantes parecían decepcionados por el tono que iba tomando mi intervención. Nada más lejos de su voluntad que asistir a una charla espiritual.

—Las representaciones alquímicas están presentes en todos los templos góticos. —Me coloqué en el centro de la sala y abarqué el auditorio con mis ojos y con mis manos—. Las vidrieras presentan tonalidades azules, verdes y rojas que sólo pudieron obtenerse a partir de los trabajos que se desarrollaron en busca de la ansiada piedra filosofal, capaz de convertir materia grosera en oro.

Observaban los colores del fondo del mapa que seguía abierto. El nuevo continente. La búsqueda del oro. El descubrimiento de América.

—Una catedral no es sólo un lugar de celebración de ritos religiosos, también es un gran laboratorio donde el espíritu puede elevarse por encima de la impureza. Tumbas, altares, capillas, todo ello no es más que una suma de añadidos que disimulan su verdadera función.

A estas palabras siguió una quietud sepulcral. Sus ojos no podían estar más abiertos.

Mostré una fotografía de un periódico. En ella había seis personas. Marquet Bonnín ocupaba el primer plano. A su derecha, el presidente del Gobierno Balear. A su izquierda, el obispo, y junto a éste el presidente de la Banca Molferrut. A su lado estaba Pablo Fuster. Junto al canónigo, doña Consuelo Molferrut, hija de Margarita Cerver y de Cristòfol Molferrut.

—¿Echan ustedes en falta a alguna persona que debería estar en la foto?

No hubo respuesta.

Hice una señal a Fabrizio. Pulsando una tecla, amplió la imagen de Marquet Bonnín. Mientras todos contemplaban los ojos coronados por dos enormes cejas albinas, enfoqué sucesivamente los cinco acompañantes.

—¿No se han preguntado ustedes por qué el artista no ha colocado aún los vitrales? —Les sorprendió la pregunta—. ¿Qué puede aportar un vitral a una obra hecha de barro?

—Luz... —La respuesta fue unánime.

—¿Están seguros...?

No respondieron. Cómo podían adivinar qué imagen aparecería en las ventanas del templo...

Observé a las personalidades sentadas en primera fila. El excelentísimo rector, el decano y los profesores ese día estaban mezclados con sus alumnos. En todos ellos percibí no sólo asombro. Percibí mucho más.

Estupor y temblores.

19

—¿Qué esperabas de mí?
—Eres injusta conmigo, Ariadna. Lo único que deseaba era que no corrieras peligro.
—¿Y no se te ocurrió mejor forma que el engaño?
Fabrizio bajó la cabeza. Continuó andando, con las manos en los bolsillos del pantalón. Del puerto llegaba una brisa cálida. El Paseo Sagrera, flanqueado por docenas de palmeras, nos recordaba que estábamos en la isla de la calma. Y del silencio.
—¿Qué miras? —Me detuve a contemplar la estatua de Rubén Darío.
—Llegó a principios de los años veinte. Como tantos otros, se refugió en Mallorca huyendo de las penas del alma. Y de los excesos.
—¿A qué te refieres? —preguntó Fabrizio.
—Vivía en París, excesivamente entregado a la *vie parisienne*... Fíjate en esta lira de bronce...
—En un monumento a un poeta no es nada raro. ¿No se representa a Apolo tocando la lira?
—«Y que sirvan de polen tus cenizas en nimbo azul de un florecer humano, salvándose los valles fronterizos conversos y con rosas en la mano.»

—¿De quién es?

Me acerqué a la estatua, señalé el nombre que aparecía bajo los versos.

—¿Por qué crees tú que un escritor interrumpe una obra? —Miré de frente al toscano.

—¿Qué quieres decir?

—Rubén Darío empezó una novela que nunca terminó. *La isla de oro*.

—¿Y qué tiene eso de raro? Muchos artistas tienen obra inacabada...

—Déjate de tópicos, por favor.

—¿Qué quieres que te diga, Ariadna? No tengo ni idea de qué novela me hablas.

—Claro. Porque no la terminó, y no la publicó. Pero yo he leído algunas páginas. Mi abuelo conservaba los periódicos.

—¿Qué periódicos?

—Parte de esa novela se publicó por entregas en un periódico de Buenos Aires.

—Entonces sabes tú más que yo. —Seguíamos mirando la lira de bronce.

—Al principio vivió en casa de Juan Sureda, intelectual muy influyente. Luego se refugió en Valldemossa. La Cartuja le dio la paz que buscaba, cuando el alcohol ya estaba a punto de acabar con su vida. Allí empezó a escribir *La isla de oro*.

—Bonito título.

—La decadencia de Europa...

—¿Por qué crees tú que no la terminó? —Ahora él me hacía la pregunta.

—Tal vez daba demasiados detalles de lo que ocurrió ahí dentro... —Señalé el castillo de Bellver, que se alzaba imponente a lo lejos—. Lo que ocurrió entre esos muros nadie lo sabrá nunca.

—¿Cuánto tiempo vivió aquí? —Fabrizio contemplaba el rostro del poeta.

—Dos años.

—¿Y en dos años...?

No terminó la pregunta. ¿Qué hizo el poeta en dos años para merecer una estatua? Se retiró a Valldemossa, entregado a la meditación, tras una estancia fugaz en casa de su anfitrión. Qué vio entre aquellas paredes... es algo que sigue siendo un enigma.

—Dos años..., y se gana una estatua. No está nada mal. —Chasqueó la lengua y torció la boca. Su ironía me desagradó.

—Sin embargo, por cuarenta años una sola calle...
—Mi intención fue vengarme.

—¿A qué te refieres?

Lancé una mirada inquisitiva.

—¿Qué ocurre, Ariadna?

—¿Quieres dar un paseo por la calle del... archiduque Luis Salvador?

Fabrizio palideció. Se apartó de la estatua, y también de mí. Al verlo de perfil, me pareció menos alto.

—No te preguntaré nada que tú no quieras contarme.

Estuvo ausente unos segundos. Al sugerir que continuáramos el paseo, asintió sin decir nada.

Al día siguiente, tenía que regresar a Florencia a última hora de la tarde. Le propuse visitar *Jerusalén*, una original obra que se exponía en Es Baluard el día de la inauguración. Quedaban varios interrogantes por resolver. El más importante afectaba a nuestros sentimientos. Yo apenas sabía quién era él en realidad.

Desde el Paseo Sagrera hasta la plaza Santa Catalina había un largo trecho, que nos vino bien para sofocar silencios que de otro modo se habrían hecho insoportables. Dado que aquél sería nuestro último día juntos, cumplimos con la agenda que habíamos programado en su momento. Almorzamos en Casa Eduardo, cerca del Club Náutico.

—¿Qué te parece que almorcemos en el puerto frente a un baluarte medieval?

—Fantástico.

Sorteamos las redes que estaban tiradas por el suelo. Las barcas reposaban, tras culminar su faena.

—La especialidad de la casa es caldereta de langosta. Te la recomiendo.

—Estupendo.

Un olor a pescado fresco nos invadió al subir las escaleras. Una vez dentro, el aroma a caldereta de langosta era ya inconfundible.

—Yo tomaré el mero a la plancha con hierbas silvestres. Por cierto, ¿te gusta el bacalao?

—Sí.

—Entonces probarás la *esqueixada*. Lleva bacalao, pimientos y aceitunas negras.

—¿Y esto...? —La etiqueta de la botella llamó su atención.

—Ya ves..., hasta en el vino tenemos a buenos artistas.

—Qué imagen más... inquietante. —Acertó en el calificativo.

—Ánima Negra, 2001. Miquel Barceló diseñó varias botellas.

—¿Miquel Barceló?

—Sí. Un artista muy importante aquí.

Durante un rato me quedé observando la etiqueta. No pude evitar recordar a Pablo Fuster, y las dos víboras muertas junto al cadáver.

Un helado de higos culminó nuestro último almuerzo en Palma. El café, lo tomamos en El Pesquero.

—Aquí no hay *amaretto, mi dispiace*..., ni seductoras botellas de cristal de Murano. —Quise disimular la seriedad con una broma que resultó poco apropiada.

Después recorrimos la bahía en un paseo que equivalía a una despedida. Lucía un sol espléndido. Con el mar a nuestra derecha y la catedral de frente, hablamos de nuestro primer encuentro en Florencia. Inevitables silencios se interpusieron en la conversación, que a pesar de todo me ayudó a saber algo más del toscano.

—¿Por qué habiendo estudiado Historia y Arqueología te dedicas al arte? —Le sorprendió la pregunta. Al girarse hacia mi, capté una arruga que antes no estaba.

Se puso tenso.

—No ha sido difícil, ¿sabes?

—¿El qué?

—Averiguar por qué me invitaste a Florencia.

—Ya te lo expliqué, Ariadna.

—¡No me explicaste nada! —Pedí disculpas por haber levantado la voz. Encendí el último cigarrillo que me quedaba—. Todavía no sé por qué no vi el cuadro de Andrea del Sarto. ¿No iba a restaurar la *Disputa de la Trinidad*...? ¿Quién levantará el dedo por mí? ¿Lo harás tú?

No respondió. Disminuyó el paso.

—Por cierto, ¿por qué tanto interés en que estuviera cerca del Palazzo Pitti, si tampoco lo visité?

—Necesitábamos más tiempo, eso es todo.

—¿Más tiempo? ¿No será que tuviste miedo de que me acercara demasiado a tus lares?

—¿De qué hablas?

—Dime, Fabrizio..., ¿también a ti te llamaban el «sabio de la casa»? —La pregunta le hirió. Pero yo necesitaba saber cuál era la verdadera razón de la invitación a Florencia.

Sin embargo, Fabrizio no parecía dispuesto a responder. De pronto, el italiano parecía haber perdido la seguridad que tanto me impresionó el día que lo conocí.

Subimos a un taxi. Íbamos a asistir a uno de los eventos más esperados del momento. Por tercera vez, se inauguraba un museo que estuvo acompañado de polémica desde su origen. A su primer intento de inauguración, siguió en dos ocasiones su cierre. Las razones nunca estuvieron claras. Esta vez, parecía que la inauguración iba en serio. Las murallas medievales, que en el siglo XVI adoptaron la forma que tienen hoy, permitían finalmente albergar en su interior valiosas colecciones de arte. Diez años después de que el ayuntamiento de Palma cediera los terrenos para su construcción, la ciudad podía presumir de tener uno de los museos más bellos del mundo. Su emplazamiento frente al mar, entre la catedral y el castillo de Bellver, ofrecía un espectáculo único.

Obras de arte que durante mucho tiempo no estuvieron expuestas al público ahora lucían soberbias entre muros de piedra centenaria y una sabia combinación de acero, hierro, cristal y madera en perfecta armonía con la luz del Mediterráneo.

Como mezcla entre baluarte de religión y de culturas, un artista catalán ofrecía su peculiar canto a la convivencia entre razas. Con una referencia al *Cantar de los Cantares* de Salomón, su obra rendía homenaje a la palabra universal.

—¿Qué es esto? —preguntó Fabrizio, ante unas piezas circulares de gran tamaño.

—Gongs..., son su instrumento favorito. —Señalé la fotografía del artista que presidía la sala.

—¿Gongs?

—Instrumentos de percusión.

—Ya sé lo que son, pero no entiendo qué relación hay entre Jerusalén y...

—¿Quién ha dicho que el arte esté hecho para que tú lo entiendas? Tierra, aire, sangre, semen, caos, silencio.

—¿Qué?

—Palabras que identifican la obra del artista.

—¿Y cada uno de los gongs simboliza...?

—Más o menos.

—¿Cuál es el semen?

—Guárdate la ironía para otra ocasión.

—Lo que más me gusta son las murallas de fuera.

—No tienes sensibilidad. —Se encogió de hombros, y buscó la salida.

—Dejo que tú mires las figuritas, yo te espero fuera. Prefiero contemplar la bahía. Nada de lo que hay aquí dentro iguala la belleza del puerto. Quién sabe cuándo volveré a verlo...

—¿Me vas a dejar sola aquí?

—No te dejo sola, Ariadna. Salomón te acompaña. Míralo ahí... —Con la barbilla señaló la estatua del rey sabio.

Una escultura simbolizaba a quienes acuden al templo de Jerusalén en busca de su identidad. O algo así.

—De acuerdo, no tardaré. —Ya se había ido.

Avancé lentamente por cada una de las salas del museo. Había algunas obras impactantes. Otras me parecían feas y vacuas. Una inmensa pieza a la entrada estaba sujeta con cuerdas; se había desmoronado. Su artífice no contó con la presencia del viento, y un día de invierno la escultura se vino abajo. Un museo frente al mar, y el escultor no cuenta con el embate del viento..., incluso el arte contemporáneo está sujeto a las fuerzas de la naturaleza. El toro de Calatrava, nombre que los mallorquines dieron a esa extraña sucesión de cubos superpuestos que parecen desafiar al viento, da la bienvenida a quienes visitan Es Baluard. Al toro, después del percance, nadie se atreve a acercarse.

Lamenté que Fabrizio no estuviera a mi lado para intercambiar impresiones. Cuando llegué a una sala donde colgaba un inmenso cuadro de Miquel Barceló, observé a dos hombres que hablaban en voz baja. Uno de ellos vestía un elegante traje de seda fría, algo pronto para ese tejido. Aún no había llegado la primavera. Del otro, no pude ver su rostro porque estaba de espaldas sacando documentos de una carpeta.

Recorrí las cuatro salas, todas llenas de gente muy bien vestida y luciendo su mejor sonrisa. Hombres y mujeres, guapos, perfumados y elegantes como nutrias. Era un gran día para el museo, cuyo objetivo era mostrar al mundo la riqueza cultural de la isla. Como si fuese necesario hacer alarde de lo mejor de sí mismo. Todos sostenían una copa de cristal llena de vino o de cava, nada del vasito de plástico habitual en las inauguraciones corrientes. Aquélla era una ocasión especial, y había que celebrarlo por todo lo alto. Deliciosas viandas preparadas por Ca'n Frasquet aseguraban deleites infinitos en las bocas de hombres y mujeres que acudían a su cita con el arte. Al ver los mazapanes y amargos de coco, recordé las tardes de domingo junto a mi abuela, que era aún más golosa que yo.

Pocas veces se inaugura un museo en lugar tan privilegiado como el de Es Baluard. Por el simple hecho de estar frente al mar, fue un placer visitarlo. El contenido pictórico merecería un juicio aparte, pero aquel día no acudí a valorar las obras colgadas de sus paredes, sino a contemplar la peculiar obra *Jerusalén* que, según los entendidos, era una obra de excepcional belleza.

Este nuevo museo se proponía ser el número uno, superando al Gran Hotel y a la Fundación March. A su favor tenía muchas ventajas. Una, su ubicación; otra, la personalidad de su amo (era su amo, sí. Así lo llamaban, *L'amo*, como en época feudal). Pero la ventaja más importante era la procedencia de sus cuadros. Las obras que anunciaban para su próxima exposición despertaban todo tipo de incógnitas. Mucha gente no había oído hablar jamás de ellas.

La familia en metamorfosis estaba en boca de todos. El Museo Reina Sofía lo iba a ceder durante dos meses al nuevo museo de Palma en la próxima temporada. Nadie lo había visto nunca.

El astrónomo era otro gran reto. ¿Conseguiría *L'amo* colgarlo en las paredes de su museo?, se preguntaban quienes conocían la historia de ese lienzo, que llegó a convertirse en la obsesión de Hitler.

Por qué se elegían cuadros tan raros era algo que nadie comprendía. Para impresionar, decían unos. Es un extravagante, opinaban otros refiriéndose al singular propietario. Había, sin embargo, quien opinaba que la elección de esos cuadros reflejaba el altísimo nivel cultural de la isla.

—Mira esa que va de rojo..., ¿sabes quién es? —preguntaba una señora a su amiga sin preocuparse por el volumen de su voz.

—No, ¿quién es? —preguntaba la otra, vestida de riguroso negro.

—La ex de Salas —dijo la primera mujer, llevándose una mano a la boca. La intriga prometía.

—¿La que se lio con...? —No era necesario acabar la frase.

—Sí.

—Vaya, por fin la veo de cerca...

—¿A que no se le nota nada?

—¿El qué?

—¡Qué va a ser, mujer! —Acercó su copa de vino a la altura de los ojos.

—Ah..., ¿se ha operado? —aventuró la otra mujer, satisfecha de recibir tal confidencia. Cuando una mujer descubre que otra se ha operado se siente mejor consigo misma.

Las dos féminas, agarradas del brazo cual siamesas, recorrían las salas del museo con una copa llena de vino, sin importarles mucho qué cuadros colgaban de las paredes. Se acercaron a los gongs, y elogiaron su corusco bronce.

Me alejé de ellas, en busca de un panorama menos siniestro. Oía a mi alrededor susurros de personas que hablaban sin querer ser oídas. De los susurros surgen grandes negocios. Cuando me acerqué para ver los detalles del cuadro de Barceló, vi a mi lado al hombre de antes. Lo miré, y tuve una sensación extraña. Me quedé paralizada.

—¿Aún no te has cansado? —Fabrizio entró en aquel instante. Al verme frente al cuadro, pero sin mirar el cuadro, se acercó y me cogió del brazo.

—Ariadna... —Iba a proponerme que saliéramos de allí.

—¿Te estás aburriendo? —le pregunté.

—Oh, no... —Reaccionó igual que yo al ver a ese hombre.

—¿Lo conoces? —pregunté.

—Vámonos, Ariadna.

—¿Quién es? ¿Acaso lo conoces?

—Igual que tú. —Tiraba de mí hacia la salida.

—Yo no lo conozco. —Enfaticé el *no*.

—¿Y por qué te has quedado mirándolo como si hubieses visto un fantasma?

—Porque su cara me recordaba a alguien.

—¿A quién? —preguntó mirando de reojo, pero sin volver la vista atrás.

—El día que salí a navegar con Lluís vi a unos hombres entrando en la galería de arte. Sueños y pesadillas...
—¿De qué hablas?
—¡Vámonos, Fabrizio! Tengo que ver a Lluís enseguida.
—¿A quién?
—A mi amigo, el que vive en Deià.
Fabrizio se detuvo, y se dio la vuelta. Quería asegurarse de haber visto al hombre que él creía haber visto.
—¿A cuál de los dos conoces? —pregunté.
—¿Qué?
—Tú también lo conoces, ¿verdad?
—Quisiera equivocarme, pero me temo que...
Entonces el hombre se percató de nuestra presencia. Su mirada insistente hizo que el otro se diera la vuelta. Sus ojos se posaron inmediatamente en Fabrizio.
—¡Corre, Ariadna!
—¿Pero quién es?
—No preguntes. ¡Corre!

Salimos corriendo, tras dar algunos empujones a señoras que veían el mundo sobre tacones de diez centímetros. No había tiempo para pedir disculpas. Evité pisar un trozo de pimiento que se debió de caer de una coca de *trampó* que alguien tuvo la suerte de saborear. Nos dirigimos a la avenida Argentina donde tenía aparcado mi coche. Lo puse en marcha rápidamente, y en pocos segundos crucé Jaime III y vía Alemania.

Cómo una ciudad tan pequeña puede sostener tantos coches..., lamenté mientras esquivaba un todo terreno de color negro. Cuando por fin dejé atrás el dédalo de calles, conduje a una velocidad superior a la permitida por la sinuosa carretera que lleva hacia Deià. No sabía si encontraría a Lluís en casa, pero tenía que intentarlo. Su maldita manía de vivir sin teléfono me podía costar la vida. Pero eso a él no le importaba. Escribiendo en su casita de piedra lejos del mundanal ruido, el navegante solitario había conseguido hacer realidad el tópico virgiliano de la paz bucólica en el campo. Tienes que venir en otoño, cuando el aire huele a brezo y a humo de leña..., decía Lluís cuando yo elogiaba el verdor de sus plantas a principios de verano.

—¡Nos vamos a matar, Ariadna! —Fabrizio se agarraba al asiento.

—Antes de que disparen ellos, prefiero morir contra estas rocas.

—¿Estás loca?

—¿Por qué no me dices de qué los conoces? —pregunté sujetando con fuerza el volante.

—No estoy seguro, pero me ha parecido que... ¡Ariadna, ve más despacio!

—La mentira me excita. Así que te conviene decir la verdad, si no quieres acabar en las fauces de Poseidón.

—De acuerdo, de acuerdo. Pero conduce despacio, por favor...

—¿Para qué? ¿Para que nos alcancen? —Miré por el retrovisor. De momento, no veía más que asfalto.

—¿Por qué crees que nos siguen? —Se sujetaba al asiento con los brazos agarrotados.

—¡Contesta primero!

—Al de negro... lo conocí en Siena. Es amigo de mi tío.

—El monstruo de mirada libidinosa... —Me acordé del repollo negro. Y del maldito *fegato*.

—Ya sé que nunca te resultó simpático.

—¿Simpático? Me conmueve tu filantropía.

—Es algo cínico, eso es todo...

—No te andes con rodeos. Quiero que me hables de quien nos pisa los talones, no de un pobre diablo que come hígado de conejo.

—Es Lucio Fendelli... un marchante de Milán.

—¿Y el otro?

—No lo conozco. Pero eso no importa. El peligroso es...

—¿Peligroso? ¿Significa algo que hoy se encuentre aquí y hace unos días estuviera en una galería de Andratx?

—Sí, tiene mucho que ver —dijo en voz baja.

—¿Tiene que ver con la desaparición del cuadro de Tommè del museo de Pedralbes?

Yo iba atando cabos a cien kilómetros por hora. La sucesión de curvas podía ser mortal.

—¿A qué te refieres? —Seguía agarrado al asiento, sin dejar de mirar al frente. Como si con ello pudiese evitar un choque mortal.

—Te lo repito: el cuadro de Tommè.

No contestó.

—¿Me has oído?

—Sí.

—¿Sí, qué? ¿Lo recuerdas?

—Lo recuerdo, Ariadna.

—¿Por qué desapareció mientras yo lo estaba restaurando?

No hubo respuesta. Pisé el acelerador.

—¡Por favor! —Le daba pánico la velocidad. Y, sobre todo, el mar. Desde aquella altura se adivinaba siniestro.

—Si quieres que no pise el acelerador, contesta a mi pregunta.

—Mi tío se dio cuenta de que... —Titubeó antes de continuar.

—¿De qué?

—Supo que habías visto la inscripción.
—¿Qué inscripción?
Miró hacia la derecha.
—¿Qué inscripción?
De pronto, me acordé. *Ad ripam*...
Yo no había entendido qué significaban esas palabras latinas en una esquina del cuadro. Junto a la orilla..., pero no había orilla en el cuadro. Ninguna figura indicaba que la escena estuviese ambientada en las proximidades de un río.
—*Ad ripam*..., se refiere al marco. —Su voz era apenas audible, casi un murmullo.
—¿Qué es lo que había en el marco?
Bajó la cabeza.
—¡Contesta, maldita sea!
—Veinte millones de euros...
—¡¿Qué?! —Hice un giro brusco con el volante. Fabrizio se quedó blanco.
—Te lo suplico, Ariadna.
—Lo mismo hago yo, y no respondes.
—Era la cantidad que Lucio Fendelli pagó a mi tío para que se retirase el cuadro.
—¿Tanto valía?
—Ya te lo he dicho. Pagaron esa cantidad no por lo que valía, sino por lo que ocultaba.
—Entonces... —Traté de ordenar datos que tal vez estuvieran relacionados.
—No comprendo qué hacía ese hombre delante de un cuadro de... —Él pensaba en voz alta, pero yo no lo escuchaba.
—Los pergaminos tenían esa misma inscripción... —sentencié con voz neutra.
—¿De qué estás hablando, Ariadna?
—No hay tiempo para hablar, es hora de actuar.

—¿Qué piensas hacer?

Miré por el retrovisor. Un coche negro nos seguía, cada vez más cerca. Pisé el acelerador, aunque sabía el riesgo que eso suponía en las curvas que estaban a punto de llegar. Pero yo conocía bien la Serra de Tramuntana. Quedaban diez minutos para entrar en Deià. Tenía que llegar hasta la casa de piedra. Era cuestión de vida o muerte.

Pensaba en aquel hombre de traje gris, y en el otro vestido de negro.

El fantasma de Andratx..., el barco volando por los aires. Fuego criminal.

—S P S T... —murmuré.

—¿Qué significa? —Fabrizio estaba muerto de miedo. Las curvas no cesaban.

—Sociedad Protectora de la Serra de Tramuntana.

—¿Y...?

—Qué genio quien inventara las siglas... —Hice una mueca de satisfacción.

—S P S T —repitió. —No conozco esas siglas.

—Asesinos en potencia. —Seguía mirando por el retrovisor, el coche negro estaba cada vez más cerca.

El deportivo nos pisaba los talones. Ya no había duda de que iban a por nosotros. Un camión que venía de frente por la estrecha carretera lo obligó a disminuir su marcha. Gran ventaja la de los coches pequeños como el mío, pueden seguir a su ritmo como si no pasara nada.

El flamante coche de carreras se había separado unos metros de mi Mini Cooper, y aprovechando una curva que para ellos sería imprevista pero que yo conocía bien, gané distancia y algo de tiempo. Hice un giro en un desvío medio oculto, imposible de ver para quien no conociera el lugar. El flamante Lamborghini seguía su enloquecida marcha.

Por fin respiramos tranquilos.

Poseidón pudo calmar su apetito. Miura, un pura sangre. El modelo más espectacular del motor italiano acababa de librar su última batalla con otra fiera. El mar.

Nos miramos en silencio. Invadió el interior del coche la más absoluta quietud. Dos monstruos acababan de desaparecer.

Pero a mi lado tenía a un desconocido.

—Y ahora, dime qué pasa. —Crucé las manos sobre el volante.

—Yo...

—Si no hablas, piso el acelerador y te mando al infierno.

—Lo siento, Ariadna. Jamás pensé que estarían aquí. —Si pisaba el acelerador, ambos caeríamos en el vacío.

—No te he pedido una disculpa. Te he preguntado qué pasa.

20

El conflicto bélico europeo de principios del siglo XX proporcionó a los comerciantes de guerra unas ganancias millonarias. Cristòfol Molferrut había acumulado una gran fortuna con el contrabando de tabaco y se disponía a invertir en el sector químico en expansión.

El complejo de Portopí fue la industria más importante de Mallorca, por capital invertido y por número de puestos de trabajo. Por qué invertía tanto Molferrut era la pregunta que se hacían muchos pero nadie se atrevía a formular. Sabían que, de hacerlo, se arriesgaban a padecer la tortura de la calza de arena, que consistía en morir de asfixia con una calza llena de arena. Patriotismo... he aquí la razón de tantas inversiones, según explicaba con satisfacción.

«Gracias a mí aumentará la riqueza de este país», comentaba a sus amigos, fascinados por la agilidad del pirata más astuto del siglo XX. De él decían que daba las gracias todos los días a sus dos protectoras más queridas, su madre y la guerra.

Hombre de buena estatura, cuerpo bien formado, con cráneo muy marcado y una frente espaciosa, Cristòfol Molferrut se propuso desde muy joven ser el propietario más rico de Mallorca. Y lo consiguió.

Por su cultura, era un pobre hombre. Toda su habilidad con los números se traducía en torpeza cuando se trataba de conocimientos. Después de contraer matrimonio se fue a vivir a Ciutat, y quiso ingresar en el Círculo Mallorquín para formar parte de la elite intelectual palmesana. Pero fue rechazado.

—Ni con todo tu dinero conseguirás entrar en esta casa —le contestó el presidente del grupo social más reacio a admitir entre sus filas a nuevos ricos.

—¿No me admites como socio? Pues me tendrás como vecino —amenazó el empresario. Jamás aceptaba un no por respuesta. Con rapidez insólita adquirió un solar que era propiedad de los dominicos, y construyó su palacio lo más cerca que pudo del Círculo Mallorquín, club social de la burguesía mallorquina. Nueve calles, exactamente nueve, lo separaban de aquellos intelectuales que siempre miraron con desprecio al hombre incapaz de escribir una línea sin faltas de ortografía.

Fabrizio contemplaba extasiado los Jardines del Rey. Yo lamentaba que el viaje a Deià hubiera resultado en vano. Lluís no estaba en casa, habíamos encontrado la puerta abierta. Jamás cerraba con llave. *Platón*, que acudió maullando al vernos entrar, era el único habitante en la casa silenciosa. Dejé una nota sobre el equipo de música que estaba encendido. Maria del Mar Bonet había cantado a Raixa. Rachmaninoff le había precedido. Dos rosas rojas decoraban el disco de la *Isla de los muertos*, concierto que yo había escuchado tantas veces en compañía de Lluís en las frías tardes de invierno, junto a la chimenea provista de leña de viejos árboles enfermos.

«Lluís, he estado aquí a las ocho y cuarenta y tres minutos. Volveré mañana. Ariadna.»

—No creo que te impresionen estos jardines, Fabrizio... Comparados con los de Boboli son ridículos, ¿no te parece?

—Un jardín en la oscuridad despierta temores...

—No está en la oscuridad. Está bien iluminado. —Señalé las farolas.

—Me refiero a la hora del día en que ya no recibe la luz del sol.

—Sé a qué te refieres, Fabrizio. Por cierto..., ¿no crees que deberíamos haber esperado un rato más en casa de Lluís? A lo mejor regresó después de habernos ido. Quién sabe, es tan imprevisible...

De pronto me fijé en su reloj.

—Es curioso...

—¿El qué?

—Tú llevas un reloj que marca la hora de medio mundo, y mi amigo Lluís ni siquiera cierra la puerta de su casa. Seguramente nunca se ha puesto un reloj. Qué distintas pueden ser las personas... Unos cierran con sofisticadas cerraduras su casa, y otros la dejan abierta para cualquier vecino.

—Esto sólo lo hace tu amigo.

—¿El qué?

—Dejar su casa abierta.

—Te equivocas. Si vamos ahora mismo a uno de esos pueblos de la Tramuntana, verás muchas casas abiertas aunque no haya nadie dentro.

—¿Por qué lo hacen?

—Porque consideran su casa el tesoro más preciado, y la ponen a disposición de cualquier visitante. Desde la calle, uno puede observar el lustroso pavimento y hermosas plantas invitando a entrar al viandante de buena fe. La losa con un mensaje de Dios en la puerta es protección suficiente contra cualquier malhechor.

Fabrizio pasó su brazo por detrás de mi espalda, abarcando el banco de piedra en el que estábamos sentados frente a S'Hort del Rei. Faltaban menos de veinticuatro horas para su regreso a Florencia, y sabía que sus respuestas no habían satisfecho mis preguntas. Por mucho que insistiera en asegurar que él simplemente obedecía órdenes del maestro, yo no justificaba su ambigüedad. Posiblemente su tío le pidió discreción. Pero yo me sentía traicionada. Nada de lo que él hiciera podría cambiar mis sentimientos. Él regresaría a su ciudad, y yo me quedaría en la mía.

—¿Tienes apetito? —Consulté el reloj.

—No mucho.

—Pero deberíamos cenar algo.

Permaneció en silencio.

—¿Qué te ocurre, Fabrizio? —La pregunta era innecesaria.

Abandonamos los jardines, situados a quinientos metros del palacio Molferrut. Desde su despacho, el mayor contrabandista de España dictaba sentencias de muerte, y lo hacía de una forma tan silenciosa que nadie pudo demostrar que tuviera nada que ver con la desaparición de personas en circunstancias extrañas. Entre ellos, el hermano de mi abuelo, y mi padre, y también...

—Este lugar me produce náuseas.

—Forma parte de mi ciudad, Fabrizio. Aunque nadie quiera hablar de ello, no se podrá borrar la historia... ni siquiera incendiando todas las bibliotecas del mundo. Porque la historia no está en los libros sino en el corazón de quienes la han vivido. A mí tampoco me gusta, pero es parte de mi historia.

—Ciertamente una terrible historia. —Evitó volver su mirada atrás mientras caminábamos en dirección al Paseo Sagrera. Yo no quise, en aquel momento, explicarle que la escultura de Miró que había en la acera fue un desagravio de la familia Molferrut, por su desprecio manifestado hacia el pintor por causa de su apellido chueta.

—Aquí estaba la herrería donde trabajó mi bisabuelo, y que ahora naturalmente no existe. En su lugar, una agencia de viajes..., el turismo es el redentor de los nuevos tiempos.

—El turismo es un monstruo *pericoloso* —sentenció el italiano, que procedía de la ciudad más visitada del mundo.

—Estos días se celebra el cincuenta aniversario del descubrimiento de Mallorca como paraíso turístico. Y, por ende, del nacimiento de la burguesía en una tierra que en tiempos fue de aristócratas y de campesinos. Éste es mi paraíso..., por debajo se oculta una capa gris que algún día saldrá a la superficie. No falta mucho para que Leviatán regrese de las profundidades. Poca vida le queda ya a nuestro mar Mediterráneo.

—¿Has dicho cincuenta aniversario?

—Desde que esta isla fue descubierta como paraíso del turismo.

—Alguien descubrió ya hace tiempo la belleza de este archipiélago. Mucho más que cincuenta años.

Por fin me lo iba a contar.

—¿Ah, sí?

—Un príncipe camuflado bajo el disfraz de científico desembarcó aquí, hace muchos años, con el pretexto de investigar los coleópteros de Baleares. Y se enamoró del lugar.

—*Die Balearen...* —murmuré.

Asintió con la cabeza.

—¿Por eso sentían tanta curiosidad los alumnos de la universidad...?, ¿qué saben ellos que yo no sé...?

Fabrizio seguía caminando, sin responder a mis preguntas. Nos detuvimos junto a la estatua de piedra.

—¿La conoces bien, verdad? —preguntó.

—¿De qué hablas? —Parecía que Fabrizio supiera casi todo de mi vida.

—¿Cuántas veces limpió tu abuelo estos versos? —De nuevo estaban cubiertos de grafitis.

—No sé de qué hablas, Fabrizio. ¿Quién..., quién eres en realidad?

Me di la vuelta para observar los muros que quedaban atrás. «Busca en el corazón de la piedra...» Al recordar a mi abuelo, tuve la sensación de haber perdido mucho más que a un ser querido. Con su muerte, parte de mi vida quedaba en penumbra para siempre.

—No te resulta fácil olvidarte de él, ¿verdad?

No contesté. Me sentía confusa.

—... A mí tampoco —añadió.

Ambos permanecimos en silencio. Yo no sabía a qué se refería exactamente.

—Adondequiera que vamos, arrastramos nuestro pasado. —No añadí ningún comentario a esta verdad tan rotunda. Señaló dos letras que lucían en la puerta de una sucursal bancaria—. Cuando la vi en Miami hace unos años, jamás sospeché que un día llegaría a conocer la historia que oculta esta insignia.

—¿En Miami? —pregunté asombrada.

—¿No sabías que hay sucursales de este banco por todo el mundo?

—No, no lo sabía.

Pero... ¿cómo lo sabía él si nunca antes había visto el anagrama?

—Empezó siendo un banco pequeño, y ahora cumple ya setenta años... Molferrut lo fundó con las ganancias de su primer contrabando. —Me propuse averiguar qué más sabía él.

—Mucho debió de ganar para poder abrir un banco...

—Yo ignoraba aún lo bien que conocía Fabrizio la historia de los banqueros.

»Dicen que el día que cumplió treinta años —expliqué— compró la finca más grande de Mallorca. Una finca que tiene tres mil hectáreas, y se extiende a lo largo de diez kilómetros de costa. Molferrut la adquirió por el procedimiento del día después, como era habitual en él.

—¿El procedimiento del día después?

—Era su método infalible para apropiarse de todo lo que quería. Prestaba dinero a los butifarras medio arruinados...

—¿Butifarras? —Palabra tan horrenda en fonética como en contenido. Nadie diría que su origen es francés.

—Los ricos de Ciutat. A los nobles que en la guerra de Sucesión apoyaron a Felipe V se les llamó Botiflers, por la flor de lis que llevaban grabada en sus botas.

—¿Y por qué eran exclusivos de Ciutat?

—En realidad, son descendientes del rey Jaime I.

—El Conquistador...

—Sí. Eran los defensores de Felipe V, frente a quienes defendían a la Casa de Habsburgo.

Al oír esta palabra, Fabrizio miró en otra dirección. Aguardé un instante, por si hacía algún comentario.

—¿Y todos vivían en la ciudad? —Su pregunta no aclaró mi duda.

—Alcudia fue la única población que apoyó incondicionalmente a Felipe V.

—¿Alcudia?

—Sí, y por eso recibió la distinción de *Ciutat*.

—No lo entiendo muy bien.

—No resulta fácil explicar a un extranjero ciertas peculiaridades de los mallorquines.

—Inténtalo, por lo menos...

—No se trata sólo de clases sociales. Se trata de algo mucho más complejo...

—¿Crees que es más difícil que explicar quién era un Borgia? —Su pregunta era impecable.

—La nobleza mallorquina no es comparable con otra clase social que tú hayas conocido. Son como...

—Déjalo, Ariadna. Ya me hago una idea.

—¿Conoces *Bearn*?

—No. —Debí suponerlo.

—Controlan la isla, sin que apenas se note que existen. Actúan de un modo que los hace parecer mejores que los demás, ¿lo entiendes?

—No.

—Mira esa casa. —Señalé un palacete en el Carrer Sant Jaume, la calle más aristocrática de Ciutat.

—Bien, la veo. Es una casa antigua...

—... Propiedad de un butifarra llamado Nicolau Montaner-Gil y Dameto. El hijo mayor dejó embarazada a una chica que trabajaba en su archivo. Él era notario y gran aficionado a la historia heráldica. En su biblioteca trabajaban cuatro personas, exclusivamente para el archivo de don Nicolau.

—Dejó embarazada a una chica, ¿y qué?

—Don Nicolau le prohibió hablar. Nadie se enteró de nada. Murió... antes de dar a luz.

—Ah, vaya.

—Se suicidó.

—¡Dios mío!

—Falta de fe..., ha muerto por falta de fe —dijo don Nicolau cuando enterraron a mi tía.

—¿Tu tía? —Fabrizio me miró consternado.

—Anita era la hermana pequeña de mi madre. Trabajaba en el archivo del notario; le apasionaba la epigrafía y quería ganar un dinero antes de irse a Barcelona a estudiar Arqueología. Pero Anita no soportó la idea de dar a luz a un hijo de su violador. Ingirió salfumán.

—¿No has dicho que fue su hijo quien la dejó embarazada?

—Su hijo era el hijo del butifarra de Sant Jaume. Así lo llamaban, nunca por su nombre.

—¿A qué te refieres?

—El primogénito de don Nicolau era un ser débil, anulado por la personalidad de su padre. Nunca se habría atrevido a ofender a su padre, que era un monstruo.

—¿Y qué decías del día después...? —Volvió al pirata.

—Molferrut seguía el procedimiento del día después. Daba un plazo determinado a sus deudores para el pago del dinero, más los intereses. Si el día fijado era, por ejemplo, el treinta de marzo, se escondía para que no pudieran encontrarlo y, de esta forma, no le fuera devuelto el dinero del préstamo. Al día siguiente, se presentaba ante el deudor, y le quitaba sus propiedades.

—Pero...

—El deudor claudicaba. De todos era conocida la calza de arena, o el tiro por la espalda. Así cayeron muchos...

—¿De este modo fue acumulando fincas?

—Sí, pero la más grande y más espectacular es la que tiene en la Costa de los Pinos. Se llama Ubene, aunque su nombre original es más largo. *Ubi bene, ibi patria*, que en latín significa «donde te encuentres bien, ahí está tu patria».

—¿Está cerca del mar?

—Sí, claro. Precisamente era ésta su mayor ventaja. Su ubicación facilitaba el desembarco del contrabando y posterior distribución por toda la isla. Sacos de trigo y tabaco eran transportados de noche en carros hasta la orilla, y embarcados hacia el norte de África o el sur de Francia.

—Vaya...

—Molferrut estuvo siempre agradecido a la vida alegre de París. A los aristócratas les salió caro hablar tan bien el francés..., la lengua del amor y el lujo. En lo años veinte, viajaban a París marqueses, condes y grandes de España a disfrutar de los placeres mundanos que se ofrecían generosamente a quienes sabían dónde buscarlos. Cuántos fueron a París con los bolsillos llenos, y a su regreso entregaron el alma a Mefistófeles...

—¿Así empezó su gran fortuna el Mefistófeles del mar? Menudo pirata...

—Un pirata que jamás leyó un libro y no sabía otro idioma que el materno. Su castellano producía carcajadas en las reuniones de negocios. Pero su agilidad con las cifras dejaba a todos boquiabiertos. Dicen que en cuanto veía una finca rústica era capaz de adivinar exactamente el número de días que tardaría en arruinarse su propietario, y ya empezaba a calcular las ganancias que obtendría de su fragmentación en parcelas.

—A esto se llama sacar provecho a la tierra...

—No sólo de la tierra sacó provecho. También de la enfermedad.

—¿A qué te refieres?

—Cuando ya controlaba las compañías más importantes del país, hizo su incursión en la industria farmacéutica. Esperaba a los pilotos que venían de Estados Unidos y les compraba cajas de penicilina, que luego vendía a hospitales a precios muy superiores. También la enfermedad resulta rentable si uno sabe sacarle provecho, decía Molferrut al comunicar que acababa de añadir una empresa más a su telaraña financiera. Llegó a tener cien empresas, conocidas en toda España como la telaraña de oro.

—¿Y no tuvo enemigos que lo delataran?

—Sus enemigos no sobrevivían ni un día a las garras de sus sicarios.

Fabrizio asintió con un gesto. Sobre intrigas palaciegas, Italia podría dar lecciones al mundo entero.

—Tal vez resulte difícil comprender cómo nadie pudo echar el guante a este bandido, ¿verdad, Ariadna?

—¿Qué se puede esperar de un mafioso que sale a cazar con el jefe del Estado?

—¿Con...? —No pronunció el nombre, no era necesario.

—Sí, con el Generalísimo compartía la afición por la caza. Y según rumores, ambos usaban bien la escopeta.

El italiano no captó la metáfora.

—Los dos amigos se despertaban juntos, ¿comprendes?

—¿Qué quieres decir?

—Los unía una fidelidad más allá de la amistad. La escasa estatura del Generalísimo buscaba protección en el caballero varonil.

—Como el cuento de los dos cazadores... que se aman hasta el amanecer. —Hizo un chasquido con la lengua.

—Nadie se atrevía a hablar mal de Molferrut. Tenía a medio país sobornado. Y al otro medio, aterrorizado.

—Me sorprende tanta facilidad para transportar por

tierra y por mar productos de contrabando sin que ninguna inspección descubriera sus operaciones.

—El contrabando nació el mismo día que se establecieron los derechos de aduana en las fronteras y se constituyeron los monopolios. Pasar mercancías de contrabando ha resultado siempre una actividad muy lucrativa.

—Podría haberlo evitado una buena inspección de correos, ¿verdad?

—¿De correos? Bueno, tal vez sí. Pero...

—¿Pero?

—Molferrut se hizo nombrar director de Correos.

Por proximidad geográfica, Mallorca había mantenido con Argel un comercio activo. La crisis laboral provocada en la isla por la plaga de la filoxera a finales del XIX propició la emigración a ese país. En 1900 residían en Argel ciento sesenta mil españoles. Los patrones de las embarcaciones que transportaban a emigrantes al norte de África, en su viaje de vuelta traían artículos ingleses y orientales, perfumes, sedas, especias y, sobre todo, tabaco, para hacer rentable el viaje. Pero Molferrut alcanzó el nivel más alto de rentabilidad en el proceso de la emigración. Sus barcos zarpaban vacíos, recalaban en la isla de Cabrera para cargar piedras que se ponían al fondo del barco para darle más estabilidad y ante las costas argelinas barcos de mayor tonelaje le pasaban la mercancía.

—¿Ningún tipo de vigilancia dificultaba esta operación?

—Orán se convirtió en su lugar preferido para actuar con libertad. El peor enemigo de un contrabandista no es la vigilancia policial, sino la infiltración de un delator. Pero Molferrut encontró rápida solución a este riesgo. La calza de arena o...

—¿O qué...? —Entonces recordé algo—. ¿Qué ocurre, Ariadna?

—El único documento que encontraron en el despacho de Molferrut fue el texto de una ley. Jamás escribía nada, para evitar dejar pruebas que lo inculpasen. Sin embargo, entre uno de sus libros apareció un documento.

—¿Qué documento? —preguntó.

—Era una antigua ley romana.

—¿No sabes cuál?

—Tenía una numeración que empezaba con C. Th. IX, creo...

—¿Era del libro noveno del Código? —Fabrizio no ocultaba su excitación.

—No tengo ni idea. Jamás he leído códices legislativos.

—Ariadna, el libro noveno del Código Teodosiano contiene cientos de castigos. Sobre todo, para delitos mayores. Describe minuciosamente cómo se debe castigar a un parricida, a un secuestrador, a un delator...

—¿A un delator? —Recordé cómo apareció el cadáver de Pablo Fuster. Pero él no fue un delator, ni un parricida ni un secuestrador—. ¿Qué otros delitos eran castigados con esa tortura?

—No lo sé. Habrá que averiguarlo. ¿Por qué le interesaría el Código? —preguntó Fabrizio. Yo seguía pensando en el cuerpo del sacerdote.

—No lo sé. —Desvié la mirada en otra dirección—. Coleccionaba incunables de todo tipo. Su pasión por amasar objetos de valor llegó a convertirse en una obsesión. No distinguía un tapiz de un tapete, y creía que un fresco era un cuadro pintado al aire libre; sin embargo llegó a poseer incunables y manuscritos de gran valor.

—Sí, pero el Código Teodosiano...

—No era uno cualquiera. Era una edición firmada por Mommsen a quien admiraba profundamente.

—¿Molferrut sabía... quién era Mommsen? —No resultaba fácil establecer una relación entre un prodigio de la filología clásica y un capitalista provinciano de mísera cultura.

—En una ocasión le habló de él su amigo Goebbels, el jefe de propaganda de Hitler...

—¿Y de qué conocía Molferrut a...?

De repente, me acordé de don Miquel y de su magnífica biblioteca. Yo sabía que no le importaba mucho el respeto a la ley. En más de una ocasión mantuvieron conversaciones padre e hijo relacionadas con su profesión. Lo mejor de la ley es saber cómo escapar de ella...

Pero ¿qué interés podía tener Molferrut en un código de leyes romanas del siglo V?

No tardé en averiguar quién era Margarita Cerver, la esposa de Molferrut que murió en un rincón de la biblioteca tras ingerir salfumán, poco después de que su amante Ricard la dejara para contraer matrimonio con una joven de Binissalem. Don Miquel Puigdorfila y Cervora era sobrino de Margarita, ambos descendientes de Karl von Serfoüer, amigo de Goebbels durante muchos años. Don Miquel y Margarita vivieron vidas muy distintas, y ésta no quiso que la relacionaran con su pariente de Barcelona por razones que nadie conoce verdaderamente. Se alimentó el rumor de un posible incesto entre tía y sobrino cuando Margarita adoptó el apellido Cerver, cuyo parecido fonético con el de su antecesor Serfoüer es evidente. Margarita se casó muy joven con Molferrut, tal vez con la esperanza de conocer la felicidad que le fue negada en el seno de una familia que jamás aceptó que un miembro de su noble estirpe se casara con un nuevo rico.

En Mallorca sigue vivo el apellido Puigdorfila, pero no el apellido Cerver. Con la muerte de Margarita terminó la vida de este apellido. ¿Falta de fe...?, se preguntó cuando encontró a su mujer en el suelo. Se había suicidado, como mi tía Anita. Y de la misma manera. Ambas entregaron sus vidas al poder corrosivo del salfumán. Margarita tenía en una mano la última carta de amor que le escribió su amante. En la otra, el libro que contenía toda una vida. La vida de su apellido.

Margarita dio tres hijos a Cristòfol Molferrut. Mientras tanto, los descendientes del magnate siguen su lucha por mantener en silencio el origen chueta del apellido familiar, que consiguió a base de sangre y mucho dinero ser borrado de la lista maldita. Siempre hubo, por razones que nadie se atrevía a preguntar, una estrecha relación entre Iglesia, Estado y clan Molferrut. La limpieza de su apellido puede ser la respuesta. Desde hacía algún tiempo, yo me preguntaba si el azar actúa movido por los hilos del capricho o es, por el contrario, el resultado de un plan sabiamente articulado.

—Un momento, Fabrizio... —Mis pensamientos se sucedieron atropelladamente.

—¿Qué pasa?

—¿Puede tener esto algo que ver con la primera edición del libro de... Krafft-Ebing?

—¿A qué te refieres, Ariadna?

—¿A qué estaría dispuesto un bibliófilo para conseguir una edición única en el mundo? —Miré fijamente a Fabrizio. Enseguida supe que era Lluís quien podría darme la respuesta.

21

A la mañana siguiente, fuimos otra vez a Deià. A las siete de la tarde Fabrizio tenía que estar en el aeropuerto para coger el avión de regreso a Florencia. Algo me decía que dos hombres aparentemente tan distintos tenían algo en común. Fabrizio y Lluís no se conocían, y consideré necesario que eso cambiara.

Alrededor de las diez, salimos de casa. Ninguno de los dos había conseguido dormir. Desayunamos en la cafetería del Hotel Bellver. Un chocolate caliente y una ensaimada rellena apenas consiguieron alegrar sus ojos, inundados de una pena inmensa en el día de nuestra despedida.

Al salir a la calle, Fabrizio aspiró profundamente como si deseara absorber todo el aire de la bahía. Dirigió una mirada al puerto, y se detuvo para observar los barcos. Luego empezó a caminar en silencio. En un gesto espontáneo, lo abracé por la cintura. Él apoyó su brazo en mi hombro, sin decir una palabra.

—¿Quieres conducir tú? —rompí el silencio, mientras nos dirigíamos al coche.

—No. Tú conoces el camino —respondió con voz neutra.

Durante el viaje, me propuse evitar silencios incómodos. Quedaban muchos kilómetros por delante.

—¿Bach o Puccini? —Me había provisto de buena música que animaría una conversación difícil.

—Me da igual. Pon lo que tú quieras —contestó, con la vista puesta en las murallas medievales que dejábamos a nuestra derecha.

—De acuerdo. Elegiré yo...

Fabrizio contemplaba el baluarte a través de la ventanilla; tal vez quería retener una imagen que no vería nunca más. Y casi me contagió su tristeza. La necesidad de recurrir a la música era ya incuestionable.

—¿Qué es esto? —Le sorprendieron los primeros acordes. Inconfundibles para quien se hubiera enamorado alguna vez.

»Pero... —balbuceó.

—¿No es tu favorita? —Me encantó haberle sorprendido.

—¿De dónde lo has sacado? —Abrió unos enormes ojos.

—De aquí... —Me llevé la mano a la altura del corazón.

—Gracias, Ariadna... —Me acarició el cuello, un beso rozó mi mejilla.

—*Azzurro...* —Acompañaba a su artista predilecto.

Il pomeriggio è troppo azzurro e lungo per me.
Mi accorgo di non avere più risorse, senza di te...

Al finalizar la canción, regresó el silencio. Sonaron otras melodías, mientras recorríamos los primeros kilómetros. Poco a poco, me invadió una dulce sensación de afecto. El veterano trovador nos amenizó el viaje con sus versos.

—¿Qué vas a hacer cuando me haya ido? —Seguía el ritmo de la música con la mano.

—¿A qué te refieres, exactamente?

—Déjalo.

Comprendí a qué se refería. Durante el trayecto hubo silencios, algunos hirientes. El paisaje nos abría puertas hacia diálogos momentáneos.

—¿Por qué eligió tu amigo este sitio precisamente? —preguntó cuando ya estábamos llegando. La música había cesado. Paolo Conte nos cedió la palabra.

—Porque es uno de los lugares más hermosos de la isla. Su situación, en medio de un valle, hace que uno se sienta protegido y, al mismo tiempo, aislado del mundo.

—Deià... Curiosa palabra.

—De origen musulmán. *Haddayan*, significa *llogaret*...

—¿Llogaret?

—Aldea. ¿Ves esos bancales? —Estábamos entrando en el pueblo—. Forman parcelas que le dan un aspecto único en toda la comarca.

—Es bellísimo. —Fabrizio contemplaba el espectáculo de olivos, encinas y palmeras que hacen del paisaje de Tramuntana un lugar extraordinariamente bello.

»¿Qué tienes tú de árabe, Ariadna? —Su voz era menos triste que su mirada.

—No sólo de árabe; los mallorquines somos mezcla de íberos, fenicios, romanos... y también tenemos algo de vándalos y mucho de judíos.

—Vaya. ¿En qué parte de la isla naciste?

—En Vilafranca de Bonany, un pueblo del interior. Mis bisabuelos trabajaban las tierras de San Martí, una finca del siglo XIV. En tiempos fue comprada por los templarios, pero más tarde fue devuelta a sus antiguos propietarios por mediación del rey Sancho. Vilafranca nació gracias a esa finca. Trabajaban en ella cientos de personas, que se fueron estableciendo en los alrededores.

—¿Cuándo empezó tu afición por el arte?

—Hace muchos años. En realidad, acompañando a mi abuelo a las iglesias. Yo apenas tenía siete años..., le gustaba llevarme con él y contarme historias de monstruos y leyendas de santos. Mi abuelo me contaba que, siendo un niño, quedó impresionado un día que vio paredes pintadas en San Martí. Frescos, retablos..., pero por el hecho de ser hijo de payeses, tuvo que esperar mucho tiempo hasta poder ver de cerca un retablo.

—¿Qué quieres decir?

—Eran otros tiempos. Yo provengo de una familia que ha trabajado la tierra durante seis generaciones... El arte no formaba parte de sus vidas.

Entonces me di cuenta del abismo que existía entre Fabrizio y yo. Dos árboles genealógicos radicalmente distintos. Los grandes duques de Toscana quedaban muy lejos de mi realidad.

—Y viniste aquí, buscando el mar...

—No sólo el mar, sino todo lo que él representa. Deià se puso de moda en los años sesenta... Aquí se reunieron pintores y escritores de todo el mundo, trayendo con ellos costumbres nuevas que escandalizaron a los payeses.

—¿Drogas? —Seguía mirando por la ventanilla.

—No sólo drogas... —Hice una pausa—. Una especie de torbellino se apoderó de nuestras vidas. Aquí, de pronto las actividades diarias de amasar el pan y recolectar la aceituna se vieron alteradas por la llegada de gente joven que incorporó nuevas formas de vida en un ambiente rústico y sosegado. Las casas de piedra, amuralladas contra los piratas, casetas de barcas y orillas de guijas hacen de este lugar un rincón mágico. Es como vivir en la antigua

Grecia... Después de años de excesos, muchos de mis amigos se quedaron en el camino. Otros consiguieron salir adelante y se dispersaron en pueblos diversos. Muchos de ellos fueron a vivir a Sóller.

—¿Sóller?

—Es un pueblo delicioso. El valle dorado, lo llaman... un pequeño oasis de frutales en medio de la montaña. Dicen que los navegantes arribaban a sus aguas atraídos por el aroma de sus limoneros y naranjos.

Fabrizio seguía atento al paisaje.

—Lluís abrió una imprenta hace veinte años; por primera vez empezaron a leer el periódico local personas que jamás habían tenido un diario en sus manos.

—¿Fue entonces cuando viniste tú?

—Deià nos parecía un lugar apropiado para recibir el nuevo milenio.

—¿Lo fue?

—A los veinte años, casi todo es apropiado. Para mí, era el mejor lugar del mundo.

—Pueblo pintoresco, ¿eh?

—Es como un pesebre.

—Vaya.

—Durante los años cuarenta, se reunió aquí una comunidad interesante de pintores, pianistas, pervertidos, sacerdotes, budistas, vegetarianos y adventistas del Séptimo Día...

—*Gesù Bambino*...

—No todos eran vistos con buenos ojos. Desde luego, no faltan quienes han descrito a los isleños como bárbaros, ladrones, simios, lascivos, hipócritas, caníbales y salvajes.

—¡Por Dios, Ariadna!

Con un gesto advertí que tal descripción no era mía, sino de visitantes extranjeros que dejaron escritos en sus cuadernos la impresión que les causó su llegada a la isla. De pronto aparecieron los frondosos parajes de Valldemossa.

—*Verde Helvecia,* así llamó George Sand a este lugar.

Fabrizio contempló el paisaje.

—¿Fuiste feliz aquí? —preguntó.

Inspiré profundamente. Respetó mi silencio.

Noté los dedos rígidos sobre el volante, empezaba a notar un cansancio en todo el cuerpo.

—Ya no me drogo. —Busqué mis uñas tras la yema de los dedos.

La ausencia de música hizo más largos los intervalos de nuestras frases. Mientras él contemplaba el panorama, puse otro disco.

—¿Strauss? —Lo reconoció en cuanto oyó al barítono.

Asentí con la cabeza. No encontré más uñas que morder.

—¡Vaya...! —Se mostró gratamente sorprendido.

—¿Te gusta? —Subí el volumen.

—¿Quién es la soprano? —Dio la vuelta al CD.

—Te sorprenderá.

—¡Dios mío! Helen Vanni... —Su rostro se iluminó.

—¿La conoces?

—La *Ariadna* de Glyndebourne... —De repente enmudeció. Se quedó pensativo.

—En efecto, Glyndebourne. 1970... el año en que tú naciste.

En sus ojos brillaba una felicidad infantil. Al mismo tiempo, una sombra de tristeza.

—¿Conoces el festival de Glyndebourne? —preguntó.

—Estuve una vez. Un amor pasajero..., ya hace algún tiempo. Era director artístico. Me invitó a *Don Giovanni...*

—¿De verdad? —Estaba sorprendido y feliz, como cuando uno descubre que alguien comparte aficiones.

—Günter..., qué habrá sido de Günter. —Lancé mi pregunta al aire. Y recordé el pícnic más encantador que he disfrutado en mi vida. En el césped, vestidos de etiqueta, cenando *roast beef* con vajilla inglesa, servilletas de lino y copas de cristal muy fino.

—No sabía que te gustara la ópera.

—¿Ah, no?

—Bueno, quiero decir... no como para ir a un festival así.

—¿Así, cómo? ¿Elitista?

—Ariadna, hay que reconocer que es un festival peculiar.

—Lo sé, pero es que Günter era nieto de Carl Ebert. Ya sabes...

Fabrizio arqueó las cejas.

Junto con otro exiliado nazi, Carl Ebert inauguró este festival de ópera en 1934, en East Sussex, Inglaterra. Es conocido con el nombre de Festival de Glyndebourne por la casa de campo en la que se celebra desde entonces. Empezó representando obras de Mozart en un auditorio con capacidad para trescientas personas, y la afluencia cada vez mayor de público hizo necesaria la construcción de un auditorio mayor. Su dueña era una apasionada de la ópera. Y al ver que tenían tanto éxito los festivales de Salzburgo y de Bayreuth, decidió abrir su casa de campo a los aficionados a la ópera en Inglaterra.

—Yo iba todos los años a Glyndebourne o a Salzburgo, con Valeria. Pero desde que murió no he ido a ningún otro concierto. La sigo viendo... en el suelo del escenario.

—Lo siento, Fabrizio. Lamento que te hayas puesto triste por mi culpa. —Busqué su mano.

Se concentró en la música. Subió el volumen.

Entonces, Zerbinetta cantó su bellísima aria *Gross-*

mächtige Prinzessin. Con prodigiosa voz, la joven prometía fidelidad a su amado.

Faltaban unos cuatro kilómetros para llegar a la casa de Lluís, a las afueras del pueblo; aquélla era la parte más incómoda para conducir, con sus calles estrechas y sin asfaltar. Yo empezaba a estar muy cansada. La tensión provocada por la persecución del día anterior y nuestra crisis emocional me habían dejado exhausta.

—¿Te importa conducir tú? —pregunté.

Salí del coche para cederle mi lugar, y noté que había bajado la temperatura. Al cruzarnos, me froté las manos buscando calor.

—Toma. Ponte mi chaqueta. —El tacto del lino suave me resultó encantador.

—Gracias. —Enseguida me sentí mejor.

—Fabrizio, ¿cuándo empezó tu afición por el arte? —Mi pregunta iba más lejos.

—Siempre he vivido rodeado de arte. Toda mi familia era aficionada al arte, a la música, a la...

—¿Has vivido siempre en Florencia?

—Sí.

—¿Y tu familia? Me refiero a tus antepasados...

—Mis abuelos se trasladaron a Nápoles, y luego a Praga...

—¿Praga? —Me iba acercando a la presa.

Fabrizio conducía con prudencia, bastante mejor que yo. Me senté cómodamente apoyando la cabeza en el respaldo. Quería asegurarme de hacer la pregunta correcta. Puse las manos en los bolsillos, aún conservaban el calor de su dueño.

—¿Qué buscas? —preguntó al ver que hurgaba en el lateral de la puerta.

Negué con la cabeza. Sabía que le molestaba que fumara en un espacio cerrado. Mientras intentaba encontrar una postura más cómoda, busqué inconscientemente un cigarrillo en su chaqueta. Fue en vano, él no fumaba. Mis dedos tropezaron con algo rígido. Por curiosidad, traté de averiguar qué contenía el bolsillo de una prenda que no era mía. Nadie sabe lo que se puede encontrar en un bolsillo ajeno.

Parecía una tarjeta similar a las tarjetas de crédito. Tenía su mismo tacto y tamaño.

—¿Voy bien? —preguntó.

—Sí, muy bien. Ya te indicaré cuándo debes girar. —Yo palpaba con las yemas aquel misterioso objeto. No era una tarjeta de crédito. Era bastante más gruesa, y de tamaño inferior. Poniéndola con cuidado en la palma de la mano, traté de ver qué aspecto tenía.

Fabrizio Ubriachi.

Aquél no era un dato nuevo.

ALIU, en letras grandes y bien visibles. ALIU... No conocía aquella sigla.

Colocándome de lado en dirección al paisaje, di la vuelta a la tarjeta. *Art Looting Investigation Unit*. Como si me quemara las manos, devolví la tarjeta inmediatamente a su sitio. Recuperé mi posición anterior, y miré el perfil aguileño del florentino. Me pareció ver al mismísimo Dante con su rostro enigmático.

—¿Qué estás mirando? ¿Sigues preocupada? —Seguramente se refería a la persecución del día anterior.

—Te miro a ti... Y sí, estoy preocupada.

Un rayo de sol incidió en su Royal Krone. Entonces vi cómo aparecía una corona por el efecto de la luz de Tramuntana.

—No temas, Ariadna. Su pesada carrocería es garantía de que fueron directos al reino de Plutón.

—¿Plutón?

—Sí. Al mismísimo infierno.

Hablaba, naturalmente, del deportivo que había caído al mar con sus dos ocupantes. Pero yo no estaba pensando en ellos. Trataba de averiguar quién era ese hombre que conducía mi propio coche.

—¿Así que me había enamorado de un espía?... —Giré todo mi cuerpo hacia él. Mi coche tenía los frenos a prueba de cualquier emergencia. Y lo comprobé enseguida.

—¿Qué has dicho? —Frenó en seco.

—¿Qué es lo que estás buscando? —Saqué la tarjeta del bolsillo y se la mostré cual comisario al llegar a la escena del crimen.

—¿Te seguían a ti, verdad?

Respiró profundamente. Sin mirarme, asintió.

—¿Por qué no me lo dijiste? —pregunté con cansancio en la voz.

Cogió la tarjeta de mi mano, que yo abrí sin oponer resistencia.

—¿Por qué, Fabrizio?

Tomó mis manos entre las suyas y me miró largamente a los ojos. Un estremecimiento recorrió mi cuerpo. Sentí algo similar a lo que me había producido su contacto inesperado en la habitación del hotel, recién llegada a Florencia.

—Ariadna, yo... —Su mirada parecía sincera.

Dejé mis manos entre las suyas. Sin comprender por qué, me sentía segura a su lado. En el interior del coche, y a pocos metros de la casa de Lluís, empecé a saber quién era Fabrizio Ubriachi.

—ALIU... —explicó— es una organización del servicio de espionaje norteamericano, creada para investigar las transacciones de arte saqueado por los nazis.

No supe qué decir. Me daba cuenta de lo insólito de la

situación. El interior de un coche no era el lugar más adecuado para esa conversación.

—En uno de sus primeros informes... —Fabrizio miraba la calle desierta que teníamos delante— apareció una lista de dos mil nombres pertenecientes a once países. Tres de ellos eran nombres de España, y estaban ligados a la compra de arte confiscado por el Tercer Reich.

—Pero... ¿no fueron Francia y Holanda los países involucrados en el tráfico de arte? —Recordaba haber leído un artículo sobre el contrabando de arte alemán.

—España fue territorio de tránsito de muchísimas obras de arte, pero no implicado directamente en el contrabando. Ésta fue la teoría que prevaleció durante mucho tiempo, y por eso nadie investigó en España. Alois Miedl, marchante y amigo de Goering, vino a España con veintidós pinturas procedentes del Reich. Al principio, nadie dio importancia a este tipo de actividades, que simplemente fueron consideradas como una más de tantas otras delictivas de los tiempos de la guerra. Hasta que...

—¿Qué? —Mi curiosidad iba en aumento.

—Se produjo la primera demanda.

—¿Demanda?

—Sí. Primero a un museo de Holanda, después de Francia, a continuación Inglaterra, y así hasta cientos de demandas en todos los museos del mundo.

Siguió un largo silencio. Miré al italiano. Sabía que no tardaría en decir lo que me estaba temiendo.

—Sí, Ariadna. También aquí, en tu isla. Tu silenciosa isla...

Contemplé el panorama que tenía frente a mí. Era una calle tranquila, solitaria. Una calle de un pequeño pueblo de Mallorca que pasa desapercibido en el mapa. Tantas veces había estado en aquel lugar y, sin embargo, nunca había observado la singularidad de aquella aldea apartada del mundo. De sus persianas verdes colgaban ristras de tomates de *ramallet*, los mejores para untar sobre pan con aceite extraído de los olivos de Orient, pueblo del municipio de Bunyola; o de Galilea, a los pies del Puig de Galatzó. Fieles a sus leyendas, los pocos habitantes de Galilea aún maldicen al conde de las tinieblas, condenado por su crueldad a cabalgar todas las noches sobre un caballo envuelto en llamas.

Guías insólitas de lugares que nadie conoce... ¿Acaso no fue el archiduque quien escribió la primera guía de Baleares? ¿Sabía Fabrizio qué hizo S'Arxiduc en ese mismo lugar, un siglo y medio antes? Todo..., excepto buscar coleópteros.

Reinaba una calma absoluta. El pueblo parecía haberse detenido en la Edad Media. Un mundo dentro de otro mundo, pensé mientras contemplaba el entorno que no daba señales de vida humana. Qué quedaba de aquel pequeño pueblo de pescadores y productor de aceitunas, poseedor de la luz de la luna más potente del Mediterráneo. Los colores de su paisaje eran la droga que perseguían pintores de todo el mundo; azul opalino o gris claro, azul verdoso o dorado cobrizo..., los pintores pasaban horas dilucidando qué tonalidad plasmaba más fielmente la maravilla que se abría ante sus ojos. Tierra de olivares pingües y copiosas viñas que se enredan a las higueras...

Miré en dirección a la casa que tenía a pocos metros. Lluís vivía en ella desde que abandonó su palacete familiar.

Pero no, no podía ser. Tenía que tratarse de algún error...

—No. No es ahí. —Fabrizio indicaba el lado izquierdo de la calle donde estaba la fachada de la casa de piedra.

—¿Entonces? —No podía ocultar mi desconcierto.

Levantó la mano derecha, y con gesto solemne indicó un lugar que apenas veíamos desde donde estábamos. Señaló una sólida casa de piedra, en el interior de una colina que ocupaba el centro de un gran círculo de montañas. Una iglesia con un campanario achatado y un pequeño cementerio coronaban la colina. Al fondo, un torrente medio seco bajaba hasta una estrecha garganta que desembocaba en una playa de guijarros y arena.

—¿El palacio de...? —Apenas podía creer lo que estaba viendo.

—... De Cristòfol Molferrut. —Pronunció las consonantes líquidas con absoluta perfección—. Hace muchos años fue utilizado como residencia veraniega, pero está cerrado desde 1985.

Yo sabía que cuando Lluís abandonó la casa familiar en Palma se trasladó a esa casa construida con piedra de Santanyí, y que era en realidad un anexo del palacio.

—¿Qué fue lo que pasó? —El italiano conocía mejor la historia que yo.

—En 1985, salió a la luz una obra que se venía buscando desde los años cuarenta.

—¿Qué obra?

—*La familia en metamorfosis*.

—¿André Masson? —En todos los tratados de arte, éste figura como uno de los cuadros más buscados—. ¿Qué tenía de particular esta obra?

—El Museo Reina Sofía de Madrid la compró por un millón de dólares.

—Entonces es propiedad del museo, como tantas otras...

—Pero es que los herederos del artista la reclamaron, tras sucesivos pleitos que nadie hasta ahora se había tomado en serio.

—¿Qué tiene eso que ver con el palacio Molferrut y con esta casa de piedra?

—Que... —Fabrizio hizo una pausa antes de pronunciar su sentencia final— es una de las obras robadas.

—Pero ¿por qué precisamente aquí? —No entendía por qué se escondieron objetos en un lugar tan pequeño como ese pueblo aislado del mundo, en lugar de hacerlo en grandes castillos y mansiones de Normandía, o yo qué sé dónde...

—Este lugar es perfecto. Ningún otro en el mundo levantaría menos sospechas.

—¿Cuándo se empezó a sospechar?

—Un crimen... fue el origen de la investigación.

—¿Un crimen?

—Venganza.

—¿Entre quiénes?

—Un tal Puigdellivol. —Le costó pronunciar el nombre—. Miquel Puigdellivol denunció el escondite en Mallorca.

—¿Puigdellivol? ¿Tendría algo que ver este apellido con Puigdorfila-Cervora?

—Tal vez —contestó.

—¿Y qué tienes tú que ver... en todo esto?

—Mi tío Gaetano... —Fabrizio se tomó un tiempo antes de continuar. Puso ambas manos sobre el volante— forma parte del Congreso Judío Mundial, que trabaja para que sean devueltas a sus herederos las obras que les fueron robadas por los nazis.

Recordé los ojos de serpiente... tragando sopa de col y *fegato*.

—Pero si se ha pagado un precio por ellas ya no son robadas, son compradas.

—Ahí está la trampa.

—¿Qué trampa?

—Los marchantes que en su día mediaron en esas transacciones amasaron una fortuna a costa de la miseria ajena.

—Ya.

—El marchante, intermediario entre el vendedor particular y el comprador, se aprovechaba de la situación desesperada de familias que deseaban huir del país, y querían vender aquello que no podían llevarse consigo. El marchante solía ser anticuario, y entendido en arte.

—Anticuario...

—¿Ya lo entiendes, verdad?

Mi mente voló hacia la calle San Miquel, donde está el anticuario más famoso de la isla. También el más rico.

—El marchante compraba barato, y vendía a un precio muy superior..., negocio redondo. O esperaba que llegara el momento oportuno, lo cual era aún muchísimo mejor.

—Y mientras, ¿dónde guardaban los cuadros?

—¿Sabes cuántos monasterios y conventos hay en esta isla?

—Bueno, ciertamente sobran la mitad teniendo en cuenta que cada vez hay menos feligreses y las monjas no se reproducen.

—¿Te imaginas cuántos kilómetros suman todos sus claustros, salas, jardines y..., sobre todo, sus muros?

—¿Sus muros?

—Sus dobles muros, sus dobles suelos... *Sacrum solum inviolabile*.

—Así que... no es en las cámaras acorazadas de los bancos donde hay que buscar las obras desaparecidas. —Me mordí el labio inferior.

—Durante la Segunda Guerra Mundial, el régimen

de Franco no aprobó ninguna legislación que abordara de forma expresa la entrada ilegal de obras de arte procedentes de otros países. Esta actividad se encuadraba dentro del delito genérico de contrabando. La Ley Penal y Procesal del 24 de noviembre de 1938 creó el Juzgado de Delitos Monetarios, y enumeró los actos constitutivos de este tipo de delitos. El 22 de febrero de 1942 se aprobó el Decreto de Contrabando y Defraudación...

—¿Y bien? —La curiosidad me devoraba por dentro.

—Todos sabemos ahora cómo consiguió ser burlada la ley en la aduana.

Entonces me acordé de Ricard Moll Gaspí, y de cómo fue asesinado por dos sicarios en presencia de los guardias. Valencia, 1916. Valldemossa, 1913.

—¿En qué piensas, Ariadna?

—Mi abuelo dejó un cuaderno en mi escritorio. —No podía olvidar el tacto rugoso de la cubierta—. Estaba escondido... tal vez para que lo encontrara en el momento oportuno. No logré entender algunos de sus relatos. Pero ahora...

—¿Qué relatos?

—Hablaba de la estancia de Rubén Darío en una finca entre Deià y Valldemossa. Algo extraño ocurrió con su anfitrión, un tal... Neudorf. Era una noche de julio de 1913. La finca se llamaba S'Estaca.

Sus manos estaban tensas sobre el volante. Palideció de repente.

—¿Estás bien? —Me acerqué a él. Su cuerpo estaba rígido.

—Necesito tomar el aire.

Salimos del coche. Me preocupó tan repentino cambio.

—Fabrizio, ¿qué ocurre?

Negó con la cabeza. No sabía cómo responder a mi pregunta. Por vez primera capté el miedo en el rostro del toscano. Cuando fui a preguntarle por segunda vez qué le pasaba, me di cuenta de que estaba llorando.

Lo abracé. Permanecimos en silencio. Con la mano me señaló un escudo en la fachada, a lo lejos.

—¿Qué es? —pregunté.

—Parte de mi historia. —La frase se repitió en el eco de Tramuntana.

—No sé de qué hablas, Fabrizio. —Mis sospechas no podían ser ciertas.

—El archiduque llegó aquí en 1867. —Con la vista abarcó el misterioso panorama—. Se hizo llamar Neudorf para que nadie lo identificara. Ésta es —señaló con el índice— la fecha que hay en aquella pared aunque no puedas verla desde aquí. Fue él, en realidad, quien descubrió esta isla como paraíso turístico. Algo de lo que no me siento orgulloso... —Sus ojos estaban húmedos.

—¿El archiduque era...? —No podía ser cierto. Me di la vuelta, empecé a comprender por qué dos calles de la Tramuntana llevaban el nombre de Austria y de Hungría. Precisamente a quinientos metros de Valldemossa...

—Era mi tatarabuelo. —Su vista se perdió en el horizonte.

—Dios mío.

—Un hombre excepcional, pero incomprendido por su familia. —Y por todos, pensé. En Mallorca llamó la atención su pasión por comprar tierras y casas solariegas—. Se hartó de la corte de Viena y de su rígido ceremonial. Viajó por todo el mundo a bordo de su yate *Nixe*...

—¿Has dicho *Nixe*? —El corazón me latía fuerte. Cerré los ojos. Recorrí Andratx, Sant Elm, *Serena*... No podía ser. Yo había leído muchas historias acerca del archiduque de Austria. Pero ninguna lo relacionaba con Molferrut, y mucho menos con Rubén Darío ni con tráfico de arte. Lluís...

—¿Qué ocurre, Ariadna?

Nos envolvió un silencio hiriente.

—La bodega del tesoro... —murmuré.

—¿Qué?

—La sala situada en las catacumbas de la cancillería... donde residía Hitler en sus últimos años. Allí se almacenaban los objetos robados.

—Y la sala de los mártires... Hitler dio el nombre de Sala de los mártires a la colección de arte degenerado, obras de pintores de raza inferior.

—De raza inferior...

—Los que no eran alemanes. Matisse, Chagall..., pintores judíos, expresionistas alemanes. Toda su obra debía retirarse de la circulación. Y Hitler ordenó que fuese guardada en lugares fuera de Alemania.

—¿Adónde la llevaron? —No podía ser que fuese Mallorca el lugar elegido. Yo me habría enterado, mi abuelo me lo habría contado.

—Las joyas se guardaban en un banco. —Con un gesto me invitó a adivinar el nombre—. El banco de Molferrut. Las familias depositaban en él sus joyas para mantenerlas a salvo, pero jamás las recuperaban.

—¿Y las obras de arte, cuadros, muebles...?

—El Canto del Pico.

—¿El Canto del Pico? —Mi pulso se aceleró. Lluís estaba escribiendo una guía sobre ese lugar.

—Está en la cuenca alta del Manzanares.

—Un momento, Fabrizio. Eso está en Madrid...

—Lo sé, Ariadna. Algo de geografía he aprendido buscando cuadros desde hace veinte años.

—¿Veinte años? —Ya empezaba a saber quién era Fabrizio Ubriachi.

—Sí.

Su monosílabo fue seguido de un resplandor procedente de una corona. Su Royal Krone.

—¿Entiendes ahora qué hazaña llevé a cabo para ser merecedor de esta joya? —Me mostró su reloj con satisfacción—. Recuperé el primer cuadro. En Holanda. Desde entonces, viajo por el mundo tras la pista de obras desaparecidas.

Por fin me estaba contando a qué se dedicaba. No supe si era consciente de su revelación en aquel momento.

—El Canto del Pico es una casa-museo.

—¿Tú has estado allí? —pregunté.

—Sí. Más de una vez, con mi tío. He sabido que, hace unos años, hubo una polémica relacionada con la venta que los nietos de Franco querían llevar a cabo, y nadie quería comprarlo por razones que están aún poco claras.

—¿Qué estás intentando decirme? —Yo seguía pensando en el archiduque. Y en el libro *Die Stadt Palma*. Quién sería aquella mujer...

—¿Te dice algo el nombre de...? Déjalo.

No me pareció el momento adecuado. Catalina Homar...

—El palacio —continuó— fue construido en 1920 por el tercer conde de las Almenas, un ingeniero agrónomo apasionado del arte. En su construcción no intervino arquitecto alguno, sino que fue ejecutada por canteros de la zona. El conde inició los trámites pertinentes hasta conseguir que su obra fuese considerada monumento histórico, argumentando que contenía obras procedentes de todo el mundo, especialmente restos arqueológicos de inmenso valor. No existe ladrón más exquisito que el buscador de arte. Y de todos ellos, el que sigue las huellas de restos arqueológicos ocupa un lugar de honor. La naturaleza ha dotado de un don especial a los coleccionistas. Y es que bajo el nombre de cultura... consiguen camuflar aspectos más sombríos de una actividad cuyo nombre se atreven a pronunciar muy pocos.

—¿Tú conoces bien ese palacio? —pregunté. Parecía conocer la geografía de mi país mejor que yo.

—Casa-museo...

—Bueno, lo que sea.

—Sí.

—Vaya...

—Es una construcción de granito suntuosa, única en el mundo.

—¿Única, por qué?

—Porque escapa a cualquier estilo arquitectónico, y no sigue el modelo de ninguna otra construcción conocida. Su autor quiso hacer una obra original, y lo consiguió.

—¿Tiene algún otro interés además de su arquitectura original? —pregunté con cinismo. Empezaba a sentir claustrofobia en aquel pueblo tan pequeño.

—El conde lo dejó en herencia a Franco.

—¿A Franco? ¡Pero si Franco no tenía idea de arte, ni de arqueología, ni de...!

—Pero el palacio estaba cerca de El Pardo.

—¿Y?

—Hizo construir una carretera que comunicara directamente ambos palacios...

Fabrizio me miró, para asegurarse de que entendía sus palabras. Entonces recordé que una vez le hablé de lo que circulaba por los pasillos subterráneos entre el palacio Molferrut y la catedral.

—El Canto del Pico... El Canto del Pico. —Repetí el nombre varias veces. Empezaba a relacionar cosas que había leído acerca de ese castillo fantasma, con su silueta dibujada en la montaña. El Canto del Pico..., con una torre a la izquierda, que da nombre al pueblo de Torrelodones.

—En 1955, el Tribunal Supremo concedió a su dueño la exención de la contribución urbana por ser un museo del Estado.

—¿Del Estado? —pregunté con asombro.

—Sí, del Estado... —repitió Fabrizio.

—¿Acaso ha visto alguien alguna de sus obras, para que se considere un museo del Estado? —Yo jamás había ido a visitarlo, y no conocía a nadie que lo hubiera hecho. Museo del Estado...

—Deberías visitarlo alguna vez, Ariadna. Merece la pena.

—No tengo ningún interés en visitar una propiedad de los Franco.

—Insisto. Creo que deberías visitarlo antes de...

—¿De qué?

—De que las grúas derriben sus muros y se convierta en hotel. Entonces, nadie sabrá nunca lo que escondían sus cimientos.

—¿Qué dices?

—Así están las cosas. —Abrió ostentosamente las manos—. Parece que ya hay negociaciones en firme para construir un hotel de lujo. No olvides que su ubicación es privilegiada. Sus vistas son magníficas, tanto hacia la vega del Guadarrama como hacia la sierra de Hoyo del Manzanares. Una vegetación de encinas y de...

—Fabrizio... —Interrumpí su descripción de un paisaje que no me interesaba demasiado. Recordé lo que me dijo Lluís un día cuando elogié sus maravillosos dibujos colgados en las paredes. Lo más valioso de una casa está en la bodega...

Pero en su casa de piedra no había bodega.

En aquel instante, me di cuenta de que observaba por vez primera la esplendorosa fachada de un palacio sensacional.

—Shangri-La..., nunca antes me había fijado. Junto a la puerta de entrada se veía un escudo heráldico.

—Por eso fue tan difícil dar con el paradero de muchos cuadros —dijo Fabrizio, a quien ya empezaba a ver con otros ojos.

—¿A qué te refieres?

—El nombre de Shangri-La evoca un lugar mágico, un paraíso inaccesible y oasis de sabiduría. Una teósofa rusa, llamada Helena Blavatsky, utilizó este nombre para describir el lugar donde se encuentra el centro de la felicidad y juventud eterna.

—¿Has dicho Blavatsky?... —Me acordé de doña Violeta y de su sociedad esotérica. ¿Tendría ella algo que ver con el robo de obras de arte?

—¿Conoces sus libros? —Por su tono, Fabrizio suponía que yo no conocía la *Doctrina secreta*.

—No. —Y no era el momento de explicarle qué recuerdos despertaba el nombre de la rusa.

—A principios del siglo XX se publicó una novela muy famosa titulada *Horizontes perdidos*. En ella, James Hilton localizaba en Shangri-La paisajes maravillosos donde el tiempo se detenía en un ambiente de paz. Durante mucho tiempo, se identificó ese lugar con Shambala, una mítica ciudad en el Tíbet. Quienes leyeron esa novela sintieron repentinamente un ansia de viajar a las colinas tibetanas, para encontrar la sabiduría y la inmortalidad.

—¿A principios del siglo XX? —Me vino a la mente una fecha. Algunos datos empezaban a ponerse en orden.

—Sí, en 1933.

—El año en que, precisamente, fue construido el palacio Molferrut que tanta polémica levantó por su insólita ubicación...

—Fue difícil descubrir que la palabra Shangri-La que aparecía en ciertos documentos se refería a este palacio en Mallorca y no a las colinas del Tíbet.

—Astuto pirata... —Sus palabras se perdieron en el eco de Tramuntana.

—Muy astuto. Y muy hábil, sin duda.

Nos quedamos de pie contemplando el palacio desde el acantilado. Un lugar de difícil acceso, y de entrada disuasoria para quien no dispusiera del debido permiso. ¿Por qué, si quería pasar desapercibido, lucía ese escudo de piedra tan visible desde lejos?

Con un gesto le pedí que nos dirigiéramos hacia la casa de Lluís. Sólo él podía responder a los interrogantes que habían ido surgiendo en los dos últimos días.

La puerta estaba cerrada. Llamé al timbre, en vez de golpear con los nudillos en la persiana como hacía habitualmente. Esta vez, la puerta estaba cerrada con llave.

—Qué extraño.

—Habrá ido a algún lugar. —Fabrizio no conocía a Lluís como lo conocía yo.

—Nunca cierra con llave, aunque se vaya de casa.

Observé a mi alrededor por si había alguien a quien preguntar, pero la calle estaba desierta. Volví a llamar, esta vez con ambas manos. Pulsé el timbre primero; después, golpeé la persiana con fuerza.

Lluís no respondió. No se oían acordes de violoncello, señal de que algo no iba bien. Abrí el bolso y saqué la llave.

—No preguntes. —Fabrizio me contemplaba con estupor.

La llave no entraba. Algo por dentro lo impedía.

—¿Qué es lo que pasa, Ariadna? —Mi preocupación iba en aumento. Tal vez Lluís estuviera dentro...

—Tenemos que romper la persiana. Ve a buscar algo en el coche... date prisa.

Fabrizio se dirigió hacia un camino de piedras. Trajo una lo bastante grande para conseguir mi propósito. La madera vieja cedió al tercer golpe.

Entramos en la casa; estaba en penumbra. El silencio invadía una estancia que yo recordaba muy luminosa. Busqué la causa de tanto silencio. El sillón que Lluís forró con *roba de llengos* estaba más alejado de la pared que de costumbre. El cuadro del salón, retrato de su madre que era digna ostentación de belleza, estaba torcido. El maullido de *Platón* procedente de la escalera fue el único sonido en la casa. Y la única señal de vida.

Me acerqué al equipo de música. Tal vez sus acordes dieran alguna información. Maria del Mar Bonet, *Raixa*. No había día que no escuchara sus cantos con reminiscencias moriscas. Rachmaninoff aún seguía a su lado, igual que el día anterior. ¿Había pasado Lluís la noche fuera de casa?

En el patio, el balancín de madera atrajo mi atención. En el suelo, un libro boca abajo. *El rey Lear*, de Shakespeare. Sobre la mesa de piedra que Lluís construyó con sus manos, dos libros nuevos que tal vez fuesen su última adquisición. *Coriolano*, la tragedia del general romano escrita por Shakespeare, y por Plutarco en *Vidas paralelas*. Con Shakespeare, Lluís despedía los últimos rayos de sol cada atardecer, a la sombra de un naranjo que embriagaba con su fragancia. Aparté mis ojos de los libros. Miré sorprendida un vaso de cristal con restos de bebida. Era bourbon. La botella vacía permanecía de pie, como testimonio siniestro de un crimen que nunca sabríamos quién había cometido.

Junto al olivo, un cuaderno con las hojas arrancadas. *Guía insólita*, volumen IV. El Canto del Pico.

—¿Qué vas a hacer? —preguntó Fabrizio al verme corriendo hacia la escalera. De allí procedían los maullidos de *Platón*.

—Tiene que estar arriba.

En unos segundos, cruzó mi mente una imagen fugaz. Terrible. Al ver *El rey Lear* boca abajo, mi corazón empezó a latir de forma convulsiva.

Clavé mis ojos en los de Fabrizio, buscando una respuesta que ambos empezábamos ya a conocer. El silencio procedente de la planta de arriba no auguraba nada bueno. Siempre que Lluís estaba en casa, la música lo acompañaba.

A paso rápido, subimos la escalera de piedra que conducía a su habitación. La escalera tenía veintiún peldaños, distribuidos en tres tramos. En el segundo rellano, a mitad de camino, había un gorro de piel en el suelo. Estaba lleno de sangre.

—¡Apártate, Ariadna! —Estuve a punto de pisarlo, apenas lo vi en la oscuridad.

—¿Qué es esto? —Era el macabro testimonio del crimen.

—Ariadna, no mires...

—Pero... —Mi voz temblaba.

—No mires. —Fabrizio se interpuso entre mis ojos y la horrenda visión.

—¿Qué ha pasado? —Estaba presa del pánico.

—Algo... terrible.

Mis ojos no se apartaban del charco de sangre.

—Es un... κυνη —dijo con voz fúnebre.

—¿Un qué?

—Un gorro... hecho con piel de perro.

—¿Con piel de perro? ¿Y por qué está lleno de sangre? —Mi voz temblaba.

—No es sólo sangre...

—¿Entonces?

—Se utiliza para...

—¿Para qué, Fabrizio? ¿Qué le ha pasado a mi amigo?

—Algo espantoso, Ariadna.

Me llevé las manos a la boca al ver el gesto de Fabrizio. Se acercó a mí, me refugié en sus brazos perdida en un llanto infinito.

—¿Dónde está Lluís...? ¿Dónde está...?

Solté de repente los brazos que me rodeaban y subí corriendo hacia la habitación.

—¡No, Ariadna, no entres!

Ya era tarde. El horror apareció en toda su crudeza.

Lluís estaba tendido en el suelo, junto al umbral de su habitación, maniatado y ensangrentado.

Le habían arrancado los ojos.

—*Gesù Bambino!* —gritó Fabrizio con tal fuerza que el gato salió huyendo.

—Lluís... —dije sin saber si hablaba a un muerto o a un espejismo—. ¿Qué te han hecho, Lluís? —Mi pregunta estaba bien formulada.

No contestó, apenas respiraba. Pero estaba vivo. Me arrodillé junto a él. Cogí sus manos atadas, las puse entre las mías.

—No lo toques, Ariadna. Llamemos a la policía —dijo enseguida Fabrizio.

—No quiero dejarlo solo. —Lluís no emitía siquiera un gemido.

Mientras Fabrizio tiraba de mí, yo abrazaba el cuerpo inmóvil de mi amigo.

—Quiero averiguar lo que estaban buscando.

—¿Estaban buscando... quiénes? —Fabrizio no sabía exactamente quién era Lluís Molferrut. Yo le había dado información muy vaga acerca de su identidad.

—Ven conmigo, por favor. —Lo cogí del brazo.

En la habitación, nada indicaba que se hubiese alterado el orden normal de las cosas. En el estudio, sin embargo, algo parecido a un huracán había arrasado con todo lo que encontró a su paso. Papeles, libros, mapas, cuadernos, todo estaba desordenado y sacado de los cajones y armarios. Una estantería que cubría toda la habitación había sido despojada de sus volúmenes, que ahora yacían en el suelo en posturas humillantes.

—Ayúdame. —Dejé el miedo en el rellano.

—¿Qué vas a hacer, Ariadna?

—Ayúdame a separar este arcón —contesté con firmeza.

—¿Me quieres explicar qué estás buscando?

Toda una vida no puede explicarse en un minuto.

—Ariadna, debemos llamar a la policía. No toques nada...

Hice lo que tenía que hacer. Sin que Fabrizio se diera cuenta, guardé en mi bolso lo que seguramente habían venido a buscar.

—Ahora sí. Ahora sí podemos llamar a la policía. —Con un gesto le indiqué que me ayudara a colocar de nuevo el arcón en su sitio.

Al salir de la habitación, me acerqué al cuerpo ensangrentado de mi amigo. Lluís decidió vivir apartado del mundo para no ser víctima de sus maldades. Fabrizio estaba detrás de mí, y al darme la vuelta para confirmar que me seguía, observé que estaba tocando el muro. Su mano medio cerrada delataba el gesto de quien busca algo con sus nudillos.

—¿También tú, Fabrizio? —Dejé caer mis brazos. Sentí un cansancio repentino.

—Estoy seguro, Ariadna...

En aquel momento se me reveló toda la verdad.

—¿Por eso está en la escalera? —pregunté mirando a Lluís, que estaba aún con vida. Su leve gemido fue un rayo de esperanza.

—Sí. Quisieron matarlo en la escalera, igual que...

—... Al enemigo de su abuelo.

En 1925, Antonio Maura, gran rival político de Cristòfol Molferrut, fue a visitar a Franco al Canto del Pico. Acompañando al dictador, se encontraba el empresario mallorquín pasando unos días de vacaciones, tras recibir una colección de pintura de un marchante alemán, y que se iban a repartir el dictador y su inseparable amigo Molferrut. Al averiguar de dónde procedían los cuadros, Antonio Maura se enfrentó a sus anfitriones con palabras alusivas al honor, a la honestidad y al decoro. Pero su noble actitud no fue mucho más allá. Murió en la escalera de piedra, sin que pudiera contar a nadie lo que allí había visto.

22

—Era muy joven... y muy bonita. —Los ojos de Tomeu brillaban. Recordando a Maciana, no pudo evitar emocionarse—. Tenía apenas diecisiete años cuando dio a luz a una niña. Él... —no pronunció su nombre— daba órdenes, y todos obedecían. De lo contrario...

No fue necesario que acabara la frase. Todos sabían cuál era el castigo por una desobediencia a Molferrut. Salida de caza sin retorno. Subida al monte sin descenso. Caracoles con arsénico...

—¿Por qué su sobrina se fue a Ciutat, si estaba trabajando en el campo? —pregunté. Sus manos temblorosas delataban el paso inexorable del tiempo. Sujetó bien el bastón, y apoyó en él ambas manos. Unos dedos huesudos se prolongaban en los nudos del bastón hecho con alguna rama de un viejo olivo.

Mientras Lluís se estaba recuperando de sus heridas en el hospital, yo trataba de asimilar todo lo que había ocurrido desde que conocí a Fabrizio. No encontraba explicación a lo sucedido a mi amigo en Deià, y tampoco lograba relacionar la información sobre los cuadros robados con las conversaciones que tuve con el italiano en

Florencia. Por qué, finalmente, no vi siquiera la *Disputa de la Trinidad*, que sería el primer cuadro en el que iba a trabajar. Me hospedé en el Hotel Pitti. A Xavier le había sorprendido este hecho. Y ahora, yo empezaba a comprender por qué.

Tomeu dio el último sorbo al café. Cuando dejó el vaso sobre la mesa vi unas yemas de color amarillento; infinitas líneas formaban círculos como anillos en el tronco de un árbol centenario. Sesenta años fumando habían dejado huella en una piel que un día fue blanca y suave.

Me levanté y fui hacia la barra. Ante la exquisita muestra de *cuartos* y ensaimadas recién hechas, pedí al camarero una variedad de cuanto allí se exhibía. Y no me olvidé del helado de almendra.

—Vi cómo dos hombres de Molferrut se llevaron a Maciana... —Tomeu continuó su relato— y al cabo de unos meses, regresó. Su rostro ya no era el mismo. Pero nadie se atrevía a preguntar dónde había estado ni qué había hecho...

—¿Fue entonces cuando usted decidió mudarse aquí? —Señalé la calle de Sans, donde el hombre vivía desde hacía cuarenta años. *L'amo* Tomeu desayunaba todas las mañanas en Ca'n Juan de S'Aigo. Un paseo diario desde la calle de Santa Eulalia hasta el Borne formaba parte de la rutina de un hombre que no quiso volver al pueblo donde perdió a tantos seres queridos. Sus recuerdos se reducían a largas conversaciones en el barrio del Call.

—¿Veía a Marquet a menudo...? —Yo deseaba averiguar si ambos compartían la misma sed de venganza.

Se llevó la mano a la rodilla izquierda, en su rostro apareció un gesto de dolor. La artrosis lo estaba matando.

—¿Por qué te interesas por esa bestia? —La palabra sonó rotunda en boca de un anciano.

No contesté. Supuse que se refería a Molferrut, y no a Bonnín. Algo me hizo pensar que las pistas que yo andaba buscando estaban en otro lugar y no en los muros del templo.

—¿Quiere dar un paseo, Tomeu?

Asintió con la cabeza. Pagué la cuenta, y nos fuimos. La tarde era desapacible, soplaba un viento frío. Parecía que estuviera a punto de llover. Ayudé a Tomeu a levantarse, él se movía despacio apoyándose en su bastón. Mientras nos dirigíamos hacia Santa Eulalia, apenas habló. En su silencio vislumbré mucha pena.

—*Fa fred...* —dijo con un hilo de voz.

Respeté el silencio de un ritual durante el recorrido por calles estrechas que eran fiel reflejo de la retórica histórica del Mediterráneo. Al pasar por la plaza de Cort, Tomeu se detuvo. Observó el olivo en el centro de la plaza más emblemática de la ciudad.

—*Té mil anys...* —Frente al retorcido tronco, el anciano tal vez comparó su exiguo tramo de vida con el de un árbol que cumplió mil años.

Continuamos el paseo en dirección al Borne. Quise evitar los cien escalones de la calle Orfila en dirección a San Nicolau. Pero Tomeu me indicó con un gesto que quería seguir su recorrido habitual. Al pasar por el número 10 de la calle Puigdorfila, disminuyó el paso. Me presionó el brazo, no dijo nada. Sus manos temblaban. Vi humedad en sus ojos.

Al llegar a la vía Roma, nos sentamos en un banco. Tomeu se sentía fatigado. Un tímido rayo de sol indicaba que el riesgo de lluvia estaba desapareciendo. Al fondo, las esfinges de piedra dominaban el lugar con su imponente figura.

—Eres muy joven... —Sus palabras daban a entender que me sería difícil comprender algunas cosas.

—Maciana era muy trabajadora... —En su voz había el dolor de un anciano que necesitaba contar su historia—. Dio a luz a una criatura, y no sintió alegría por ello. Su hija Saurina había sido fruto de un acto impúdico. Trabajó unos meses en casa de Molferrut... una violación a una humilde campesina era algo insignificante. Aunque débil y enfermiza, la pequeña Saurina crecía deprisa. Pero la tristeza se había instalado ya en su corazón. A pesar de su carácter introvertido, era una joven atractiva cuando a los veinte años se casó con Bennasar Bonnín, vecino de Alcudia, y dedicado al negocio textil heredado de su padre. Al cabo de un año, Saurina y Bennasar tuvieron descendencia. Un hijo, al que pusieron de nombre Marcos, como el evangelista, pero desde pequeño lo llamaron Marquet. Durante los primeros años, Saurina vivió obsesionada por ver rasgos físicos en su hijo que no permitieran dudar de que Marquet era hijo de su esposo. *Un día el mataré...* tantas veces oyó Marquet esta frase en boca de los suyos que se dejó llevar por la curiosidad primero, por el resentimiento después, y más tarde por la venganza.

—¿Conocía usted bien a los Molferrut?

Afirmó con la cabeza. Y no añadió nada más. En Mallorca pocos se atreven a hablar del clan Molferrut más allá de los tópicos. Su relación con el contrabando. Sus empresas. Su banco.

Permaneció en silencio. Y miraba a la gente paseando plácidamente por el Borne. Cerré los ojos.

Los abuelos del banquero —recordé lo mucho que oí hablar en mi casa acerca del rey Midas— procedían de Pollença, emigraron a Santa María en búsqueda de tierras fértiles para la producción y posterior exportación de productos agrícolas y ganaderos. Procedente de una familia humilde, Cristòfol Molferrut vivió durante su niñez en una modesta casa que pertenecía a una tía suya. Durante años, su sueño fue llegar a tener una casa de su propiedad. Con motivo de su enlace nupcial con Margarita Cerver, su padre construyó para él una magnífica casa que le hizo saborear por vez primera la sensación de poder. A partir de entonces, no quiso dejar de tener ni un solo día esa sensación que le gustó más que cualquier otra cosa en el mundo. Molferrut vivió obsesionado por alcanzar el poder.

Y para ello existía un solo camino, la riqueza.

Los valores éticos que aprendió de su padre pasaron a ocupar un segundo lugar. Lo primero era, indiscutiblemente, el dinero. Nunca le interesó la política, a la cual veía como un mero instrumento para llegar a la verdadera meta. Poder, poder y poder. Fue la única palabra que le acompañó siempre y tenía escrita sobre su mesita de noche. Se acostaba con ella, se levantaba con ella. Cuentan de él que, al preguntarle si creía en los Reyes Magos, contestó que sí, naturalmente.

—*Poder és el rei Melchor. Diners és el rei Gaspar, i corrupció és en Baltassar. I tant que hi crec...* —Tenía, por entonces, doce años. El orden de los Reyes Magos fue invertido, y Baltasar pasó a ocupar el primer lugar. Los otros dos Magos encontraron ya el camino expedito.

»*Si robes un pa, te diran lladre. Si robes un milió, te diran estafador. Però si robes cent milions, te diran* magnate *i se* gionaiaran *davant tu* como *davant Jesuset...**

Nunca le llamaron ladrón, y tampoco estafador.

¡Cristòfol Molferrut se convirtió en poco tiempo en un magnate conocido en medio mundo. Era un tipo duro,

---

* Si robas un pan, te llamarán ladrón. Si robas un millón, te llamarán estafador. Pero si robas cien millones, te llamarán magnate y se arrodillarán ante ti como ante el Niño Jesús...

que convertía en oro todo lo que tocaba. Multiplicaba el dinero como por arte de magia, y su visión comercial alcanzaba límites inimaginables. Su primer capital lo robó hábilmente de la caja de la empresa familiar «Molferrut Hermanos»; al enterarse su padre le propinó tal paliza que le reventó la nariz. Con la sangre que derramó selló su primera intervención en el imperio financiero. Se dedicó a todas las actividades imaginables, pero las más destacadas fueron compraventa de fincas rústicas, contrabando de tabaco y de víveres, de armas y de alcohol; empresas mineras, madereras, eléctricas, petroquímicas, navales, periodísticas y bancarias. Sus mayores fortunas se las dio el contrabando de tabaco, con ayuda de los ministerios de Defensa alemán y británico durante las dos guerras mundiales. Pero a tales fortunas superaba su afición por lo que llegó a convertirse en verdadera pasión, la venta de secretos. Y de esa pasión nació su privilegiada relación con el Vaticano. Su fotografía junto al papa dio la vuelta al mundo. Pocos sabían por entonces de lo que sería capaz ese hombre fuerte como un toro, de alta estatura y de ojos vivos como los de un reptil.

«Si la Iglesia, hace ya mil doscientos años, era propietaria del veinte por ciento de la superficie de Europa Occidental, es señal de que su camino es un buen camino a seguir...», decía el empresario ante sus amigos atónitos por la inmensidad de su fortuna. El despacho de Molferrut estaba presidido por el papa Pío X, un papa obsesionado con la extensión de las lacras del mundo moderno: comunismo, socialismo y libre pensamiento. Pío X creyó que para combatirlos había que infiltrarse en ellos y espiar sus actuaciones. Así que la Iglesia debe agradecer su sólida resistencia a este papa iluminado que inventó los servicios secretos más eficaces del planeta.

La imagen de Pío X colgada en la pared de su despacho en el llamado Salón del trono, donde recibía a sus clientes y socios, inspiraba a Molferrut para su actividad laboral, que todos los días, incluidos domingos y festivos, comenzaba a las seis de la mañana. Doscientos metros separaban su cama salomónica, con cuatro postes labrados de madera de las Indias, del sillón de cuero con un panel tallado representando una escena de una dama y un caballero jugando al ajedrez. Lejos quedaba aún el jaque mate al que su propia esposa le conduciría. Desde los inmensos ventanales del salón se veía una inmensa pérgola que daba a un jardín. Numerosas columnas alternaban con pedestales de donde brotaban surtidores alternos. Un estanque de gran tamaño, con plantas acuáticas colgantes, ocupaba el centro de la magnífica escena. Al fondo, junto al comedor asomaba un grupo de esbeltos cipreses que convertían el recinto en una estancia ideal donde el sol brillaba con toda su fuerza a la hora del almuerzo, durante seis meses del año. La mesa prandial estaba rodeada de doce cornucopias con varios brazos a modo de candelabros. A continuación, inmensas habitaciones con las paredes cubiertas de gobelinos, damascos y cueros repujados. Cuadros valiosísimos y un inmenso tesoro en muebles llenaban paredes cuya extensión resultaba difícil de calcular.

En el año 1923 el dictador Primo de Rivera inició contra el pirata un proceso para meterlo entre rejas, pero Molferrut escapó. Disfrazado de fraile, consiguió movilizar todas sus influencias, especialmente las del país galo. Finalmente, a golpe de talonario, obtuvo la absolución gracias al dictador, de quien fue siempre amigo. Su *Nenuco*..., así llamaba Molferrut al general Franco.

La siguiente persecución ocurrió durante la Segunda República, momento en que fue decretado su ingreso en prisión. Pero escapó a los quince meses de permanecer encerrado, y logró atravesar la frontera de Gibraltar oculto bajo una manta en el asiento trasero del coche de su secretario. No le resultó difícil burlar la tímida orden de arresto dada por Franco, a quien consideraba un fantoche que dilataba la guerra innecesariamente y con ello prolongaba el sufrimiento del pueblo español con el único fin de eliminar a futuros adversarios y aumentar su prestigio personal.

—A quien poseo con mi cuerpo puedo aplastar con mi lengua... —decía a sus amigos, que no entendían el desprecio del empresario hacia Franco. Mucho tiempo después entendieron las razones. Para Cristòfol Molferrut, los políticos eran hombres que buscaban en la dirección del Estado los recursos que no podían encontrar en los negocios. Considerados como simples peones y rendidos a sus pies a golpe de talonario, cedían ante cualquier deseo del magnate. La fama de este corsario cruzó el archipiélago y llegó hasta el otro extremo del planeta. De él se hablaba incluso en las escuelas rusas, donde era puesto como ejemplo de arma letal para la clase política del siglo XX. Los soviéticos vieron en él un buen ejemplo a seguir, y una biografía del personaje escrita en los años treinta fue elegida como libro de texto para enseñar español a los estudiantes rusos.

El magnate mallorquín viajó por todo el mundo, pero la isla de Mallorca era el ideal de paraíso donde quiso vivir toda su vida. Conociendo el espíritu del carácter mallorquín, sabía que jamás nadie se metería con él. Criticaba el alma muerta de los mallorquines, poco emprendedores y de lento despertar; pero al mismo tiempo se mostraba encantado con esa pereza que le mantendría a salvo de futuras investigaciones. Sólo cuando era perseguido por la justicia residía en otras ciudades, donde tenía sus propios palacios.

Madrid, Barcelona, París, Biarritz, Berlín, Roma, Londres, Tánger, Nueva York, Nueva Orleans y México acogieron al gran banquero, como le gustaba ser llamado.

—Yo soy como Marcinkus, obispo y banquero. Banquero ya lo soy, y obispo lo seré pronto —comentaba jocosamente a todo el que quisiera escucharlo. De las empresas que llegó a poseer, su preferida era la del tabaco.

»*Mata aviat i deixa beneficis...* —sentenciaba con un palillo entre los dientes. Jamás fumó un solo cigarrillo en su vida. Que mueran los otros, y me dejen a mí sus beneficios... fue su lema de empresario tabaquero. Pero lo que nadie sospechó jamás fue de dónde procedía verdaderamente su fortuna. Las empresas que todos conocían le reportaban pingües beneficios, pero nada comparado con la empresa que supo mantener oculta durante cien años. Sólo una persona averiguó el secreto. Lluís, su nieto denostado. Raro, excéntrico. El navegante solitario, que escribía guías que nadie leía...

Cristòfol Molferrut comprendió muy pronto cuál era el papel de la Iglesia. La veía como una infalible organización internacional capaz de conseguir un hábil servicio de información gratuito mediante la confesión. La Iglesia era, en definitiva, un potencial aliado con el que prefería guardar buenas relaciones. De eso se encargó su piadosa esposa, doña Margarita Cerver, quien pasaba muchas horas al día con curas, frailes y monjas.

—*Ho tenc ben repartit...* —respondía con ironía cuando le reprochaban que él gastara más dinero que su esposa. Estaba convencido de que doña Margarita encontraba diversión con los rezos y las limosnas en las iglesias. Pero don Cristòfol se equivocaba. Cuando, en el año 1916, fue asesinado el hijo de su socio en Valencia, empezó el mayor culebrón familiar, social y financiero del siglo XX.

Aunque jamás pudo probarse, era notorio que Ricard Gaspí mantenía relaciones extramatrimoniales con la esposa de Cristòfol Molferrut. Doña Margarita, aristócrata de excepcional belleza, encontró en el hijo de su socio lo que su marido no le daba. Como venganza, el magnate mató dos pájaros de un tiro: asesinó a quien le hizo cornudo y sedujo a sus diez criadas. Ambas venganzas dieron resultados inmediatos. El amante, ya no volvió a dar problemas. Y las criadas, casi todas tuvieron hijos. Uno de ellos fue Saurina, la joven doncella que dio a luz a su hijo Marquet.

»*No fa falta anar a Roma...* —decía el magnate. Su palacio era como un Vaticano en miniatura con el cual lo comparaba siempre que alguien elogiaba el esplendor de sus salones. El estado del Vaticano es el más antiguo del mundo, asentían todos. Y el palacio de Molferrut... —ojos llenos de envidia recorrían los bellísimos tapices— el más antiguo de Mallorca. Los cimientos del Palau se levantaron sobre miles de muertos de apellido judío en un monasterio que los dominicos derrumbaron y cedieron al clan más poderoso de la isla, a cambio de ciertas prebendas que en Mallorca es peligroso siquiera mencionar.

»Si es que la Iglesia se encuentra a gusto donde hay dinero... —concluía don Cristòfol rodeado de clérigos, obispos y cardenales que se deslizaban por su palacio como quien se mueve en su propia casa. Una casa que, hasta hace pocos meses, nadie sospechó lo que ocultaba en el interior de sus dobles muros. Cristòfol Molferrut tuvo una muerte tan silenciosa como turbia fue su vida, y tan imprevista como la del rey Baltasar. Una noche de primavera, en pleno festín opíparo de manjares, alguien introdujo arsénico en su plato preferido: langosta con salsa de almendra amarga. Una cantidad suficiente de veneno, que tantas veces él mandó suministrar a otros, estuvo a punto de paralizar el robusto cuerpo de un hombre que no pasó un solo día de su vida sin soñar con ganar más dinero. Hizo honor al nombre de su esposa. Margarita significa perla, y nada hay más bello en el mundo que las perlas que da la naturaleza. Perlas, corales, rubíes, diamantes, zafiros, esmeraldas, nada faltaba en el inmenso arcón lleno de joyas que fueron encontradas en un rincón de su palacio. Un palacio en cuya puerta de cinco metros de altura lucían nueve letras grabadas en oro. Paradisos. Fascinado por la magia que contienen las palabras, el magnate dio a su palacio el nombre griego del paraíso, que en hebreo significa lugar propio. Y eso fue, exactamente, lo que hizo de la isla. Su lugar propio, que alguien le quiso arrebatar una noche de abril mientras festejaba, rodeado de invitados, el esplendor de su emporio brindando con copas de oro repletas de vino añejo. El festín de Baltasar había llegado a su fin. El del magnate, también. Sin embargo, quien hace del crimen oficio acaba por saber cómo escapar a él. Y el rey Midas intuyó, aquella noche de primavera, que alguien quería arrebatarle su corona.

»Si a alguien le ha llegado hoy su final, ése no seré yo... —murmuró al ver la fuente de plata que el sirviente dejó sobre la mesa de acacia. Observó en silencio una langosta con salsa de almendra amarga—. Demasiada almendra... —sentenció el magnate, que aquella noche interpretó el mejor papel de su vida. Y con un chasquido similar al sonido de un látigo ordenó que le fuese retirado el crustáceo. *Cave rotas* fue la profecía en latín que pronunció su astrólogo cinco días antes. Aléjate de las ruedas... Y desde ese día no subió a su automóvil, por si acaso el adivino tenía razón. Pero el significado de la profecía nada tenía que ver con las ruedas sino con algo de forma redonda y bastante más pequeño que las ruedas de un Jaguar. Molferrut sufrió unos dolores espantosos durante sus últimos días de vida. Murió de gangrena de Fournier, la misma enfermedad de la que había muerto el rey Herodes. Gangrena en los testículos y en el pene.

Sus herederos, que no perdieron el sueño por averiguar si su rey Midas había muerto por ley divina o por traición, se repartieron de mil amores la inmensa fortuna para la cual no existían calculadoras capaces de abarcar las cifras de su cuantía. El talento extraordinario que este hombre demostró tener en vida para amasar dinero fue magnificado después de su muerte. Su recuerdo quedó en la mente de los isleños como el del mayor mecenas que haya existido jamás. Fue pionero en crear becas de investigación, promotor de certámenes literarios y musicales, defensor de la cultura y entusiasta del arte aunque no supiera distinguir un Rembrandt de una pintura rupestre. Y donó terrenos para construir escuelas y hospitales satisfaciendo a la Iglesia, a la que tan bien supo utilizar. Murió a los noventa y ocho años, sin poder cumplir su deseo de llegar a los cien. De su generosidad, sigue viviendo todavía hoy en gran parte la Iglesia mallorquina. Lo que jamás pudo sospechar Molferrut fue que su esposa dejara escritos, en forma de cartas de amor, secretos que nadie conoció en vida del empresario.

«Soy como el rey Salomón...», fueron sus últimas palabras. Tardaron en ser descifradas por quienes buscaban en ellas claves para encontrar la fortuna que mantuvo oculta durante toda su vida. Igual que el rey Salomón, el magnate levantó su templo. Pero a nadie dijo dónde mandó construir sus pilares. Entre sus descendientes, no había aficionados a leer la Biblia. De haberla leído, habrían descubierto adónde trasladó el rey Midas su inmenso tesoro. Un templo sobre el mar, y un palacio junto a la Seu, dos construcciones que persiguieron sus herederos durante tres generaciones. El palacio ofrecía pocas dudas acerca de su emplazamiento. Pero el templo fue el gran secreto de su vida...

Cuando miré a Tomeu, me di cuenta de que no había apartado sus ojos del templo gótico. Desde el Borne, la catedral parecía un monstruo salido de las profundidades del mar.

Entonces comprendí que tras la pista de ese templo andaba el artista más loco de la isla.

23

París, julio de 2007

—Quiero que mis vitrales aporten la luz grisácea del fondo submarino... —declaró Bonnín a los periodistas que asistieron a su último espectáculo en París. Todos ellos escuchaban atentos al artista más genial de los últimos tiempos. Algunos lo llegaron a comparar con John Martin, por su capacidad de reflejar el terror con sus sombras en blanco y negro.

—Ah, sí... John Martin. Bueno, en realidad este mural es un homenaje a su *Festín de Baltasar*. Yo creo también que algún día el mundo volará por los aires... —Moviendo sus grandes manos, escenificaba algo funesto.

Lo que parecía ironía más bien era una advertencia de lo que se avecinaba. Era un aviso al mundo, quedaba poco tiempo de vida.

—¿Por qué ha preferido el color gris para el fondo submarino?

El artista miró con desprecio al estúpido periodista que no había entendido nada del discurso apocalíptico.

—Y usted, prepárese. Será el primero en desaparecer. —Levantó un dedo amenazador.

—¿Ha instalado ya todos los vitrales? —Esta pregunta no fue menos acertada que la anterior. Un buen profesional debería estar informado de un hecho tan crucial. No. No estaban instaladas las vidrieras.

—¿Cuándo podremos verlos? ¿Regresará a Mallorca? ¿Cree usted que la isla ha cambiado mucho...? —La celeridad del interrogatorio revelaba escaso interés por escuchar la respuesta.

—Ya no queda nada por lo que merezca la pena volver... —afirmaba el artista con tristeza infinita. Su isla estaba a punto de sucumbir a las fauces del Cíclope.

—Alterna usted temporadas en París y en África, ¿no es así? ¿Es cierto que en África utiliza a los negros para pintar desnudos? —La periodista demostró exactamente lo que Bonnín ya sabía. La joven no era sino una prostituta más de las que el director del periódico echaba a la calle a buscar clientes que le reportaran su beneficio diario. No importa a quién entrevistes, no importa qué le preguntes, no importa cómo lo consigas..., pero trae buenos titulares.

Cual Minotauro, había que devorar carne humana para poder seguir con vida.

—Señorita, no voy a contestar más preguntas —respondió de forma tajante, tratando de evitar precisamente lo que ella quería provocar..., una escena de ira con la que acompañar su reportaje periodístico.

Y lo consiguió.

Bonnín se acercó a la joven que sostenía el micro como único tronco de salvación. Su mirada era gélida como la muerte. Del impacto, el micro cayó al suelo. La joven selló su boca para siempre. El artista se largó. Y se negó a responder más necedades.

Al día siguiente, la prensa internacional daba la noticia. Tras un año de silencio, por fin regresaba al templo gótico el controvertido artista. Pronto se sabría la fecha de la inauguración de su obra, a la que asistirían personalidades políticas, culturales y eclesiásticas. Pero, sobre todo, sus Majestades los Reyes de España. A la Corona iba dirigido el mensaje de su mural de terracota. Aunque, todavía, nadie lo sospechaba.

Todos los periódicos mostraban fotos del artista y reproducían fragmentos de sus declaraciones. En ellas afirmaba no reconocer su querida isla mediterránea, convertida en fósil por la vorágine de un turismo incesante y por la incompetencia de dirigentes corruptos. A doble página, una fotografía reproducía el momento en que la joven periodista fue abatida por el artista. «Un escándalo. El autor de la obra más importante del patrimonio eclesiástico del siglo XXI es un criminal. Un excéntrico sin moral...»; titulares así acompañaban la imagen del artista, cuya foto resaltaba unas cejas rubias muy pobladas. Parecía Mefistófeles.

El director de un periódico insular, que acababa de inaugurar en Palma el museo de arte más excéntrico, se frotaba las manos ante la noticia. Por cada espectáculo que protagonizara el artista, sus obras eran más cotizadas. Por consiguiente, la inversión que él hiciera en los cuadros de Bonnín revertía en su propio beneficio. Veinte millones de euros, procedentes de las arcas públicas, financiaron el museo más polémico de todos los tiempos. A cambio de ceder sus cuadros, él tenía a las instituciones rendidas. Jamás la cultura resultó más rentable. Esta ventaja de poner como escudo la cultura popular la aprendió en los años setenta. Gracias a la escasa cultura del Caudillo, el empresario Pablo Serré consiguió hacerse con las riendas del cuarto poder. Así llaman a la prensa. Pero se equivocan. Es el primero. Pablo Serré llegó a tener tres periódicos de su propiedad, y a dirigir la televisión balear. A su disposición tenía un centenar de becarios, a quienes movía con la habilidad propia de quien maneja títeres.

Yo tardé muchos años en entender por qué los mallorquines eran gente tan callada. Por fin lo comprendí.

En 1923, el arquitecto Guillem Forteza, de apellido chueta, recibió un encargo del mecenas griego Juan de Saridakis. Este artista, que quedó fascinado ante la belleza de Mallorca, mandó construir un palacio en un terreno que compró de una extensión de treinta mil metros cuadrados, en una situación privilegiada junto al mar. Lo que empezó siendo un museo para uso y disfrute de los isleños como muestra de su gratitud por dejarle vivir en tan bello lugar, acabó siendo un palacio de exclusivo uso privado. Al morir, el artista había dejado por escrito su deseo a su segunda esposa, Ana Marconi. El museo, ampliado cuantas veces fuese necesario, debía estar siempre abierto al público, y especialmente dedicado a promocionar a jóvenes artistas.

Cuarenta años después, el deseo de Saridakis se había convertido en la mayor ofensa a la última voluntad de un ser humano. Su museo, que empezó a ser más conocido por el nombre de quienes ocupaban el palacio que por su promoción de nuevos artistas, fue de uso exclusivo de una familia. La más importante del país. La Corona.

Saridakis expresó en su testamento la voluntad de que el museo fuese ampliado según las necesidades de la vida cultural de la isla. Sin embargo, no hubo ampliación de tal museo. Lo cual decía muy poco a favor de la vida cultural de Mallorca.

Pero nada es eterno en esta vida, y no iba a ser menos el silencio de las nuevas generaciones. Cansadas de callar, pronto se dejaron oír las voces de quienes revindicaban lo que era suyo. Bajo el lema de *Crida fort*, muchos jóvenes insulares empezaron a reclamar sus derechos. Su patrimonio cultural. Pero antes tuvieron que averiguar cómo derribar los siete pilares de la tierra. Banqueros, abogados, notarios, médicos, obispos y alcaldes. Seis pilares, bajo la cornisa del cuarto poder. El Cancerbero de la prensa.

Después de tres días de éxito y de aclamación mundial, Marquet Bonnín se disponía a hacer su última representación en la bella ciudad del Sena.

En el interior de una iglesia gótica que el artista había adquirido en el sur de París se concentraron dos mil personas deseosas de ver algo que sabían que no volvería a repetirse en mucho tiempo. La capital francesa esperaba con ansia, aquella noche de julio, lo que el artista les tenía reservado. Las calles adyacentes estaban abarrotadas de gente, participando también de la ola de entusiasmo que reinaba en toda la ciudad.

Una luz tenue iluminó sucesivamente cada una de las tres paredes sobre las que el artista iba a realizar su obra hecha en directo. Las notas de *Nabucco* ayudaban a hacer más llevadera la espera. El impresionante coro de esclavos advertía de la proximidad de algo grande, excepcional, majestuoso. El silencio sepulcral que se produjo al final del coro se rompió, de repente, en un sonoro aplauso de dos mil asistentes puestos en pie para recibir al demiurgo.

Las voces de Verdi enmudecieron. El artista dio la espalda al público, y a partir de aquel instante no existió más que el hombre y la nada. La creación, en su estado puro. Los latidos del corazón y el sonido de la respiración. He aquí la única música que acompañaba los movimientos de un hombre dispuesto a extraer de la tierra y del mar sus últimos restos de vida.

Nadie se movía, apenas respiraban. Todos miraban extasiados los colores que aparecían en aquellas paredes, y que poco a poco se iban transformando en figuras. Un murmullo se oyó cuando apareció la figura de un pulpo. No era un pulpo, era un hombre asesinando a otro. Pronto entendieron el significado del color rojo que iba adquiriendo vida propia.

La muerte invadía la tierra.

A continuación apareció el azul del mar. No era azul, y no era el mar sino una mezcla de colores verdosos y azulados que representaban los primeros viajes marítimos de antiguos navegantes. Entre líneas multicolores aparecieron seis hojas de papel viejo... Un homenaje a Yafudà Cresques, junto a algo que parecía una soga. Todos sabíamos cómo podría haber muerto el cartógrafo mallorquín perseguido por la Inquisición.

De repente, letras y cruces ocuparon el escenario presidido por Cristo. Las letras, con sus grietas marcadas a fuego, no eran tales sino rostros de seres humanos que mostraban su dolor ante el sufrimiento ajeno. En todos ellos podía verse la inicial de un nombre. Emiliano Darder, ex alcalde de Palma; Alejo Jaime, ex diputado socialista; Antonio de Quer, ex socio de Cristòfol Molferrut; y Antonio Matías, ex alcalde de Inca..., sobresalían entre muchas otras iniciales aquel día 18 de julio de 2007. Homenaje a la memoria histórica de dos Españas que un día mostraron al mundo que el festín de Baltasar estaba a punto de llegar.

Aparecieron en el mural tres letras, sucesivamente. Y al fondo, el perfil de una tumba.

X... P... O...

El monstruo estaba a punto de despertar.

24

Palma de Mallorca, marzo de 2008

—¿Qué cantidad de arcilla se ha empleado para el mural?
—Doscientos mil kilos.
—¿Cómo consiguieron transportar piezas tan grandes sin que se rompiera ninguna?
—En camiones de gran tonelaje; las piezas iban unidas con un sistema especial de anclaje que impedía cualquier movimiento entre ellas.
—¿Y no se rompió nada, a pesar del viaje tan largo desde Nápoles?
—Ni una sola pieza.
—¿Cómo fue el montaje en el interior de la catedral?
—Utilizamos doce mil metros de tubos de acero, seis grúas especiales construidas para la ocasión y una plataforma de hierro que permitía acceder hasta el último extremo de la obra.
—¿Usted supervisó todo el montaje?
—Sí, hasta la instalación de los vitrales.

Guillem, hombre de confianza de Marquet Bonnín, viajó con frecuencia a Nápoles para comprobar el avance de las vidrieras que tanta expectación habían generado en la isla. Nadie entendía por qué tardaba tanto tiempo el artista en acabarlas. Les parecía mucho más laborioso el mural de terracota que unas simples vitrinas de colores. Había transcurrido año y medio, y la catedral seguía sin ver su obra acabada.

—Los vitrales presentan dificultades que usted ni siquiera puede imaginar.

—¿Acaso no los ha terminado?

—Falta aún la última capa de pintura.

—¿La última capa?

—La tonalidad gris.

—¿Gris..., en unas vidrieras góticas?

—Sí. Gris. Y no son vidrieras, son vitrales.

—¿Qué diferencia hay?

—La misma que entre una iglesia y una catedral.

—¿Es cuestión de tamaño?

Guillem se colocó las gafas a la altura de media nariz, y negó con la cabeza. Capté su mirada displicente.

—Dígame, ¿cuál es la razón de tanta demora? —Esperar tanto tiempo para ver decoradas unas ventanas justificaba mi insistencia.

—Ya se lo he dicho. —Devolvió las gafas a su sitio—. Falta aún la capa de color gris. —Un natural callado no es lo único que caracteriza a los mallorquines. No simpatizan con la retórica.

—En la prensa... —torció el gesto cuando oyó esta palabra— he leído que a finales de este mes se va a inaugurar toda la obra.

No contestó. Si lo decía la prensa, él no iba a molestarse en decir otra cosa.

—De entre sus ayudantes, ¿usted es el único mallorquín? —Si le sorprendió la pregunta no lo demostró. Comió una aceituna negra. Tiró lejos el hueso, que desapareció entre los árboles.

—Sí. —Capté una mueca en su rostro adusto. No le agradó que yo supiera tanto.

Esperé unos segundos, por si confirmaba lo que yo había leído. Bonnín realizó los vitrales en Nápoles, con ayudantes de pueblos cercanos. Pero con Guillem hizo una excepción. Como no hablaba otra lengua más que el mallorquín, ello impediría que trascendieran rumores que Bonnín quería evitar. No le apetecía que en Mallorca se conocieran detalles de su forma de trabajar en Nápoles.

—¿El único? —insistí.

—Sí —repitió el monosílabo.

—Cuando llegue a Palma el artista, ¿explicará su proceso de creación?, ¿dará detalles de por qué ha querido trabajar el vidrio en Nápoles y no en Mallorca? ¿Vamos a poder asistir a una rueda de prensa con el artista?

—No.

—Así que ¿es cierto que no va a hablar más con la prensa después de lo sucedido en París?

Miró el reloj. Supe que me estaba echando. Por su lacónica conversación era evidente que no conseguiría más detalles, a pesar de mis esfuerzos.

El reloj de cuco puso el único toque de amabilidad a la charla, antipática y hostil. Tal vez fuera lo único amable en aquella casa perdida entre montañas. Un reloj de cuco..., extraña compañía para un hombre solitario.

Le di las gracias por el vaso de agua, y me levanté. Fui a darle la mano, pero la suya desapareció en el bolsillo del pantalón. Me acompañó hasta la puerta. En la calle, me sobrecogió la quietud del lugar. Parecía que el aire no llegara hasta aquel rincón de la isla.

Después de investigar durante un año sobre qué vidrios y colores emplearía Bonnín, solamente saqué en claro un detalle: predominaría el gris. Con su hermetismo, Guillem demostró su lealtad hacia el artista y ayudó a preservar el secreto que éste deseaba mantener a salvo. Aunque el mural no había sido inaugurado oficialmente, mucha gente lo había podido visitar. Pero la presencia de panes, peces y hortalizas en una pared de barro no despertaba mucho interés. A primera vista, no había ningún misterio. Tantos avatares rodearon esta obra desde el principio, que el hastío pudo más que las ganas de buscar enigmas.

Empezaba a caer la tarde. Debía marcharme, o de lo contrario la oscuridad me atraparía en calles tortuosas que no me eran familiares. Sin embargo, me resistía a irme de Alaró sin visitar el castillo que no había vuelto a ver desde que era niña. Siempre lo relacioné con historias macabras. Recordaba que un rey quemó vivos a dos hombres por negarse a obedecer sus órdenes. Siempre que pasaba por la autopista, me quedaba mirando las montañas negras, como aprendí a llamarlas desde entonces.

Dejé el coche en el aparcamiento de Es Verger, y subí andando por la empinada cuesta. No había otra forma de llegar al castillo. Me encontré de frente con turistas, que descendían. Era lo más sensato, dada la hora que era. Según subía, comparaba los viejos muros con dientes maltrechos de un monstruo abatido. Me acordé de Guillem. Curiosa coincidencia la de su nombre, Guillem Cabrit y Guillem Bassa murieron quemados, en el siglo XIII, por desobedecer al rey de Aragón. Su fidelidad al rey Jaume les costó la vida. Guillem no quiso acabar como ellos, por eso tal vez se negó a contarme detalles sobre los vidrios de Bonnín.

Cuando por fin llegué, me acerqué al muro más bajo.

Desde allí, podía ver toda la isla. Era la hora del crepúsculo. La planicie de Es Pla, la bahía de Palma, Alcudia y la Serra de Tramuntana mostraban su esplendor. Campos de olivos, mantos de almendros, bosques de pinos y de encinas. La imagen más hermosa de Mallorca, en un silencio sepulcral como no existe en ningún otro lugar de la tierra.

Entré en la capilla anexa al castillo. Y de pronto lo vi. El baldaquino, la cruz, el ánfora.

Por fin encontré lo que estaba buscando. Salí precipitadamente, no podía permitir que la oscuridad me sorprendiera en medio del peligro. Bajé deprisa el camino empedrado, y entré en el coche. Era el único que quedaba en el aparcamiento. Por el retrovisor, lancé una última mirada al castillo, testimonio de una larga resistencia frente a la conquista árabe. Cuando por fin llegué a la plaza, respiré intensamente. Hombres y mujeres disfrutaban de la tarde sentados en la terraza de un bar, ajenos a los crímenes que ocurrieron allí hace muchos siglos. Me dirigí hacia Palma, necesitaba llegar a casa cuanto antes.

Un mensaje de Fabrizio en el contestador. Me echaba de menos. Dudé si llamarlo, la soledad seguiría siendo la misma. Así que desconecté el teléfono para no ceder a la tentación. Me di una ducha fría. Preparé mi cena habitual, queso fresco y frutos secos. Los dátiles estaban exquisitos. A las once, ya estaba dormida.

Mientras tanto, la vida transcurría con la normalidad de siempre en ese rincón del archipiélago. Nada especial alteró la vida de los isleños más allá de conflictos originados por la convivencia cotidiana. El cruce de acusaciones entre grupos políticos no variaba, y las denuncias por corrupción urbanística iban en aumento. En los últimos días, un escándalo ocupaba varias páginas de los periódicos. El diputado más joven de la isla fue acusado de malversación de fondos públicos. Había gastado cien mil euros en prostíbulos de lujo en apenas tres meses. El escándalo no era por el hecho en sí, sino por la circunstancia que lo rodeaba. En los prostíbulos no trabajaban mujeres, sino hombres. La noticia suscitó polémica porque coincidió con la visita a Palma del cardenal Rouco Varela, de quien se acababa de confirmar que seguía al frente de la Conferencia Episcopal. Estaba anunciada su intervención para el día siguiente. La condena al matrimonio homosexual.

En la crónica de sucesos destacaba otra noticia. En Santa Margarita, un pueblo del interior, los vecinos andaban preocupados por una tragedia espantosa. Dos niñas de nueve años fueron violadas por sus compañeros de colegio. Dos inmigrantes estaban en el punto de mira. Sin embargo, nadie se atrevía a hablar de ello abiertamente. Padres y madres vigilaban a sus hijos día y noche, y la plaza del pueblo se quedó desierta repentinamente. La Guardia Civil investigaba el caso, pero sin resultados.

Durante tres meses, fui a Santa Margarita dos veces a la semana, pues el párroco me encomendó la restauración de una Virgen. Supe lo ocurrido a las niñas por el cura que me hizo partícipe de sus plegarias.

—*Aquest món està perdut...* —decía el párroco mientras contemplaba el resurgir de colores en el manto de la Virgen.

—¿Ha visto ya la obra de la catedral, padre? —No era necesario mencionar al artista.

—Con la corona de cartón tuve bastante... —Para muchos, la intervención de Gaudí no era digna del templo gótico.

—¿La corona? —pregunté al párroco.

—O lo que sea, cualquiera sabe en qué pensaba convertir Gaudí esa especie de ensaimada...

El día siguiente estuve pensando en lo que había dicho el cura. Me sorprendió que identificara el baldaquino con una corona. Una corona, con espigas de trigo...

No era una corona.

Aparte de dar clases de pintura en un colegio, pocas obligaciones tenía en mi quehacer cotidiano. Terminaba mi trabajo a las cuatro, y disponía de la tarde libre. El recorrido de cinco kilómetros en bicicleta hasta el Molinar se había convertido en una cita obligada todos los días. En el mes de enero asistí a un congreso sobre retablos medievales, que se celebró en Venecia. Mi reencuentro con Fabrizio despertó sensaciones maravillosas que duraron mientras duró el congreso. Cuatro días. Fabrizio seguía dando clases en la Universidad de Florencia, su tío seguía viajando por todo el mundo.

—Ya sabes, su pasión por los libros... —No dijo nada de la búsqueda de cuadros.

No dedicamos mucho tiempo a hablar de Gaetano Ubriachi, y sí de nuestras vidas.

—¿Cómo está tu amigo?

—Lluís está bien. Unos días mejor que otros..., no asimila el hecho de vivir sin ojos.

De pronto, me di cuenta de la crudeza de la frase. Sentados en el Café Florian, mirábamos a los turistas que alimentaban las palomas de la plaza de San Marcos. Estábamos pensando lo mismo. Ya había pasado año y medio desde nuestra despedida.

—Me encanta que nos hayamos vuelto a ver. —Sus ojos brillaban con fuerza.

»He pensado mucho en ti, Ariadna. —Me cogió la mano.

En lugar de mirarnos a los ojos, nos quedamos en silencio contemplando la basílica en la plaza más bella del mundo.

—¿Cómo van tus pesquisas? —La palabra me sorprendió, tratándose de un investigador.

—¿Pesquisas?

—¿Qué has averiguado sobre los vitrales? ¿Sabes ya por qué tarda tanto en instalarlos? —Dos preguntas resumían casi toda mi actividad de un año. Aunque el mensaje aparentaba esconderse en el mural, yo estaba convencida de que se ocultaba en otro lugar.

—¿Cómo esconderías tú algo que quisieras mantener verdaderamente oculto? —La estatua en pórfido sobresalía en lo alto de la basílica. Los tetrarcas me dieron una idea.

—Si quisiera esconder algo lo dejaría medio a la vista.

—¿Por qué? —Retiré la mano, lo miré de frente.

—Porque cuanto más a la vista está, menos atención requiere.

—¿Puedes ponerme un ejemplo?

—No sé, Ariadna..., hay miles de ejemplos.

—Uno, por favor.

—La escena de los panes y los peces, por ejemplo, seguro que ocultan un mensaje que no está precisamente ni en los panes ni en los peces.

—Eso no ayuda mucho, Fabrizio.

—Es que yo no he vuelto a ver el mural. No puedo decirte gran cosa. ¿Se ha añadido algo más?

—¿En el propio mural?

—Sí.

—La firma, la fecha...

—¿Cómo ha firmado?

—Con sus iniciales, como de costumbre.

—Pero dime qué carácter de letra ha utilizado.

—¿Y eso qué importancia tiene?

—Ariadna, ¿no vas buscando mensajes ocultos?

—Sí, pero...

—¿Cómo ha escrito sus iniciales?

—M. B.

—Dibújalo aquí. —Extendió una servilleta de papel. Reproduje la primera letra muy despacio, tratando de no pasar por alto ningún detalle. Ni siquiera el trazo final que cruzaba la letra entera por la mitad. Fue entonces cuando, al mirarla de cerca y trazada con mi propia mano, me pareció ver en ella algo distinto a una simple M.

—¿Estás segura, Ariadna? —Iba a empezar la segunda letra, pero me interrumpió.

—¿Qué ocurre? —pregunté.

—No es una letra.

—¿Cómo que no?

—Es un signo del Zodíaco, el sexto...

—¿Y eso qué significa?

—Es el signo de Virgo, que se sitúa justo antes del equinoccio de otoño.

—¿Y bien?

—Representa el término del ciclo de la tierra. Una tierra desecada por el sol estival... una tierra agotada.

—¿Por qué Virgo precisamente?

—Porque ocupa el sexto lugar en el Zodíaco. Y no olvides que preside el rosetón de la catedral el sello de Salomón. De seis puntas...

—No puede ser éste el mensaje de una obra tan compleja. Advertir al mundo que está a punto de sucumbir no es nada nuevo. Tiene que tratarse de algo más, que no acabo de comprender.

—¿Sabes cómo serán los vitrales? ¿Sus figuras y colores?

—Sí. Hasta el último detalle.

—¿Incluso las letras, si es que las hay?

—No habrá letras en las vidrieras de Bonnín.

—¿Estás segura?

Pasaron dos meses, y por fin se instalaron los vidrios de colores. Desde primera hora de la mañana, y casi hasta el mediodía, permanecía sentada en un banco de la nave central de la catedral. No estaba dispuesta a irme sin averiguar qué ocultaban las figuras grises y azules que estuve esperando tanto tiempo. Me levantaba varias veces, para cambiar de posición y observar las ventanas iluminadas por un sol cambiante. No percibía nada que me llamara la atención. Un día, abrí el cuaderno y repasé unas notas que había tomado el día que Pablo Fuster me enseñó la maqueta. No entendía mi propia letra. Cerré el cuaderno. Me acerqué al retablo barroco y admiré su extraordinaria belleza. Avancé hacia el centro, y me coloqué debajo de la corona de Gaudí. Justo en el centro. Levanté la cabeza. Doce espigas doradas por el sol refulgían en todo su esplendor. Quién sabe lo que quiso transmitir Gaudí con esa extraña maqueta...

Entonces, un rayo se filtró por la vidriera central de la capilla de Sant Pere. Con su luz iluminó la inmensa ola que presidía la escena del mar, en el muro izquierdo. Oí un murmullo.

La vida empezaba a surgir del interior de una pared de barro.

25

Deià, Mallorca, julio de 2008

«El 2 de febrero de 2003, un rayo se filtró en las vidrieras del templo gótico. Una luz dorada iluminó la tumba que había permanecido escondida durante siglos...»

En su última *Guía insólita* que no llegó a terminar, Lluís hizo lo que se había propuesto siempre, enseñar a ver sin necesidad de abrir los ojos.

—¿Crees que yo podré hallar esa tumba? —Me sentía inquieta por lo que Lluís estaba a punto de pedirme.

—Sí, Ariadna. Tendrás que hacerlo tú; sólo así sabré que lo que he escrito ha servido para algo.

—Pero...

—Aunque sea lo último que haga en esta vida, te pido que me ayudes a encontrar esa tumba.

—En la catedral hay docenas de ellas. ¿Cómo voy a saber cuál es la que estamos buscando? ¿Y para qué?

—¿De qué habrá servido toda tu investigación si no consigues descifrar el mensaje del mural?

—¿Me estás diciendo... —lo miré un instante, no me

acostumbraba a la ausencia de sus ojos— que sabías desde el principio lo que yo andaba buscando?

—Ariadna, no pierdas el tiempo en hacer preguntas. Busca. Queda poco tiempo...

—¿Para qué?

—Quédate conmigo esta noche, por favor. No quiero estar solo.

—No te dejaré solo, Lluís. Pero hay algo que me preocupa, algo en tu voz me dice que... ¿para qué queda poco tiempo?

—Quédate, por favor. Léeme en voz alta las últimas páginas.

Me senté en el sofá tapizado con *roba de llengos*. Sobre mi cabeza colgaba el retrato de su madre. Abrí la última guía insólita. Palpando la pared, Lluís buscó su disco preferido. Rechazó mi ayuda, y se sentó en el balancín de roble que perteneció a Robert Graves cuando vivió en Deià y escribía historias de romanos. Se oyó la voz de Maria del Mar Bonet rindiendo homenaje a Raixa. Con ella, los violonchelos emitían cantos moriscos. La brisa cálida del atardecer despertaba aromas de azahar. Lluís cruzó las manos y echó la cabeza hacia atrás, dispuesto a escuchar su propia obra. Permaneció en silencio.

Con la mano señaló la bandeja, repleta de su dulce favorito. *Marron glacé*, que le compré en mi pastelería predilecta, La Pajarita.

—«Junto a las tumbas de ricos y purpurados, seglares y prebendados, yacijas anónimas; junto a las de héroes y artífices sublimes, las de huesos olvidados. Frente al sepulcro del cardenal antipapa, dos tablas góticas que recuerdan la trágica noche de octubre de 1403. La inundación de la Riera y el sepelio de pescadores que iban en busca de cebo. El descanso de los huesos de aquellos hombres y mujeres y de sus hijos arrancados al sueño. Lágrimas sobre las fosas comunes de simples ciudadanos. Al sepulcro adosado al muro de la capilla de la Corona, de espaldas al mar, llega un débil murmullo...»

El maullido sostenido del gato interrumpió mi lectura.

—Ven aquí, *Platón*. —Lluís cogió el gato entre sus brazos y lo acarició con ternura. Me invadió una tristeza infinita. Observé a mi amigo, y continué leyendo:

—«... un débil murmullo que pudiera parecer el gotear continuo del llanto de aquella procesión que de tumba en tumba rueda por todo el ámbito de la catedral. *Visitando Interiora Terrae Raptum Invenies Occultum Lignum...*» ¿Qué significa esto? —pregunté.

—¿No eras tú la que sabía griego, hebreo y latín?

—Sí, pero... ¿a qué se refiere esta frase?, ¿es una cita de algún poeta romano?

—Deberías saberlo, Ariadna. —Levantó un dedo y lo agitó en el aire.

—No he leído todo lo que se ha escrito.

—Pero sí estás acostumbrada a fijarte en detalles que otros no ven.

—*Visitando Interiora Terrae...* ¿Se refiere al inframundo, es algo esotérico?

—Cierra los ojos. Piensa en los vitrales. Olvídate de sus imágenes y de sus colores. Busca letras.

—Te aseguro que no hay letras en los vitrales de Bonnín. He pasado horas contemplándolos. Y he visto sus reflejos a distintas horas del día. No hay letras.

—Cierra la guía, Ariadna.

—No he terminado de leer.

—Ciérrala.

Me dio una cinta roja para que envolviese la guía, que era un cuaderno grueso con tapas duras. Seis agujeros, similares a los de un cuaderno de anillas, se extendían a lo largo de la cubierta.

—¿Qué hago con esta cinta?
—Dime lo que ves en ella.
—Veo letras sueltas, muchas letras. ¿Qué significan?
—Escucha.
Se oyó de nuevo la voz de Maria del Mar Bonet.

> *Primavera soñada,*
> *estío embrujado,*
> *otoño añorado,*
> *invierno desnudo.*
> *¡Ay del vértigo de la muerte que no espera!*
> *Te rodean poco a poco la mano y la espada.*
> *Honda, bien honda será la herida, ahogando*
> *para siempre el espíritu de Raixa y*
> *las voces, las voces, las voces de Raixa.*

—¡Qué recuerdos me trae... qué tiempos aquellos de Raixa! ¿Te acuerdas de las noches junto al estanque de nenúfares? Ya no queda en él ni una gota de agua. Está tan seco...
—... Como el corazón de esta isla.
—No nos pongamos nostálgicos, Lluís. Dime, ¿qué significan estas letras?
—Introduce la cinta en las anillas. Procura encajar las siete letras en sus respectivos puntos.
—¿Siete letras? Aquí hay más de cincuenta. —Me levanté y extendí la cinta, que contenía una frase larguísima.
—Haz lo que te digo, por favor.
—Veamos... —La cinta tenía una frase escrita en latín, con intervalos entre sus letras—. *Visita Interiora*... ¿Es la misma frase de antes?

—Sí.
—¿Y por qué algunas letras vienen marcadas con un punto negro?
—Las que vienen marcadas encájalas en su lugar correspondiente.
—Pero...
—Hazlo. Y no te equivoques.

Me senté de nuevo. Cogiendo la cinta por un extremo fui introduciéndola por los agujeros a lo largo del cuaderno de anillas. Miré varias veces a Lluís, que escuchaba la música y con una mano acompañaba los acordes de violines. Tardé un buen rato en encajar todas las letras. Al presionar cada una sobre el punto correspondiente, ésta quedaba en relieve y las demás apenas eran visibles. Las manos me temblaban. El instinto me decía que estaba a punto de averiguar algo que debería haber descubierto mucho antes. *Platón* maulló en los brazos de su amo. Miré a Lluís. El sentimiento de compasión por la pérdida de sus ojos desapareció. Sentí zozobra. Empezaba a comprender cuál era el mensaje del mural de terracota. No estaba en los panes ni en los peces, ni tampoco en las cruces que tan hábilmente distribuyó Marquet en su escenificación del milagro de Cristo. Tampoco estaba en los inquietantes ojos del pez que tanta polémica suscitó. El mensaje estaba en las siete letras, que ni siquiera mi atenta mirada durante meses había logrado captar.

—¿V.I.T.R.I.O.L...?

Lluís no contestó. Levantó la mano, y con un dedo marcó el ritmo de la soprano.

> *Cuando pienso que te has ido,*
> *Negra sombra que me asombras,*
> *Al pie de mi cabecera*
> *Vuelves haciéndome mofa.*

Cuando te imagino ausente,
En el mismo sol te muestras,
Y eres la estrella que brilla
Y eres el viento que ruge.

—7.VII.03... ¿Es la fecha del mural?
Asintió con la cabeza. Seguía el ritmo de la música.
—¿Pero qué significa esta fecha exactamente? ¿Por qué escribió siete de julio de dos mil tres, si no corresponde a la fecha en que terminó su obra? A menos que...
Lluís permanecía en silencio.
—¿No es una fecha, verdad? —Negó con la cabeza.
Cerré los ojos, tratando de recordar el ánfora. Una mancha de sangre cubría parte de la vasija de cerámica en la que estaba inscrita la fecha, o lo que fuera esa combinación de números árabes y romanos.
—Tampoco son números, Ariadna.
La soprano cantó su última nota. Los violines callaron.
La corona, el triángulo..., el reloj de Fabrizio. No era un triángulo, era la mitad de la estrella de David reflejada en los siete vitrales...
—¿Qué significa una corona en la esfera de un reloj?
—¿Dónde la has visto?
—Eso no importa. Dime qué significa.
Platón saltó de los brazos que lo apresaban.
Entonces recordé los dibujos que Marquet hacía en sus cuadernos, cuando empezó a trabajar sobre el *Infierno* de Dante. «Me he echado a volar fuera del cielo enlutado de dolores, y por fin he llegado a la corona deseada...» Según la leyenda, una corona de luz guía a Teseo por el laberinto tras haber matado al Minotauro; y esta corona de luz viene de Ariadna, que la había recibido de Dionisos como regalo de compromiso.

—Xavier... —dije en un susurro.

—¿Qué has dicho?

No repetí su nombre. Me acordé de Xavier, del pergamino, de la corona medio caída.

Visitando Interiora Terrae...

Junté las iniciales de las siete palabras, y comprendí el mensaje.

«Busca en las entrañas de la tierra y descubrirás los cuadros robados que permanecen ocultos...»

—Fabrizio...

26

Palma de Mallorca, julio de 2008

—¿Por qué algunas personas sienten necesidad de confesar sus pecados? —pregunté un día a mi abuelo, mientras estábamos frente a un confesionario del templo.

—La confesión sirve para ahogar el sentimiento de culpa —respondió con tono ecuánime—. Nadie quiere ser reconocido culpable. Hubo en Grecia —disfrutaba contando historias— un famoso arquitecto llamado Trofonio. Construyó con su hermano Agamedes el templo de Apolo en Delfos. Un día, el rey les encargó construir un edificio para sus tesoros, y los hermanos abrieron un pasadizo secreto para robarlos. Al enterarse el rey, tendió una trampa y Agamedes fue capturado. No pudiendo liberar a su hermano y temiendo ser reconocido por los rasgos de su rostro, Trofonio le cortó la cabeza para llevársela con él...

—Parece que sientes miedo, Ariadna. —Quedó truncado mi recuerdo.

—No es miedo lo que siento, sino piedad por los que gimen. —No quiso perderse esta representación. Iba a ser la última, tal como anunció el artista en los medios de comunicación.

Tras su éxito en París, fue solicitada en la isla la presencia de Marquet Bonnín. Se hizo todo lo posible por conseguir que un público selecto pudiera contemplar en directo el espectáculo más sensacional. Fabrizio llegó a Palma justo a tiempo para asistir a una velada inolvidable.

—*He acabat* —contestó Bonnín de forma tajante tras su última representación en la ciudad francesa.

—Será sólo un día, Marquet. Asistirá un público excepcional, es una ocasión única... —insistía su marchante, quien ya calculaba las ganancias de otra representación en la isla más próspera del Mediterráneo.

—No.

Pero un no sirve de poco cuando las decisiones las toma otro. El 21 de julio, se dieron cita mil invitados en la apertura del Castillo Hotel Son Mar, el más lujoso de Mallorca. En él vivieron su amor parejas del mundo del cine, de la música, de la política. Sí, también de la política.

Cuando el artista oyó el nombre de Hotel Son Mar recordó a Ava Gardner, a Grace Kelly, a Maria Callas, a Jacqueline Onassis.

—*D'acord* —contestó Marquet, emocionado por sus recuerdos de adolescente. De niño, siempre soñó con entrar algún día en el hotel más bello de la isla.

En la noche de gala, el hotel no solamente deslumbró por su lujo y exquisita decoración. Impresionó la fiel reconstrucción del castillo del siglo XIII. Los mil invitados, vestidos de etiqueta y luciendo amplia sonrisa, fueron recibidos con lluvia de pétalos de rosas al comienzo del cóctel que degustaron en la terraza con vistas a la bahía. A lo lejos, se divisaba la silueta de la catedral, que ahora parecía un muerto condenado al olvido. Y se sentía, más cerca, la presencia del castillo de Bellver, cuyo recuerdo seguía vivo para algunos invitados aquella noche.

Una perfecta combinación de luces, que iba adaptándose a la entrada de la noche, acentuaba el brillo de las copas llenas de cava con las que brindaron por la nueva apertura de tan bello paraíso. Embriagados por la mezcla de aromas procedentes de perfumes, plantas, flores, cava y exquisitos manjares, los invitados estallaron en un aplauso cuando apareció el artista cual *deus ex machina*. Con el rostro visiblemente cansado, Marquet saludó tímidamente. Siguió al aplauso un momento de silencio que aprovechó para que los invitados hicieran una reflexión.

Todos ellos eran multimillonarios. Casi todos habían cumplido ya más de cincuenta años. Todos sabían que a muy pocos metros había un castillo entre cuyos muros murió gente, privada de luz, de comida y de voz. Todos sabían que durante esos días se celebraba otro año más de una guerra civil a la que muchos debían su inmensa fortuna. Y todos sabían que aquella noche... medio mundo estaba en guerra. Por cada minuto que ellos disfrutaban con el arte en una hermosa noche de verano, sesenta niños morían en el mundo.

Un niño cada segundo.

Los ojos del artista se perdieron en la lejanía. Contempló la catedral desde la terraza majestuosa que siempre soñó con ver. Ahora, sin embargo, le producía tristeza; se acordó del obispo, a quien dejó tendido en el suelo y crucificado para conmemorar a Jesucristo Salvador de la humanidad.

La Última Cena era lo que Bonnín debía representar en un mural multicolor. La pobreza, la humildad, la compasión: lo que la Iglesia quería ver reflejado en la obra del genio. Frente a un público que engullía exquisitos manjares, la obra hecha de barro representaba la pobreza dignificada por la Iglesia y elevada a categoría de espectáculo mundial.

—Para que siga viva la Iglesia, debe seguir habiendo pobreza en el mundo... —murmuró el artista mientras le aplaudían como aplaudieron a Herodes, en las tierras de Judea, miles de personas que al mismo tiempo deseaban su muerte.

Antes de darse la vuelta y trazar su primera línea en el enorme lienzo de brea, se acordó de la *Multiplicación de los panes* que, trescientos años antes, había pintado Ribalta. Por entonces, el mundo avanzaba hacia un siglo de luces. Ahora, se precipitaba al abismo.

Cuando ya estaba a punto de girar el cuerpo, Marquet posó la mirada en tres personas que tenía cerca. El nuevo obispo de Mallorca, el presidente del Govern, y el presidente de la Banca Molferrut. Los tres, recién nombrados tras la muerte de sus antecesores, aplaudían con el mismo vigor con que se firma una sentencia de muerte. Los tres sabían cómo había muerto Pablo Fuster. Los tres sabían también... que no había muerto ahogado. Y por eso sujetaban con fuerza su copa llena de cava bien frío.

Marquet se dio la vuelta, y entonces me vio. Me dedicó una sonrisa, la única que le había visto jamás en su rostro marcado por el sufrimiento de toda una vida. Supe que aquél sería el final. En sus ojos pude leer muchas cosas.

África regresó a nuestra memoria. África nos había ayudado a soportar el dolor de una herida abierta. Su padre y el mío, ambos de apellido chueta, fueron encontrados sin vida en el bosque, muy cerca de donde ahora se celebraba la reapertura del gran hotel. Su lengua cortada no impidió que oyéramos, entonces y ahora, sus voces gritando el nombre de los asesinos. Ocurrió un 15 de marzo, fecha que recordaba a los idus en que mataron a César de trece puñaladas a las puertas del Senado.

Entre los mil invitados que esperaban ansiosos para ver la representación de su artista internacional, tres destacaban sobre los demás. Eran los asesinos que estaban allí presentes, luciendo sus mejores galas. De generación en generación, se había perpetuado en ellos el odio a los apellidos infames. Los hijos habían heredado de sus padres la sana costumbre de no mezclar su linaje con apellidos chuetas. Todos los allí presentes eran fruto de uniones puras.

—Pero Bonnín es apellido chueta, y sin embargo mira cómo lo adoran... —comentó Fabrizio al ver cómo aplaudían al artista, orgulloso de su apellido que llevaba por todo el mundo.

—Sí, es chueta... como yo.

Fabrizio no dijo nada. Tal vez entendió por qué quería irme de aquella isla, que para muchos sigue siendo lo más parecido al paraíso.

—Lo adoran, míralos... —Fingió no haber oído mi confesión.

—Sí, todos necesitamos adorar a alguien. Y los artistas, que antaño fueron los hijos malditos de la sociedad, son ahora quienes dirigen la economía del mundo. No hace falta buscar mucho para averiguar qué apellidos se ocultan tras las mejores galerías de arte y marchantes de cotizados artistas.

Recordé entonces la fotografía del periódico. Presidentes de conocidas empresas se habían hecho la foto junto al artista. Políticos, empresarios, embajadores. Cual Reyes Magos, acudieron a adorar al nuevo Mesías como hicieron tres sabios de Oriente guiados por la buena estrella.

—¿Todos son de la misma familia? —Fabrizio miraba

a un grupo de personas encabezado por quien parecía ser el nuevo líder del clan.

—Sí, son las generaciones herederas de Cristòfol Molferrut. Pero falta uno.

—¿Quién...? —No completó la pregunta.

Igual que Herodes, el magnate había dado órdenes de matar a sus hijos y nietos si éstos lo traicionaban. Sintiéndose como el rey Salomón, dio una orden estricta relacionada con su nieto. Sobre la mesa de su despacho, Molferrut dejó abierta la Biblia por la página en que Salomón dice a Semeí: «Hazte una casa y reside en ella. Jamás salgas de sus muros. El día que desobedezcas mi orden, con toda certeza morirás. La sangre cubrirá tu cabeza, y te verás privado de lo más preciado.»

Se acababa de cumplir lo que el sabio escribió en el libro primero de *Reyes*.

Lluís Molferrut traicionó a su abuelo, y demostró con ello ser un hombre cabal. El silencio que el patriarca obligó a mantener a sus herederos bajo pena de muerte lo rompió su nieto mayor, y ello casi le costó la vida.

—¿Desde cuándo lo conoces?

—Conocí a Lluís en Amberes cuando él estudiaba en la Cámara de Comercio.

—Pero... ¿qué hacías tú en Amberes?

—Fabrizio, ¿no te has dado cuenta de lo mucho que sé sobre los Reyes Magos?

—Sí, pero...

—¿Celos a estas alturas?

—Bueno, no sabía que habías estado con...

—Déjalo, anda.

—Disculpa. —Aunque pretendía disimular, se le notaba que hubiera deseado saber de mí todo lo que hice en mi vida antes de conocernos.

—Lluís era el malo de la familia. Fabrizio..., ¿me estás escuchando?

—Sí, sí, claro.

—No es posible por mucho que tú lo quieras...

—¿Cómo dices?

—No es posible conocer del otro más allá de lo conveniente. —Había episodios de mi vida que seguirían siendo míos.

—Disculpa, Ariadna.

—Lluís bebía muchísimo... —Seguí contándole cómo era el chico rebelde del clan—. Tras él iba un séquito para impedir que hablara más de lo debido. Nada más cómodo para eliminar a alguien que un poco de arsénico. O un buen escarmiento que no olvidaría en toda su vida: que te arranquen los ojos es algo que recuerdas mientras vives. Sobre todo, si amas la literatura. Su abuelo seguramente nunca imaginó que en la ciudad a la cual mandó a su nieto como exiliado me conocería a mí. Pero ya ves..., nos conocimos en un curso de pintura flamenca. Nuestras miradas se cruzaron al contemplar a Rubens, oculto en un rincón de su *Adoración*. La comunicación silenciosa frente al cuadro de Rubens fue el inicio de futuras confidencias. Nos hicimos amigos, y tal vez movido por el resentimiento me contó cosas de su familia que me han resultado útiles.

—¿Útiles para qué?

—Para comprender... —hice una pausa elocuente— qué significan las letras de los pergaminos de Cresques.

—¿A qué te refieres, Ariadna? —Por fin conseguí sorprender al toscano.

—ΤΕΣΣΑΡΕΣ, ¿recuerdas?

—¿Las letras escritas en el reverso de las tablas? —Sabía muy bien de qué estábamos hablando.

—Exactamente.

—¿Y qué significan?

—Tres son el total de las tierras que aparecen ante los Reyes...

—¿Y de dónde sacas...?

—ΤΕΣΣΑΡΕΣ es una palabra griega que oculta las iniciales de otras palabras latinas, *Terrarum tres summa ante Reges*...

—¿Qué sentido tiene esta frase?, ¿que en el mundo había tres continentes?

—Sí, los reconocidos por la Iglesia: Europa, Asia y África.

—Pero ¿ΤΕΣΣΑΡΕΣ en griego no significa «cuatro»?

—Cresques tenía especial habilidad con la criptografía, lo cual le permitió revelar mensajes secretos.

—Sí, eso ya lo sé. Pero ¿qué secreto hay en revelar que los continentes eran tres si todos lo sabían...?

De repente, Fabrizio abrió unos ojos enormes. Siguió el movimiento de mi mano derecha, que sacaba del bolso la tabla número 2 del *Atlas* que se daba por desaparecido.

—¿Es...?

Con la pregunta que no llegó a completar, Fabrizio se delató. Reconoció sin darse cuenta que la tabla número 2 que él había desplegado en la universidad era falsa.

—Sí. Es la tabla número 2, la que falta para completar el mapamundi que tú tienes.

—¿Y la número 4, dónde está la número 4? —preguntó, atónito, ante el golpe que le acababa de dar. Estaba convencido de haberme impresionado cuando, ante cientos de jóvenes universitarios, desplegó las seis tablas del mapamundi más buscado desde hace siete siglos.

—No hay tabla número 4.

—¿Cómo que no?

—El número cuatro lo conforma esta palabra griega.

—ΤΕΣΣΑΡΕΣ —repitió varias veces sin entender bien qué aportaba la tabla que yo sostenía en la mano.

—Cresques reveló la existencia de un cuarto continente mucho antes de la llegada de Colón a América.

—Pero...

—Sí, ya sé que las letras están escritas en el reverso en un tipo de escritura que no corresponde a la de Cresques. Y tú tambien lo sabes, Fabrizio...

—¿A qué te refieres? —No le gustaba mi tono de voz.

—El día que me diste plantón en el hotel, ¿recuerdas?

—Ya te lo...

—No importa. La cuestión es que detrás de la tarjeta con tu nombre había escrita esta palabra en griego, con sus letras muy separadas. Entonces no supe si era una palabra entera o se trataba de letras sueltas...

—¿Y bien? —preguntó impaciente.

—Una misma tabla hace las veces de dos. Cresques siempre habló de seis tablas, para que nadie captara su mensaje secreto.

—¿Estás diciendo que el *Atlas* tiene solamente cinco tablas?

—Sí. Las cuatro que tú tienes, más ésta. —Levanté la mano derecha para que Fabrizio viera bien cuál era la tabla auténtica y aceptara que las dos suyas eran falsas.

Se mostró abatido.

—El trozo de pergamino que falta —mostré a Fabrizio el anverso de la tabla rota por un extremo— está enterrado para siempre entre los muros de un templo gótico.

—¿Qué estás diciendo, Ariad...?

Sin terminar de pronunciar mi nombre, se acordó del fresco, ya perdido para siempre en la catedral de Palma.

—No, ni lo sueñes... —interrumpí su pensamiento, que era el mismo que el mío.

—¿Por qué no? —insistió.

—Porque mientras haya catedrales, seguirá habiendo enigmas que jamás serán resueltos. *Sacrum solum inviolabile...*

Mientras tanto, Bonnín hacía sus últimos preparativos sobre el escenario lleno de botes de pintura. La gente miraba sus movimientos con fascinación. Yo trataba de convencerme de que no había sido un error el reencuentro con Fabrizio.

De repente, se oyeron acordes de violonchelo. La *Elegía* de Elgar acompañaba los movimientos del artista que realizó, de un solo trazo, la primera figura. El público mantuvo su respiración, y un silencio se adueñó de la terraza perfumada de jazmín. Cerré un instante los ojos, e imaginé los ojos ciegos de Jacqueline du Pré arrancando las notas tristes a un violonchelo que conocía bien el sufrimiento de una mujer que perdió su vista, y con ella el amor de su vida. La música cesó. Aparecieron tres letras en la pared.

ΧΡΟ

Fabrizio me miró consternado. Ambos recordábamos haber visto esas letras en otro lugar. Ahora, parecían una sola letra.

ΤΕΣΣΑΡΕΣ

La palabra griega nos resultaba mucho más conocida. Pero no entendíamos qué relación había entre...

—El secreto está en el número... —me había dicho el padre de Xavier al hablarme de la importancia de los números en la pintura—. Creerás que buscas la combinación de colores, cuando en realidad buscas el número que permite su equilibrio...

Yo no lo comprendí entonces. Pero ahora...

Miré a Fabrizio fijamente a los ojos. Me iluminaron definitivamente.

XRYSOS

Oro, el número cuatro... *XPO FERENS*, así firmaba Cristóbal Colón camuflando su verdadero nombre, y sobre todo su significado. Una vez nombrado Almirante Mayor de la Mar Océana en las Capitulaciones de Santa Fe, Colón incluyó un anagrama junto a su nombre, además de varias letras dispuestas en forma piramidal separadas por puntos.

```
            .S
     S.    A.    .S
       X    M    Y
     X   P   O    FERENS
```

De cuantas interpretaciones se han dado a lo largo de estos siglos, parece la más aceptada una que relaciona el nombre de Cristóbal Colón con su etimología de «El que lleva a Cristo, el hijo de María». Pero no es cierta.

—¿Qué significan esas letras? —La pregunta contenía el galimatías más complejo de la historia.

—No hay tal Cristo en esas letras..., sino oro. El que lleva el oro. Nadie se dio cuenta de que la letra P no es una P, sino la letra mayúscula R en griego.

—Pero...

—Molferrut estuvo siempre obsesionado por los números. Detestaba la literatura, pero dominaba el cálculo hasta extremos inimaginables. En su biblioteca llena de códices y manuscritos que acumulaba como simple mercancía encontraron el *Diario del rey Herodes* abierto por una página estremecedora. La página en la que Herodes toma la decisión de matar a su esposa. A su lado, la página del libro I de *Reyes*, en la dedicación del templo de Salomón...

«Y dijo Salomón: "Habitarás en la oscuridad. Yo he edificado una casa que será tu morada para siempre."

»Cuando Salomón hubo construido la casa, transportó hacia ella los objetos que había consagrado su padre, la plata, oro, vasos, y los entregó al tesoro del templo...»

CRISTÒFOL
La C inicial de su nombre, que ocupa el número 3 en el abecedario.

MOLFERRUT
La F, cuarta letra de su apellido, que ocupa el número 6 en el abecedario.

La suma de ambas letras da 9, número sagrado para los templarios. Fue un delirio del magnate creer que era descendiente de la Orden de los Caballeros Templarios.

La inicial de *Chrisos* en griego, más la cuarta letra de su apellido, ocultan el enigma que Cristòfol Molferrut dejó en el único documento que firmó en toda su vida. Jamás pensó que su secreto fuera descubierto. Su complicidad con la Iglesia para mantener oculto el origen de su inmensa fortuna estaba impresa en dos letras que escondían su nombre y apellido. «El que lleva el oro», fue su clave secreta para moverse libremente a través de túneles que comunicaban la Seu y su palacio, similar a un pequeño Vaticano. Un Vaticano que posee el mayor número de obras de arte del mundo.

Cristóbal, nombre que casualmente compartía con Colón, era el nombre de este magnate que compró media España y controló la Iglesia entera. Se hacía llamar Tòfol, abreviación de su nombre que en mallorquín es Cristòfol. Cuán agradecido estuvo el empresario a la etimología griega de su nombre que, si no le hubieran borrado la t, significa «el que lleva el Cristo». Pero lo que le interesaba no era Cristo, sino el oro.

A modo de grieta en sus cruces de barro que simbolizan la hipócrita caridad de la Iglesia para con los pobres, Marquet ha querido honrar la memoria de tantos muertos.

—¿Esto es lo que significan las X de su mural?
—Sí.
—Y por eso su Cristo no es un Cristo, sino la sangre derramada... por tantas víctimas.

Molferrut vivió convencido de que podía jugar con todo de la misma forma en que jugó con las letras de su nombre.

—La cuarta corona...

Pasaron por mi mente algunos de los anagramas que identifican a bancos, bancas, cajas de ahorros y entidades financieras de este país. Y de Europa, y de Asia, y de...

Sí. Definitivamente, uno de ellos se distinguía del resto por lucir en su anagrama una corona. La cuarta corona..., la letra tet que fue eliminada del nombre de Cristòfol para ocultar el nombre de quien transportaba el oro a un lugar más seguro. Como hicieron los Reyes Magos. Melchor, que cruzó el desierto llevando el cofre de oro; Gaspar, que levantó su dedo para imponer silencio; y Baltasar, que vigilaba con sus ojos hacia el espectador.

Siempre sintió Molferrut fascinación por el oro. Por

su brillo, por su tacto, por su esplendor. Y también por la belleza de la lengua que le dio nombre. *Xhrysocephalus*, «cabeza de oro» es el nombre de uno de los cinco mil cactus que decoraban su gigantesco jardín. Traído de Brasil por su botánico particular, el inmenso cactus de veinte metros de altura fue plantado en su jardín, hace casi un siglo. Fue el primero de una extensa colección que reúne ejemplares de Bolivia, Argentina, México, islas Martinicas, islas Galápagos y Perú. Del nombre griego y de su extremo en forma de corona tomó el empresario la idea para inmortalizar su anagrama bancario. El poder nocivo de este inmenso cactus se oculta detrás de una hermosa corona blanca, que luce esplendorosa y altiva en todo el archipiélago.

Miles de plantas importadas de exóticos lugares que visitó el pirata a lo largo de su vida añaden, si cabe, una belleza excepcional a los paseos y avenidas de su finca, flanqueados por millares de lirios blancos. Mares y océanos, ríos y lagos, islas y desiertos, nada de cuanto existe en el planeta escapó a la curiosidad del Midas de los negocios. Poco antes de morir, Molferrut agradeció al cartógrafo judío su excepcional tarea de haber puesto color al mundo.

27

A la derecha apareció el mundo terrenal. En él no se oían quejas ni lamentos sino sólo suspiros que hacían temblar la eterna bóveda y que procedían de la pena sin tormentos de hombres, mujeres y niños.

—Éstos no pecaron... —decía la voz procedente de una cinta grabada—; y si en vida realizaron buenas obras no fueron suficientes, pues no traspasaron la puerta de la fe y no adoraron a Dios como debían. Yo también soy uno de ellos...

La voz del artista se dejaba oír representada en forma de mimo. Observando los gestos y siguiendo los trazos que Bonnín dibujaba en el muro, el mimo los interpretaba disfrazado de fantasma con una sábana blanca y una corona de laurel, cual Virgilio guiando a Dante por los círculos del Infierno.

—... Por tal pecado estoy condenado yo y quienes estén en situación igual a la mía. Será nuestro castigo vivir con el deseo de ver a Dios, pero sin esperanza alguna.

Aparecieron siete circunferencias, con un signo en forma de cruz en el centro.

—He aquí las siete puertas, que son las siete virtudes

del hombre. Justicia, Fortaleza, Templanza, Prudencia, Inteligencia, Sabiduría y Ciencia.

Guiados por su mano atravesamos las siete puertas, y vimos ante nosotros un prado de verde frescor. Había allí hombres de mirada grave, cuyo semblante revelaba gran autoridad; hablaban poco y en voz queda.

—He aquí a Electra, Héctor y Eneas. Y a César, armado, con sus ojos de ave de presa. Mirad a Bruto que arrojó a Tarquino de Roma por traicionar a su pueblo. A Lucrecia, a Marcia, a Cornelia, y a Saladino. Ante vosotros podéis contemplar a Sócrates, a Platón, a Diógenes, Tales, Orfeo, Zenón y Euclides. He aquí a Séneca, Tolomeo, Hipócrates y Galeno.

Después de identificar a los personajes del pasado, el mimo nos guió a una zona de oscuridad, privada totalmente de luz. Entrábamos en el segundo círculo, donde se encuentran los lujuriosos. En él vagan sin cesar, errantes, impelidos por el viento. Minos juzga las almas. El artista dibuja la silueta de una joven embarazada y a un hombre que le tiende la mano. Se oye la conmovedora historia de la pareja y de su amor frustrado por la maldad del tirano. El artista se detiene, y mira al vacío.

—¿Qué pasa? —preguntan todos, en un murmullo infernal.

—No lo sé, tal vez esté agotado —contestó alguien, aferrándose a su copa de cava.

—No, no es ésa la razón. Está acostumbrado a trabajar durante horas en condiciones mucho más duras. —Yo recordaba muy bien su resistencia durante días enteros soportando los calores de África.

—Efectivamente, no creo que esta pausa tenga nada que ver con el cansancio físico —añadió Fabrizio. Y en aquel momento se iluminó la silueta de una joven embarazada. Entonces me acordé de quién era la madre de Marquet Bonnín. Su cansancio no era otra cosa que la pena del alma.

El segundo círculo era un espacio lleno de dolor vivo y punzante. Allí estaba el horrible Minos, quien examina impasible las culpas de cuantos entran; juzga y, según lo que oye, dicta su sentencia. El alma pecadora se presenta ante él y le confiesa sus pecados. El gran conocedor de los errores humanos decide qué lugar del Infierno debe ser asignado al pecador, ciñéndole al cuerpo la cola tantas veces cuantas representa el número del círculo al que debe ser enviado.

—Aquí está condenada el alma de los lujuriosos, castigados por un aire negro. Está entre ellas la emperatriz de una multitud de pueblos donde se hablaban diferentes lenguas, y tan dada al vicio de la lujuria que permitió en sus leyes todo cuanto excitaba al placer, para ocultar de ese modo la aberración en que vivía. Es Semíramis, la cual sucedió a su hijo Nino y luego fue su esposa en el reino de la tierra de la que hoy es dueño Sultán. La otra que veis es la princesa Dido, que se dio muerte por amor a Eneas y quebrantó su lealtad a las cenizas de Siqueo. Y a lo lejos, la lasciva Cleopatra, capaz de seducir al mismísimo Herodes. Y Helena, ocasión de tantos y tan grandes males; también Aquiles vaga entre las almas lujuriosas, por dejarse arrastrar por una pasión que le llevó a utilizar las armas.

Mientras aún recordábamos el nombre de Helena, el mimo detuvo su narración y todos nos sumimos en un silencio reverente. De nuevo, la luz alumbró la figura de quien todos comprendimos que era la madre del artista. Ambos, madre e hijo, se fundieron en una mirada sólo imperceptible para el mediocre.

—No existe dolor más grande que la evocación del tiempo feliz en la miseria... —siguió recitando la voz del mimo—. Pero si tienes tanto afán por conocer cuál fue el origen de nuestro amor, te lo diré, envolviendo mis palabras con el llanto.

Un silencio prolongado siguió a esta frase, cuya tristeza traspasó nuestros corazones. El artista detuvo su mano y contempló los ojos de la mujer a quien él acababa de dar vida. Cual Prometeo y Pigmalión.

Leíamos un día las aventuras de Lancelot y de qué modo cayó éste en las redes del Amor. Estábamos solos y sin abrigar sospecha alguna. Aquella lectura hizo que nuestras pupilas se buscasen muchas veces y que palideciera nuestro semblante; un solo pasaje decidió por nosotros. Cuando leímos que la deseada sonrisa de la amada fue interrumpida por el beso tembloroso en la boca, el libro y quien lo escribió fue para nosotros otro Galehaut, el confidente que favoreció los amores de Lancelot y la reina Ginebra. Aquel día ya no leímos más...

Al final del relato, Fabrizio me cogió la mano mirándome con ternura. Lejos quedaban el Imperio parto, los pergaminos de Cresques y la historia de los Magos de Oriente. Los dos sentíamos felicidad, pero aún quedaba algo por resolver.

El artista empezó de repente a dibujar el tercer círculo, donde se castiga a los glotones y cuya pena consiste en estar metidos en el fango, atormentados por una fuerte lluvia mezclada con granizo y vigilados por el Cancerbero, que ladrando horrísonos aullidos por sus fauces los irrita y aflige sin descanso.

A continuación llegó el cuarto círculo, que llenó de barro pintado de negro y gris. La ausencia de colores en esta zona del tapiz destacaba sobre todas las demás.

—¡Oh!, tú que has venido a este Infierno colosal, ¿no me reconoces?, ¿quién eres tú, que a tan triste lugar has sido conducido y condenado? Yo no soy aquí la única alma triste; todas las demás están condenadas a igual pena. ¿Cómo terminarán los habitantes de esa ciudad tan dividida en facciones? ¿Hay algún justo entre ellos? Dime por qué razón medra en ellas la discordia.

—¡Pape Satán, Pape Satán! ¡Pape Satán, Pape Satán! —repitió el mimo gritando. El artista se acercó al centro del escenario, donde todos esperábamos ver la figura de Cristo operando el milagro de la multiplicación de los panes y los peces. En su lugar, Satán escupía su odio al mundo que le habían arrebatado. Apareció Plutón, hijo de Saturno y de Rea y hermano de Júpiter y Neptuno. Al destronar a Saturno, se repartieron los espacios y a él le tocó el Infierno o mundo subterráneo. Pensó en casarse, pero ninguna diosa quiso aceptarle a causa de su fealdad extrema que rayaba en la monstruosidad. Entonces, con el consentimiento de Júpiter, raptó a Proserpina y la hizo su esposa. Su palacio se hallaba en medio del Tártaro, y sus súbditos eran tan numerosos como las olas del mar.

—¡Ah, justicia de Dios! ¿Quién, sino Tú, puede amontonar tantas penas y trabajos como vemos aquí? ¿Por qué nos destruyen las propias flaquezas y debilidades que no somos capaces de controlar? Aquí chocan los condenados unos con otros, lo mismo que la ola saltando sobre el escollo de Caribdis se rompe contra la que sale a su encuentro. La vida sórdida los hizo deformes, y hoy aparecen oscuros e irreconocibles. Continuarán chocando entre sí eternamente y saldrán del sepulcro con los puños cerrados. Por aquí podéis ver cuán velozmente pasa el soplo de los bienes de la Fortuna por los que la raza humana se enorgullece y querella...

El mimo siguió entonces el movimiento que hizo el artista hacia la izquierda del tapiz, que representaba el mundo marino.

—He aquí la orilla, no lejos de un hirviente manantial que vierte sus aguas en un arroyo que le debe su origen y cuyas aguas son más bien oscuras que azuladas. Donde el arroyo ha llegado a la playa gris, impacta, forma una laguna llamada Estigia, donde hay gran número de seres encenegados, desnudos y avergonzados. Sin poder controlar su ira, se golpean con las manos, con la cabeza, con el pecho, con los pies, y se arrancan la carne a pedazos con los dientes. Bajo el agua yacen las almas de aquellos que han sido dominados por la ira, y también yacen quienes suspiran de melancolía.

»Y después del quinto círculo llegamos a la laguna Estigia, río que posee la virtud de otorgar la inmortalidad. La diosa Tetis sumergió en sus aguas a su hijo Aquiles, convirtiéndolo así en invulnerable excepto en el talón que era la parte del cuerpo por donde lo sujetaba. Durante el asedio de Troya, una flecha envenenada por Paris y dirigida por el dios Apolo le causó la muerte.

Mientras todos escuchábamos atentos la historia de Aquiles, un destello de luz iluminó una figura humana que parecía sobresalir del fondo del tapiz. Y cobraba vida, cual las figuras de barro del titán Prometeo.

—¡Alma malvada, bendita sea aquella que te arrastró al abismo! La soberbia y la avaricia fueron tus únicas virtudes, que envenenaron todo cuanto hiciste en vida. Junto a ti tendrás eternamente a las feroces Erinias, ejecutoras de las venganzas infernales y siempre teñidas de sangre que te recordarán aquella con la que manchaste tu paso por la tierra...

Esta voz era del artista. Sus palabras salieron llenas de ira.

Antes de ver finalizados los círculos que estaba a punto de trazar, el monstruo Gerión hizo su primer movimiento. La corrupción de los usureros emergía del fondo del mar. Gemidos de asesinos se oían entre sollozos de sus víctimas cuya voz ya nadie más podría escuchar. El Minotauro parecía ocupar el centro del escenario cuando, de repente, se desvaneció toda figura humana o animal en aquel mural de muerte.

—¡Viva el rey...! —gritó una voz, que fue seguida de otras mil que apoyaban, como hicieran tres siglos antes los Botiflers, la presencia de los Borbones en Mallorca. Apareció un escudo, con la flor de lis como símbolo de reconocimiento de su fidelidad al rey. Y aparecieron dos letras medio cruzadas. Canamunt, Canavall, en forma de dos C del mismo color que la sangre, recordaban las luchas centenarias entre familias nobles que reivindicaban su honor en los linajes Anglada y Russinyol, Torrella y Puigdorfila, Despuig y Montaner, Tugores y Cotoner. Quienes no pertenecieran a tales linajes quedaban fuera del predominio socioeconómico que los convertía en amos del Mediterráneo.

A estos linajes se añadió el de Molferrut, quien a pesar de no ser noble se codeó con la nobleza. Me acordé de todos aquellos que vieron truncadas sus vidas. Pablo Fuster fue condenado por un delito contra natura. Su amistad con Bonnín se vio mancillada por un rumor infame; su origen fue el rechazo a que un chueta interviniera en el templo cristiano. Veladas acusaciones de homosexualidad entre artista y sacerdote terminaron con una muerte atroz. Margarita Cerver no pudo ver realizado su sueño de vivir junto a su amado Ricard. Mi amigo Lluís, que sabía muy bien de dónde procedía la fortuna de su familia, pagó muy caro su sentido del honor. Mientras se dedicara a escribir guías que no pusieran en peligro secretos de familia, le dejaban vivir tranquilo en su casita de piedra, con una paga fija que recibía cada primero de mes. Pero a alguien no agradó el tema que trataba en su volumen IV...

El Canto del Pico no podía ver la luz.

Y para evitarlo, nada mejor que privar de la vista a quien se dedicaba a disfrutar con ella escribiendo dañina literatura. *Oculos ab orbibus extrahi oportet...*, sin ojos, el peligro disminuiría. En materia criminal, nada es nuevo en la tierra. Cualquier tortura que podamos imaginar ya la inventaron otros hace muchos siglos. Arrancar los ojos, o arrojar al mar un cuerpo encerrado en un saco con víboras eran castigos con dos mil años de historia.

Ante el grito de ¡Viva el rey! me giré para ver de dónde procedía la estridente voz. Quedé sin aliento, como petrificada.

—¿Qué te ocurre, Ariadna? —preguntó Fabrizio, sujetándome por el brazo.

—Xavier... —Mi boca se llenó de un sabor amargo. Noté un nudo en la garganta. Me llevé las manos a la cara como si quisiera evitar que se me partiera en dos.

—¿Qué? —Fabrizio se quedó mirándome un instante como si viera en mi expresión algo que no le gustaba.

—Doña Violeta...

Yo seguía buscando. Faltaba la tercera pieza.

Don Miquel Puigdorfila, cuyo cuerpo imponente se distinguía al fondo entre un círculo formado por otros hombres de no menor presencia, sostenía su copa llena de cava y charlaba animadamente. La insignia que llevaba clavada en su solapa emitía un resplandor parecido al destello de un diamante. O a las calaveras de las SS, desde lejos parecían lo mismo.

Xavier no me vio, y yo nada hice para ser vista.

Tres palabras ocuparon, sucesivamente, la superficie gris hecha de barro.

MANE...

Babilonia y el rey Nabucodonosor asistían al derrumbe de sus palacios mientras se oía aún el sonido de sus cantos celebrando el fin de Jerusalén.

THECEL...

Griegos y persas entre cadáveres del Peloponeso daban paso a los romanos invencibles con tortugas como escudo humano. Y Majencio, derrotado por el poder de una cruz en el cielo y pisoteado por su propio caballo, cayendo al Tíber junto al palacio Vaticano que ya se preparaba para gobernar cuerpos y almas.

PHARES...

Políticos, reyes, emperadores y papas. Todos con su dedo levantado advirtiendo al adversario. Bancos, empresas, instituciones y embajadas. Confusión de lenguas, discusión de razas.

Bonnín se dio la vuelta definitivamente.

Había concluido una obra que representaba su tierra y su mar Mediterráneo. A través de figuras de barro, plasmó el universo humano, demasiado humano.

La música de Verdi sonó de nuevo. El coro de *Nabuc-*

co suplicaba en vano. Y yo, temblando, miré a Fabrizio buscando algo que creía perdido.

Me devolvió la mirada. De sus ojos negros brotó una lágrima que recogí en un beso. El último compás de Verdi acompañó el gesto de amor que nos fundió en un abrazo. Busqué el rostro de Marquet, en el centro del escenario. Su mano manchada de barro daba el último trazo a la palabra que ejecutó la amenaza de Babilonia.

Las cruces abiertas se cerraron para siempre. Y el mundo vegetal se abría camino hacia un campo exhausto. El barro pedía ser devuelto a su líquido elemento.

Marquet levantó la cabeza mirando al cielo estrellado. Abrió la boca, y como hiciera un día con las gárgolas centenarias, selló la suya propia con arcilla napolitana. Ante un público que apenas distinguía entre realidad y espectáculo, con arcilla y plomo líquido iba asfixiando lentamente su garganta. En pocos segundos, cayó exánime en medio de un escenario lleno de barro. El barro del que estamos hechos los seres humanos.

Expiró ante la vista de todos el nuevo Mesías del arte. En aquel instante, comprendí el significado de las palabras con que empezaba uno de sus cuadernos:

> Ésta es mi obra. Nadie la robará jamás.
> Quien se atreva a llevársela, tendrá que derribar la catedral...

El silencio dominó la terraza perfumada de jazmines.

Su cadáver yacía en el suelo. Las miradas se posaron en la mueca crispada del artista. Ausente de este mundo, dio todavía un último mensaje. De sus manos inertes salió una explosión de luces, combinación de colores rojos y negros en forma de letras griegas. Guiadas por un espíritu mágico, formaron una palabra que se iluminó en el firmamento con el brillo de las estrellas de una noche de gala.

Καβιαρ

Lentamente se fueron disociando las sílabas hasta formar tres palabras independientes.

Κα... κια
βι... αστα
αρ... γυρια

Su significado no tardó en llegar, incluso para quienes no habían visto una letra griega en su vida. A medida que aparecía la sílaba Ka..., Fabrizio susurraba *cadáver*...; al aparecer la sílaba Bi, susurró *Bíos*, y yo completé la tercera parte... ars.

El arte de convertir vida en muerte. O, lo que era lo mismo en términos griegos, el arte de hacer dinero a costa del sufrimiento ajeno.

La infamia de la historia, el peso del silencio, la búsqueda de venganza por la muerte de su amigo, a quien conocía desde su más tierna infancia. Todo ello se hizo visible, ante un público que acudió al Hotel Son Mar para ver un espectáculo nuevo.

De pronto, movidas por la brisa del mar que no estaba lejos, las letras dieron la vuelta. Y ante la sorpresa de todos apareció un mensaje que nadie esperaba.

ρα... βι
ακ...

Iluminaron el firmamento los hexámetros de Homero, que evocan con nostalgia la pérdida del amigo obligado a guardar silencio para siempre. Pablo Fuster murió asfixiado en un saco de brea, brutalmente torturado por mano impía. Sus ojos y su lengua fueron arrancados según manda el código para quien comete lesa majestad. Y de eso se trataba, precisamente. La Feria de Arte que se iba a celebrar en Mallorca tenía como lugar elegido un antiguo cementerio medieval. Pero la feria sería posible solamente si se dejaba libre el terreno que ahora estaba ocupado por majestades reales. La Corona.

Bajo sus regias estancias, un cementerio medieval daba nombre a la actual residencia veraniega. *Mar i Vent...*, el mar y el viento que proporciona la isla elegida por Saridakis, a principios del siglo XX, para crear un gran museo en las proximidades del mar. Pero en su lugar, la tierra se cubre de sangre... Καβεφια ιαρ Ceres tiene el rostro teñido de sangre. Cortando el verso alejandrino, Marquet Bonnín aprovechó el epíteto de la diosa Ceres para denunciar la injusticia cometida contra su amada isla.

Καβ ιαρ

Se oyó entonces la voz de la Sibila. Era éste su último canto.

> *Lo jorn del Judici*
> *parrà qui haurà fet servici.*
> *Jesucrist, Rei universal,*
> *home i ver Déu eternal,*
> *del cel vindrà per a jutjar*
> *i a cada u lo just darà.*
> *Gran foc del cel davallarà;*

mars, fonts i rius, tot cremarà.
Daran los peixos horribles crits
perdent los seus naturals delits.
Ans del Judici l'Anticrist vindrà
i a tot lo món turment darà,
i se farà com Déu servir,
i qui no el crega farà morir.
Lo seu regnat serà molt breu;
en aquell temps sots poder seu
moriran màrtirs tots a un lloc
aquells dos sants, Elies i Enoc.
Lo sol perdrà sa claredat
mostrant-se fosc i entelat,
la lluna no darà claror
i tot lo món serà tristor.
Als mals dirà molt agrament:
—Anau, maleits, en el turment!
anau-vos-ne en el foc etern
amb vòstron príncep de l'infern!
Als bons dirà: —Fills meus, veniu!
benaventurats posseïu
el regne que us he aparellat
des que lo món va esser creat!
Oh humil Verge! Vós qui heu parit
Jesús Infant aquesta nit,
a vòstron Fill vullau pregar
que de l'infern vulla'ns lliurar!
Lo jorn del Judici
parrà qui haurà fet servici.

Cuando calló la Sibila, me acerqué al escenario abriéndome paso entre mil asistentes cuyos rostros reflejaban estupor por lo que acababan de presenciar. Sin duda, era aquélla la mejor representación de arte contemporáneo que habían visto jamás. Y la muerte en directo, el mejor espectáculo.

Fabrizio sujetó mi brazo; con un gesto le pedí que me soltara. Según me abría paso, llegaban hasta mí fragancias de perfumes que embriagaban los sentidos. Avancé en dirección al cuerpo sin vida del artista que los había reunido aquella noche de verano.

Subí al escenario. El silencio era aterrador; las miradas, de pánico. Abrí la bolsa de tela que llevaba colgada al cuello. Sin poder disimular el temblor de mis manos, saqué el libro. Observé la cubierta por última vez, y acaricié su papel viejo. Tenía más de un siglo. Por él habían muerto demasiadas personas. Por él, mi amigo perdió los ojos. Y por él, paradójicamente, yo había encontrado el amor.

Observé al público. Por la expresión de sus rostros, supe que por fin lo comprendían: aquello no era una representación. Levanté la mano derecha, y con ella el libro que ya todos podían ver. *Pathologia sexualis*, la primera edición de 1886, que Lluís guardaba oculta en el arcón de su habitación desde el día en que abandonó el palacete familiar y se instaló en su casa de piedra, en medio de un valle rodeado de silencio y de soledad. Nadie sospechó nunca que él tuviera esa joya que andaban buscando marchantes y bibliófilos desde la muerte de Hitler. Pero cuando el Minotauro supo que yo andaba tras la pista de un fresco gótico en la catedral, se dispuso a devorar a sus víctimas sin contar con lo fundamental: el hilo de Ariadna guiaba el corazón de Fabrizio.

La noche antes de morir, el Führer entregó a su guardaespaldas un código secreto para que lo hiciera llegar a su nuevo destinatario en España, Cristòfol Molferrut. En forma de libro, Hitler consiguió mantener a salvo un tesoro enterrado en un cementerio medieval. Sobre sus cimientos, se construyó un palacio protegido por la insignia de la Corona. La misma corona que lucía en su escudo el palacio de Deià. Jamás demostró el rey Midas mayor inteligencia que cuando escogió la insignia real como anagrama de su banco, de su institución cultural y de su propia tumba en la catedral.

El escudo de la Corona protegió al magnate frente a sospechas e interrogatorios. Sólo él sabía que eran cuatro los Reyes Magos. Sólo él conocía el significado de la cuarta corona del pergamino de Cresques. Y sólo él sabía que manteniendo oculto el libro, estaría a salvo el botín que yacía enterrado junto a cadáveres que un día fueron seres vivos.

Dejé caer el libro sobre el escenario. En pocos segundos, quedó atrapado en el líquido viscoso que asfixió a Bonnín. Busqué a lo lejos la mirada de don Miquel, y pronuncié en voz alta la frase más sabia que escuché de su boca:

—Dejemos en paz a los muertos.

Y es que la verdad deja de ser justa si la búsqueda de esa verdad exige turbar la paz de aquellos que no están entre nosotros.

Epílogo censurado

—Ariadna, llévame a la Mirada del Cíclope... allí quiero morir.

—No, amigo mío. Estaré a tu lado hasta que tú quieras, pero no me pidas que te ayude a morir.

—¿Por qué me niegas el beneficio de poner fin a la desgracia con la muerte, mi dulce Ariadna?

—Casi hemos crecido juntos, Lluís. Hemos vivido alegrías y miserias que hacen de nuestras vidas existencias paralelas. No me pidas que tu muerte preceda a la mía por expreso deseo tuyo.

—Dame la mano, te lo ruego. Ayúdame a encontrarme con la Mirada del Cíclope.

—Desde aquí, en lo alto de este acantilado, dime... ¿de qué color ves el mundo ahora que no tienes ojos?

—Del color del mar... el mar Mediterráneo.

Como en toda ficción literaria, los personajes de esta novela son fruto de la invención. Sus nombres, resultado del azar y del misterio de la fonética. Y de cuantas muertes, suicidios, envenenamientos y asesinatos ocurren en estas páginas son ciertos todos, excepto uno. Los reyes Herodes y Jaime I son naturalmente personajes históricos; lo mismo que Abraham y Yafudà Cresques. El resto es pura invención. Aunque algunos creerán reconocer sus propios lares, debido a que abundan los pasillos subterráneos conectados con la Iglesia. Y es que, por mucho que se quiera ocultar, bajo tierra circula algo más que ratas y alimañas.

De mis conversaciones con Lluís Molferrut surgió la idea de esta novela. Ambos somos de Mallorca, y en nuestra memoria pervive el recuerdo de azotes recibidos por culpa de un apellido infame. Juntos recordamos veladas estivales entre amigos, algunos de ellos hijos de Botiflers nostálgicos, en los Jardines de Raixa que hoy —treinta años después— imploran con su sequía que no se les abandone como a un perro viejo.

Aún recuerdo que, frente al estanque poblado de nenúfares, más de uno lloraba la pérdida de sus tierras, que empezaba a ver transformadas en exclusivos campos de golf. Aunque, a decir verdad, su llanto era tan poco sincero como suculentos han resultado los beneficios del trueque.

La referencia bíblica de los Reyes Magos es tan cierta como supuestamente veraz el contenido de los Evangelios. Y las referencias a Herodes, inversamente proporcionales a nuestra creencia en la Matanza de los Inocentes.

Existen también los protagonistas de Pedralbes, descendientes de Abraham Cresques, quienes me han permitido consultar la biblioteca familiar siempre que lo he necesitado; muy distinta ha sido la actitud de la familia Molferrut, que sigue aislada, como de costumbre, en su palacio cercano a la catedral de Palma, disfrutando las bendiciones que la Iglesia le brinda generosamente con el sagrado propósito de mantener a salvo un secreto.

Las cuatro generaciones que perpetúan el linaje de Molferrut siguen viviendo según el modelo marcado por el patriarca hace más de un siglo. Sus modales han mejorado, eso sí, debido al refinamiento adquirido en exquisitos colegios suizos y a su amistad con miembros de la Casa Real. Entre los herederos, sin embargo, es notable en el panorama social la ausencia del nieto mayor, quien antepuso su libertad a la esclavitud del silencio. Pero su libertad duró poco tiempo. Lluís Molferrut era de esa clase de personas que constituyen su propio universo. Un universo cuyo centro eran sus ojos, y en torno a ellos giraba todo lo demás.

Un día al llegar a su casa, encontró a su perro degollado en el jardín. La cabeza, con los ojos abiertos de terror, había sido colocada sobre la cama heredada de su abuela. Al ver aquella escena dantesca, el joven miró hacia otro lado en busca de sosiego. Se refugió en un rincón de la biblioteca, y se encontró con la mirada triste de *El filósofo y su espejo*; luego, con la de *El Niño Jesús y los Reyes Magos*: ambos cuadros fueron noticia el día anterior por haber desaparecido de una galería suiza. La *Catedral de Todos los Santos*, icono robado del Museo Hermitage, en San Petersburgo, así como varios dibujos del arquitecto Jakov Chernikov, estaban a salvo en un lugar recóndito del palacete. Sin embargo, el azar quebró el silencio que tan escrupulosamente supieron guardar los demás herederos del clan.

Lluís Molferrut era fruto del movimiento hippie de los años sesenta, década que marcó un hito en la historia de Europa. Mientras en Ibiza se aceleraba el ritmo de las comunas que dieron a la isla blanca un aire renovador, aumentaba el número de iglesias fundamentalistas en el mundo. El culto a Jesús era una vuelta a las enseñanzas básicas de la vida. Lluís Molferrut, que necesitó apagar en la fuente de la literatura la sed que no saciaba su fortuna, interrumpió los estudios de economía iniciados en Amberes y regresó a su isla natal. Abandonó el palacete familiar, y se instaló en Deià, pueblo bellísimo de la Serra de Tramuntana entre Valldemossa y Sóller, donde se daban cita escritores, pintores y escultores de todo el mundo para crear un lenguaje nuevo, el suyo propio. Allí, en su pequeña casa de piedra, hizo realidad el deseo de Mahler: vivir en su paraíso, entregado al placer de la música y de la literatura.

Rodeado de filósofos emergentes y de corrientes religiosas que defendían un culto que no fuera el de los tiempos de la Edad Media, Lluís me habló de escribir algo sobre los Reyes Magos. En ellos veía reflejados a su abuelo, a su padre, y a sí mismo en la figura del rey negro que observa en silencio cuanto ocurre a su alrededor. En el mito de los Reyes Magos encontró, de niño, el sabor de la felicidad. De adolescente, la fascinación por la historia antigua. Y en la edad adulta que apenas pudo disfrutar, Lluís encontró en los sabios de Oriente la razón para admirar la grandeza de Egipto, el valor de Alejandro Magno, el equilibrio de Tucídides, la sensatez de Sócrates, y todo lo bello de esta vida que nos permite olvidar el pecado de soberbia que cometió la Iglesia al erradicar tanta sabiduría.

Lluís empezó su novela un día de invierno, en su casa rodeada de olivos centenarios. Y no la llegó a terminar. Su obra quedó interrumpida un caluroso día de julio, a la hora silenciosa en la que matan los cobardes. Dos sicarios, al estilo de quienes un día acribillaron al joven Ricard, lo dejaron tendido en el suelo entre un reguero de sangre. La sangre de sus propios ojos. Sangre judía, o sangre cristiana..., nadie lo sabrá mientras sigan abiertos los pasillos subterráneos del palacete familiar que se comunica con el templo gótico. Utilizando un κυνη le arrancaron los ojos para que no viera más lo que estaba divisando desde la Mirada del Cíclope. El palacio de Marivent.

Su novela quedó abierta en la página 86, en el relato del viaje que hizo a Florencia para contemplar la *Adoración de los Magos* de Leonardo da Vinci. Mientras se preguntaba por qué Leonardo dejó sin terminar su cuadro, Lluís fue atacado en su propia casa, en plena Serra de Tramuntana. Por la ventana abierta asomaba el perfil de dos cipreses funestos. Y en el cielo, la luna. Solamente la luna llenaba el espacio del firmamento.

«Son las muertes lo que añaden valor al arte... —Así empezaba su último párrafo—. ¿Qué sería de los coleccionistas si no fuera por la intriga de los crímenes que rodean las joyas y obras de arte?» —se preguntaba Lluís cuando en ese preciso instante los cipreses se quedaron quietos. Y él, abatido en el suelo por alguien que sospechaba su miedo a mantener ocultas obras de arte llegadas hasta aquel rincón de la Tramuntana.

De mi amistad con él conservo recuerdos indelebles en mi memoria. El más emotivo, sus lágrimas que acompañaban la confesión de un secreto mientras contemplábamos una puesta de sol desde el Ojo del Cíclope. No pudo contemplar en Florencia el cuadro de Leonardo. A su regreso, lo descubrió en un rincón, oculto entre dos paredes. Lluís fue atacado mientras se preguntaba por qué.

Pero antes de caer, pudo dejar escrito dónde está la tumba que yo buscaba. Desde entonces, me pregunto qué hay verdaderamente enterrado en las tumbas de las catedrales.

Son como mis ojos..., te enseñarán a ver lo que tú no sepas ver. Así describía Lluís sus *Guías insólitas*; en ellas revelaba historias ocultas que, a costa de cualquier precio, se quería impedir que salieran a la luz.

Dijo Goebbels, ministro de Propaganda de Hitler: «Una mentira contada mil veces se convierte en verdad.»

En el caso de esta novela, cabría decir lo contrario: una verdad jamás contada se convierte en olvido. Injusto olvido, por el daño causado a tantas personas inocentes.

Tal vez Mallorca no tenga más cosas que ocultar que otros lugares del mundo. Es posible que su belleza supere en mucho las miserias de su historia. Pero en ningún otro lugar del mundo ha podido nadie comparar sus cipreses con obeliscos negros.

Muchos se preguntan cuánto tiempo queda de vida a los pocos paraísos que aún hay en el mundo. Entre ellos, Mallorca encabeza la lista de paraísos a punto de sucumbir. Y aunque en su historia figuren piratas y corsarios notables, tal vez deberíamos preguntarnos qué habría sido de los miles de metros que hoy siguen siendo propiedad privada si, en su lugar, hubiesen caído en manos de constructores rapaces.

Todavía hoy podemos recorrer a pie los dos kilómetros que mide el paseo de adelfas blancas que conduce a Sa Vall, la finca más hermosa que hay en la isla de Mallorca, y propiedad de la familia March. Tal vez en las gradas de su teatro griego y en la estatua de la diosa romana que vigila el estanque poblado de nenúfares debamos ver una compensación por la escasa cultura que tuvo su dueño, más preocupado por llenar las arcas que por alimentar su espíritu. Esta finca, sin embargo, representa la tierra de Mallorca en toda su autenticidad, su garriga, su aroma, su color. Su incomparable belleza.

Ojalá pudiéramos decir lo mismo de la finca de Raixa, cuyos jardines perdieron hace tiempo su esplendor por culpa de la desidia de sus herederos. Exhaustos desde hace años, los bellos Jardines de Raixa son triste ejemplo de la abulia de generaciones herederas de viejas glorias. Su abandono, junto con la astenia de gobernantes ciegos, ha puesto en el punto de mira a quienes ocultan su rostro, aunque en vano. Hoy, propiedad del Consell que los ha comprado para convertirlos en futuro hospedaje de personas ilustres, los Jardines de Raixa amenazan con poner fin a una era que, nos guste o no, es testimonio de que hubo otras formas de vida. Justo es, pues, luchar por mantener vivo el recuerdo de lo único que es inherente al ser humano, su historia.

Hoy, Dios ya no es excusa para seguir matando. Y sin embargo, la mitad del mundo está en guerra con la otra mitad, utilizando su nombre descaradamente. Hace dos mil años, por culpa de unos Magos traidores Herodes mandó matar a los niños de Judea. ¿Por culpa de qué Reyes Magos se manda matar hoy a niños, hombres y mujeres en todas partes del mundo? ¿Y quién es el rey Herodes que ordena matar?

«No hace falta mirar tan lejos... —reflexionaba Lluís en su novela que no llegó a acabar—, porque cerca de nosotros hay Herodes más perversos que el de los tiempos bíblicos.»

Nadie sabrá con certeza en quién pensaba Lluís al hablar de otros Herodes. Pero podemos imaginarlo, leyendo su cita de Ramón Llull:

¡Ave, María! Saludos te traigo de los sarracenos, judíos, griegos, mongoles, tártaros, búlgaros, húngaros de Hungría la Menor, comanos, nestorianos, rusos, georgianos... Todos estos y muchos otros infieles te saludan por mí...

Marquet Bonnín me arrebató la oportunidad de restaurar un fresco que él condenó con su mural. Así quedaba enterrado para siempre un secreto que la Iglesia quería ocultar a toda costa.

Pero no lo consiguió.

Lluís había pasado su infancia en el palacete familiar, y a través de sus pasillos secretos circulaba algo más que dinero, joyas y obras de arte cuyo valor asciende a sumas incalculables. Una inscripción secreta en la corona del rey Jaime desvelaba datos sobre su relación con judíos y templarios que fue posible entender muchos años después. Fue un empeño del primer obispo de Mallorca, Ramón de Torrella, ocultar a cualquier precio la inscripción de la corona real. «La gloria, la fortuna y la felicidad no se separan jamás de su poseedor.» Este principio universal lo llevaron a cabo los templarios, quienes llegaron a reunir fortuna suficiente para mover a su voluntad los hilos de la Iglesia. Entre reliquias, lo divino y lo humano se confunde entre áureos destellos y reflejos de diamantes, entre maderas preciosas y blancos de marfil.

Lignum Crucis, la Vera Cruz recamada de piedras preciosas. Amatistas y topacios, zafiros y esmeraldas, más de medio millar de perlas, perlas blancas, verdes, amarillentas, negras, rosáceas, de todos los mares... La lección de santa Ana a la Virgen figura en un esmalte y rematando el signo en cruz del Pelícano piadoso del Calvario, el áureo pelícano del delta del Nilo, rasgándose, como en la leyenda, sus carnes blancas para dar a sus hijos pequeños el alimento de su sangre, representada por puntas de rubíes...

Tal vez algún día sea posible comprender los misterios que ocultan las catedrales. Sin embargo, será necesario algo más audaz que la fe cristiana para mirar, sin estremecerse, a los ojos de los sátiros que unen el pie con el nudo de dos soberbios candelabros de plata que un día estuvieron a punto de ser fundidos para hacer moneda. Hoy, cualquier visitante de la catedral de Palma los contempla impasiblemente.

Visitar una catedral es caminar sobre tumbas. En su interior, gruesas losas, mármoles esculpidos de signos letíferos, blancas piedras seculares separan dos mundos. El mundo de los muertos aguarda en silencio que alguien desvele su secreto. Un día de febrero de 1306, el rey don Jaime II de Mallorca dictaba en Perpiñán esta cláusula testamentaria:

> Otrosí queremos y mandamos que en la iglesia de la Bienaventurada Virgen María de la Seo de Mallorca se construya una capilla que será dedicada a la Santísima Trinidad; y haya en ella espacio suficiente para sepulturas en donde queremos que se nos entierre si aconteciese que muriéramos en el reino de Mallorca o en otras partes de Ultramar, y que allí puedan ser sepultados nuestros sucesores que allí hubieren escogido sepultura.

Cinco años después, en 1311, moría Jaime II, en su real palacio de Ciutat. Fue sepultado delante del altar mayor de la catedral, y no en la capilla de la Santísima Trinidad; cubierto su panteón de hierro con un tapete de lana del país, con quince barras reales gualdas y rojas. El paño que abrigaba al rey costó doce libras, cinco sueldos y ocho dineros. Pero no fue enterrado donde él había pedido. En su lugar, yace el cuerpo de otro rey. El rey Midas. No aquel del que dice la leyenda que convertía en oro todo lo que tocaba, sino otro rey Midas. El que convertía en sangre todo aquello que se proponía. Así pagó la Iglesia su deuda con Mefistófeles.

El azar quiso que un día Lluís me hiciera llegar unas páginas de su novela. En ellas desvelaba misterios incomprensibles para un cristiano. La codicia humana llevada al límite y el ansia de poder personificado en su abuelo llenaban las páginas de la que habría sido la más negra de las novelas jamás escritas. H9, G5, M3; con estas siglas empezaba su fatídico relato. Unas siglas que habrían podido ser uno más de tantos enigmas. Sin embargo, no fueron uno más.

El reparto del botín tras el expolio nazi de miles de obras de arte se distribuyó en tres grandes propietarios. Hitler, Goering y Molferrut, en este orden. Nadie lo hubiera descubierto de no ser porque, un día, por casualidad, Lluís vio la sombra de unas líneas tras un tarro de pepinillos. Un despreciado *Tarro de pepinillos* que su abuelo había desechado de su colección. Lluís recogió el cuadro de Manet, y lo colgó en su salón, sobre la chimenea de su casa en Deià. Y una madrugada de invierno, mientras leía *El rey Lear* de Shakespeare, vio emerger de las sombras del fuego la silueta de una cruz. La esvástica.

Este símbolo, que para los romanos siempre fue señal de buena suerte, se convirtió en el terror más espantoso de Occidente. Llevado por su afición al ocultismo y a la magia negra, Hitler convirtió en macabro un signo que tradicionalmente había sido una cruz de buen augurio.

Al ver el infausto símbolo, Lluís se levantó y se dirigió hacia el lugar del que procedían las sombras. Vio un cuadro, oculto en un rincón. Le dio la vuelta, y en ese preciso instante supo que no terminaría su novela. Acarició el marco, y vio escritas dos palabras latinas, *ad ripam*. En el marco estaba el secreto. Y el cuadro era el cuadro de Tommè que me había sido arrebatado. Al apoyarlo de nuevo en la pared, la cruz brilló en la oscuridad.

El *do ut des*, principio de filantropía que inventó la Iglesia, lo practicó especialmente Cristòfol Molferrut, con quien el dictador y el clero habían contraído una deuda que el magnate supo cobrar muy cara. Exigió que, a su muerte, su cuerpo fuese enterrado en la tumba del rey Jaime II, y en su cabeza luciera la corona que perteneció al rey más bueno que tuvo la historia de Mallorca. El compromiso adquirido por la Iglesia con el magnate quedó inmortalizado en tres letras rojas sobre cal fresca en la pared del muro central. Ahora, sobre ellas, multitud de cruces ocultan para siempre esta ignominia de la historia.

Molferrut construyó una cámara secreta contigua a la lavandería del sótano de su palacio. Su fiel mayordomo depositó, archivó y catalogó cientos de cuadros, estatuas, jarrones y joyas. Rodeó el inmenso tesoro con baldes llenos de cal para absorber la humedad. Tapió la cámara, blanqueó las paredes y nadie jamás vio lo que ocultaba aquel lugar secreto, del que hoy proceden gran parte de las obras que podemos contemplar en instituciones culturales de todo el mundo. Y para gloria de quienes desean adorar la Vera Cruz, de nuevo podrán contemplar en la Seu el relicario con los trocitos de la cruz donde murió Cristo, colocados en una cruz de oro ricamente adornada con topacios, rubíes y esmeraldas. Junto a la cruz, un dedo de san Pedro en el pecho de una estatua que representa a este apóstol. Tres espinas de la corona de Jesucristo en un relicario gótico con la base suntuosamente labrada y cuyo pináculo central sostiene un pequeña nave. Pero, sin duda, la reliquia más valiosa devuelta al templo es la ampollita que contiene la leche de la Madre de Dios. Y todo, por la fe. La fe cristiana.

El que hereda no hurta..., principio infalible que escapa a la acción de la justicia.

Infamias de la historia. Secretos de catedrales..., un silencio quebrantado que costó la vida y el derecho de sepultura al canónigo Pablo Fuster. La catedral de Palma es la única del mundo cuyo corazón late en el mar.

Pablo Fuster, buen amigo de Marquet Bonnín, desveló al artista el secreto de la tumba del rey Jaime II. En su interior, un féretro de madera de acacia contenía el cuerpo del hombre más astuto del siglo XX. Y Bonnín, hombre parco en palabras, quiso denunciar ante el mundo la mayor ignominia cometida por la Iglesia. Lo hizo utilizando el material más humilde, el barro. Las palabras sobran cuando los haces de luz muestran la verdad con nitidez.

Cada 2 de febrero, los fieles pueden contemplar la tumba del rey Midas, el cuarto Rey Mago, gracias al destello multicolor de la estrella de David.

Indagar en vicios ajenos debería servir para un solo fin: evitar que se vuelvan a repetir en la conducta de quienes, hipócritamente, se escandalizan de las miserias de otros. Y cuando las grúas arranquen la silenciosa raíz de sus olivos milenarios, Mallorca se estará aproximando a su fin. De momento, mientras existan paraísos como Mallorca, fincas como Sa Vall, Son Vivot o Son Moragues, y sierras como Tramuntana, podemos afirmar que la belleza existe.

Ojalá se equivoquen quienes opinan que la sensibilidad ante la belleza es cosa del siglo pasado. O que la belleza es belleza sólo si tiene un valor. A nadie escapa ya que el arte es simplemente una modalidad de inversión y no un modo de disfrutar de lo bello.

Que sea tan sólo un juego literario el paralelismo entre la belleza de Mallorca y el precio que se puede obtener por ella.

Agradecimientos

Deseo agradecer a cuantas familias, instituciones y museos me han permitido hurgar en sus archivos. En algunos casos tuve que decir media verdad para consultar ciertos documentos.

Agradezco, de forma especial, al presidente del Cabildo Catedralicio su visita guiada por el mural de barro, cuando éste permanecía vetado al público. Gracias a su información, pude observar las entrañas del arte que de otro modo no se podrán ver.

Y agradezco, sobre todo, a la isla de Mallorca su admirable fortaleza por mantenerse aún en pie, a pesar de los azotes que en pleno siglo XXI recibe de monstruos tan perversos como el de la Inquisición.